逸事

政协黎川县委员会 编

丁艳 著

中国文史出版社

图书在版编目（CIP）数据

黎川逸事 / 政协黎川县委员会编 ；丁艳著 . -- 北
京：中国文史出版社，2023.10
ISBN 978-7-5205-4440-5

Ⅰ．①黎⋯ Ⅱ．①政⋯ ②丁⋯ Ⅲ．①文化史－黎川
县 Ⅳ．① K295.64

中国国家版本馆 CIP 数据核字（2023）第 213161 号

责任编辑：全秋生

出版发行：中国文史出版社
地　　址：北京市海淀区西八里庄路 69 号　　　邮编：100142
电　　话：010 － 81136602　　81136603　　81136606（发行部）
传　　真：010 － 81136655
印　　装：廊坊市海涛印刷有限公司
经　　销：全国新华书店
开　　本：787 毫米 ×1092 毫米　　　1/16
印　　张：16.5　字数：260 千字
版　　次：2024 年 1 月北京第 1 版
印　　次：2024 年 1 月第 1 次印刷
定　　价：68.00 元

目 录
Contents

第一辑　山川风物

第二辑　绅士名流

第三辑　世家望族

第一辑

山川风物

就像北平之于北京、豫章之于南昌，新城之于黎川那也是一个藏着风雅、含着清音的称呼。那些生动鲜活的日子，那些触目温柔的山川风物，是我们无限留恋的一种情怀，像黎河一样总在心的最深处缓缓流淌。

人间烟火味，家家过节忙

就像北平之于北京、豫章之于南昌，新城之于黎川那也是一个藏着风雅、含着清音的称呼。阖家接春的时候，端午竞渡的时候，中秋拜月的时候，除夕守岁的时候，那呼朋唤友的喜悦，老幼牵裳的热闹，就是无数生动鲜活的日子，就是我们无限留恋的那一种情怀，像黎河一样总在心的最深处缓缓流淌。

那还是叫作新城的时候，那会儿的日子是这样的。想起来，恍如昨日的画面，触手可及。

"爆竹声中一岁除，春风送暖入屠苏。千门万户曈曈日，总把新桃换旧符。"元日，农历新年的第一天。老少早起，先放鞭炮"开门""开井"。其间常有跳狮舞者踊跃入门，主人家无论贫富必给赏赐。男女老幼新衣

闹元宵

新鞋，携带祭品，由长者带领，朝庙拜神祭祖。初二，世家望族祠堂行"团拜礼"。初三，新城人不拜生者，如有年前辞世之长辈必备香烛纸爆去往其家对其灵位拜"红年"。从初一到初三，统称"三朝年"。民间跳狮子、跳龙灯、跳和合、打黄狮、叠罗汉。三朝年后，亲戚间交相拜年。尔后设正式

酒饭款待，称"正月饭""春风饭"。一时间，阡陌小巷，往来如织。家家可见亲朋满座，处处可闻猜拳之声。倘若亲友多无法一一而至，也要遣佣人带"拜年帖"表示问候。

农历元月十五为上元节，即"元宵"。自初十夜里开始城市人家都要搭棚横跨街上，明灯彻夜不息，鸣鼓作乐至十五夜止，过十六谓之残灯。正月十三就开始舞龙、舞狮、踩高跷、赶旱船、跳龙灯、舞蚌壳灯等，农村以烧"瓦子灯"为多，俗称"闹元宵"。其中樟村舞板凳龙最为热闹。"烧过上元纸，各人寻生意"，元宵过后，商店开市，学徒投师，生意人出远门。至此，年就算过完了。

清明时节，杨柳青青。前半月内就要准备鸡鸭鱼肉去先人的坟墓上祭拜，清明这天，扫墓归来，要插柳于门之两旁，男女亦各簪一枝在头发上，以此能辟邪。

农历三月初三，上巳节。是时天气暖和，大地返青，河水开流，百花盛开，鸟兽发情，求偶而鸣，人也处于激情勃发时期，是外出郊游和求偶欢会的绝佳时节。这一天，那些读书的才子们喜欢相邀着踏青。雍正元年（1723）进士、黎川人邓士楚用一首《三月上巳集同人觞咏分得情字》生动描绘了书生们结伴郊游的场景："佳晨徐泛棹，风静绿波平。漠漠春阴散，辉辉晓色清。游丝萦路袅，布谷出林鸣。主客逢陶谢，相追惬胜情。展裙掩竟日，返照落江平。胜赏风光丽，幽怀物象清。牧童排水渡，飞鸟破烟鸣。织月悬城畔，归途亦畅情。"好一幅春和景明、欢咏而归的画面。

五月初五过端午。汤临川先生有诗句说："独写菖蒲竹叶杯，蓬城芳草踏初回。"端午前数日，家家户户忙着采箬叶、浸糯米、烧黄荆条沥碱水、包角黍（即粽子）。新城人家的碱水粽，往往喜欢在一个大粽子下面三个角每角挂一个，老百姓通俗称为"鸡母带鸡仔"。粽子，"种子"也，寓意家族繁衍不息，人丁兴旺。到了端午那天，先是插菖蒲篙艾于门上，门上要贴门符。大人们在小孩子额上涂雄黄，腰间系上五彩丝线，谓之"长命缕"，以庇护长命百岁。并用百草汤给孩子们洗澡，以防生疥疮。身上要挂装有艾叶和菖蒲的香包。阖家吃粽子、鸡仔、蒜头，饮菖蒲雄黄酒。亲友们互相赠予自家做的粽子、蒲扇、朱符香囊。吃过了午饭，相约着去往河边，

黎河端午赛龙舟

看龙舟竞渡。

八月十五月儿圆，好时节，愿得年年，常见中秋月。初秋清寒，桂子飘香。院子里，设香案，摆上月饼、西瓜、苹果、红枣、李子、葡萄等祭品。其中月饼和西瓜是绝对不能少的。西瓜还要切成莲花状。在月下，将香案放在朝着月亮的那个方向，红烛高燃，全家人依次拜祭月亮，然后由当家主母切开团圆月饼。在家的，在外地没回来的，都要算在一起，有多少人切多少块。拜完了月，大家吃着果子，看着月亮。老人家说着嫦娥的故事，念着在外的亲人。孩子们在院子里嬉闹着，唱着"月公公"的儿歌，唱着唱着就在母亲的怀里进入了甜甜的梦乡，

一年好景橙黄，九月九日登高。何当载酒来，共醉重阳。重阳，新城人最重这个节日。从九月初一起就开始设席宴请亲朋，用麦麸、米粉与枣子相间蒸成米糕送给至亲好友，亲友们则要回送以糖、鱼等礼品。至初九日，一早起来，阖家相约去插茱萸、登高。重阳节时，秋高气爽，正是茱萸成熟之时。茱萸被认为能祛病驱邪，所以古人或头插茱萸枝，或臂佩茱萸囊，登高游兴，并把重阳节称为登高节、茱萸节、茱萸会。直至民国时期，一些文人秋季聚会请帖的常用款式为："九月九日，登高萸觞，候光。"这样简洁而富有情

古城人家贴春联

调的请帖，估计也只有那个年代的人才写得出来了。

秋收完了，新谷下来，农历十月，新城人家要做米酒，春节宴客用的就是家酿的米酒。这米酒，又因此而称为"十月生"。因"色泽澄清、香气浓郁、酒性柔和、回味无穷"而著名。清代黎川诗人涂以辀曾赋诗赞曰："黎滩河畔朝阳口，酒旗飘飘卖水酒。味比琼浆色菊黄，佳者胜过云霞浆。"

日子倏忽就到了岁末。农历的腊月，家家为了除夕的团圆开始忙碌。杀年猪，宰鸡鸭，谓之"备肴蔌"。做米糖、糍粑、年糕；扯布做新衣新鞋。要知道新城的灌芯糖可是有了数百年历史的。而"肴蔌"这个方言词特指过年节办酒席等置办的荤腥菜肴。完整的过年从腊月二十三"祭灶"开始。这天相传为灶王爷上天述职之日，每家必供奉年果，以期灶君"上天奏善事，下地降吉祥"。腊月二十五为"小年"，备三牲祭祀祖宗，晚上自家小斟小酌。小年至除夕前要除尘，家家清洁门户，迎接新年。腊月二十九或腊月三十为大年，也叫"除夕""岁除"。

岁除，岁将尽数日。这一天，亲友之间要以酒果之类互相馈赠，家家户户煮肴蔌迎接新年。在农具、房梁、门等处贴红纸或者红剪纸，贴春联。中午以三牲、酒、饭祭祀祖宗；晚上点岁烛，合家吃"团圆饭""分岁酒"；午夜封井、封门；老年人唱话文，聊以"守岁"。是夜长辈必以红纸包钱赏赐幼辈，俗称"压岁钱"。

一元复始，大年初一，开门的爆竹响过，男女老幼盛装出门朝庙拜神祭祖。新的一年又开始了。

城里与城外，城墙今何在

在老黎川人的口中，常常能听到他们说，城里如何如何繁华，城外如何如何萧条。在经济不发达的年份，由于要确保城里的学校、医院、政府机关办公的需求，城外总是被拉闸限电，或者停水等。老人们就调侃说，城外是"后娘"生的，这让很多现在的年轻人不明所以。那么这城里城外之分又是从何时开始的呢？

黎川南门口有孔庙，孔庙东侧是老黎川一中（今黎川二小校区）。二十世纪九十年代初期以前，黎川一中校园东面和南面的围墙下部都是那种阔大厚重的长麻条石，一层层垒砌约一米高，再上面才是砖墙。墙外是一条泥巴小路，小路的东面是一片低洼的泥浆田，泥浆田中间有一条溪流由北向南纵贯而下，由西而东宽阔的东方红大道到这里就成了省际黎光公路的开头。一座并不宽的水泥桥跨过了小溪，桥东头有一棵很大的枫杨树。逢到下雨溪水泛滥，围墙东边这条小路就总是泥泞不堪，但因为是从东方红大道去往南门口的近道，所以走的人总是很多。

这一段就是现在的昌文步行街、第一农贸市场、老检察院大楼和交警大队这一带。因为黎川一中东侧围墙所在的位置，大概也是古黎川城墙东段的位置，因此才会有那么多的古城墙麻条石被做成了围墙的基脚。

古黎川有城墙始于明正德年间。也就是说，自公元一一三八年析新城县之后的近四百年间，县城黎滩镇都是开放式的"小区"，并没有进行封闭式管理。南边一道绕城的黎河，东侧一条东北部流下来的荆源水二水在南部汇

新城墙砖

合就成了天然的屏障。现在，即便城墙早已所剩无几，黎川人还是习惯地说：去东门排要爬坡哦，小北门夜宵约起，南门口买米糖，小西关码头去洗衣服等等。

这些和古城墙息息相关的方位词，追溯起来，要从五百年前说起。"城之势，前右黎川，不池弥深；后背山陵，不廓弥险。凭高而观，万家烟火盎然，如在囊括中，诚天造地设之佳治。"这段写在明代正德年间《新城县志》卷之二《地理》中的话，精确概括了黎滩镇的地理优势。

县城黎滩镇北面均是山地丘陵，西面一河之隔是日山（即日峰山），东面山地丘陵之间可以通往福建邵武，南面过新丰桥、横港桥后去往南部乡镇并可达福建泰宁、建宁。因此，县城除却南面阳山、迷姑山下的村落（即今京川大道转盘至横港桥南岸水槽路一带），绝大部分都在河北岸。黎滩河也就成了名副其实的护城河。这或许也就是析县后至明代正德初四百年间一直没有建城墙的原因。正德五年（1510），裕州（今河南方城）人徐绣就任新城县令。他为人清正刚直，爱民如子。到任后，觉得堂堂一个县城无城墙实在不成体统，东面、北面盗匪来时无法防守。此时宦官刘瑾权倾朝野，四处搜刮民财，以致公私并困，民穷而盗起。于是徐绣以"邻封多警"上报州府，得同意后开始修筑城墙。徐县令构建的是土城墙，夯土的那种。就地取土，城墙上覆盖草顶，就像一个实心的土房子，简便而快捷。不管怎么说，也是开启了新城县修筑城墙的先河。土城墙周长九百三十八丈（约三千米），高八尺（约两米四），茅草盖顶，当年未竣工。正德七年（1512）夏，徐绣丁忧回籍。知县空缺一年后，正德八年（1513），莆田人黄文鸷接任知县。

黄文鸷甫一到任，就去察看已停工的土城墙现场，觉得"新城唇齿地，城郭不可不完"。更觉得筑土墙以后少不了要经常修补，还不如筑石墙一劳永逸。于是，黄文鸷召集父老乡贤一起商议，选出县民代表涂铨、潘用宽、邓斯用、黄俅、刘钿、涂滔等四十六人督工指挥，城墙增高二尺，内外都加砌石块，厚十尺，宽十五尺，城墙上加砌女墙一千八百五十余尺，城墙间修商铺三十六间，城门四座均加盖门楼。在此期间，黄文鸾"循行周视，日省月视"，城墙修了两年，正德十年（1515）秋八月甲寅日，天气晴朗，黄文鸾率众在南门举行了隆重的祭告仪式。"是日天清气肃，登四城门祭告城池，士女观者以万计。大夫士庆于家，农庆于野，工商庆于市肆。予心乐焉"。落成之日，城墙金汤屹峙，县民"式歌且舞"，纷纷说道："吾侪得有兹保障者，皆黄侯之赐也！"

应两位都曾在朝为官的新城乡贤李泰、何厔之请，黄文鸾的莆田老乡都御史林俊为此作了《成新城记》，对修城一事做了详细的记录。黄文鸾自己也作了一篇《成新城记》，记载了自己修城墙的初心并将功劳归之于参与修城墙的所有官民，同时将参与的"效劳心力者"，无论官僚还是夫子、庶民都勒姓名于石以告后世。

南城名贤、正德三年进士夏良胜也作有《新城纪成序》。作为南城人，夏良胜对隔壁的新城也是时时关注。当他听闻徐县令要修新城城墙，为新城百姓感到高兴，感叹"有是哉，域其兴也，兆于名邑，时也"。意思是新城县将因此更加兴旺和发达了。徐绣丁忧回乡，城墙停工，他又担心修城这事儿要半途而废了，幸好黄文鸾勇挑重担，接力将城墙修成造福百姓。

四座城门分别位于东南西北。黄文鸾分别命名为望闽门（东门），取此门东出可达福建，昔日朱熹登临福山，叹曰"迢迢百里外，望望皆闽山"，因此景仰先贤而命名；昌文门（南门），此门位于儒学文庙之前，以挂榜山有文明之像而命名；通济门（西门），因出门即通济桥，因桥得名；朝宗门（北门），位于县城正北，黎川之水自闽岭发源绕县城北入盱江进入鄱阳湖，且正北为京城所在因而得名。四城门黄文鸾皆为之作文以记。今黎川古城一带一直被老黎川人称作"城外"就是因为位于城墙之外而来的。

其实城外一带自明代以来并非萧条之区，反而因为背靠枫山和后山，前临黎河有水运之便，风水上佳，得名"南津街"。颇得众多世家望族青睐，沿河宅第相连，蔚为壮观。"二山之下居民繁密称南津街，弦诵科名垺于城中"。各种资料记载，南津不仅文人辈出，科举中进士为官的也大有人在。嘉靖年间县令汤建衡是这样描绘南津街的：

出谷意疏豁，春晴山更奇。

长空敛昏雾，平野漾游丝。

信美东南会，况逢桃李时。

慢亭随览胜，觞酌夕阳迟。

至于排斥在城墙的保护之外，应该是和南津的狭长形地理位置有关，没有什么城墙能够涵盖如此大的区域。且因为城墙的主要功能还是保证主要区域内的学校、县衙等机构的运转以及大部分民众的生命安全。所以从一定程度上来说，自古黎川有城墙以来，南津的民众就比城墙内的民众承担了更多的风险，作出了更大的牺牲。

嘉靖三十四年乙卯（1555）夏，洪水泛滥，西南两段城墙坍塌，东北两方也倒了一半之多。嘉靖三十六年，知县李伯生向抚按司道申报修筑城池。于一五五八年三月动工，七月竣工。仍为黄文鸾时期的式样，重建了西门城楼，增建东城谯楼（敌楼）。

刚修好才一个月，泰宁县来报说其县主簿被杀，并警醒说贼寇将至黎川。九月，闽寇驰抵城下，官民赶忙关闭城门。寇匪攻不了，转身就去劫掠没有城墙保护的城南南津一带，焚烧百余户。第二日又来攻城，被射退。第三日，贼寇抓了几十名男女退守二十里外，威逼县衙交钱赎人。李伯生当时正在南昌回归的路上，听说寇警，兼程赶回。府城的援兵也即将到达，贼寇于是退回福建。民众感激万分，为李县令造亭勒功。

嘉靖三十九年（1560）春，城墙又被洪水冲倒，城墙九百五十余丈，就倒塌

小南门城门遗存

了六百五十多丈。知县汤建衡昼夜督修，增筑四门的月城（围绕在城门外的半圆形小城，即瓮城）。这次修缮城墙，四个大门均建敌楼。东、西、南三楼由县衙出资，北楼由义民潘用宽独建。城高二丈一尺，厚一丈二尺，周围九百三十八丈。城上垛口共四百九十五个。共有七门，东曰迎福，南曰昌文，西南为水关，西曰通济，西北曰安济，北曰朝宗，东北曰小北门。

七月刚修复完毕，福建的寇讯来势汹汹。八月初六，三百名贼寇在袁三的带领下，攻陷沙县、将乐之后，由泰宁入黎川，侵犯德胜关。建昌守备王址战亡于磡头山。之后，贼寇四次侵入县境，三次攻打县城，军民凭借城墙之坚，得以击退贼寇。

崇祯十一年（1638），本县乡贤涂国鼎组织重修城池，周长九百三十八丈，高二丈一尺，厚一丈二尺，条石为基，内外砌石，上砌以砖。设店铺二十四间。各处城楼、敌楼、月门俱依旧。

涂国鼎的《新造城垣记》说，城墙创于一五一二年，重修于一五五八年，"然低薄弗堪，岂惟百雉无凭，抑且跂羊可牧，更岁月不居，风雨侵而鸟鼠穴，堞楼之倾圮也甚矣"。一六三八年，朝廷下诏天下各郡县修缮城墙。于是，涂国鼎倡首捐建。因为要修上千丈，开支极大。他首捐一千两，县里富室共捐二千六百余两，前后三任县令捐俸银五百六十余两，再挪用南粮改拆解费一千二百五十余两，总共五千多两银子。可惜远远不足敷用，眼看就将功亏一篑。涂国鼎再捐三千八百五十两。这样算来，他一人就捐了近五千两。

"鸠工庀匠，伐材凿石，壕堑并举，版筑如云"。这次修城历时较长，"经始于戊寅（1638）之孟冬月，落成于辛巳季（1641）冬月"（县志载：肇工于戊寅之秋，落成于庚辰八月）。总共二十一人牵头负责督办，东坊的刘元魁、黄邦显、涂朝禧、涂国枢、黄应隆、涂世台，西坊的黄维洁、余子任、刘宗承、刘大成、黄世兴；南坊的邓灿、邓日宁、饶世贞、朱良显、周思圣，北坊的饶埏、张世亨、江一鹏、张守中、黄国贞等人。这次鼎力修建的城墙，耗费最多，也最坚固，以至于有清一代近三百年中没大修过。

康熙三年（1664），工部下文，令天下府、州、县对其城池各改为八字垛口。知县操宏儒改修城堞，合三垛并为一垛。康熙六年四月大水，西城外石墙崩塌二十五丈，知县周天德重修。康熙十二年后，城墙陆续小面积坍塌。

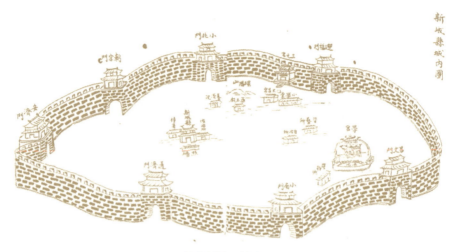

清代新城县城内图

雍正十年（1732），知县徐大坤捐资重修加固。

嘉庆七年（1802）七月十五，黎川大水，平地水深三米以上，冲倒西门城垣三十余丈，冲刷西门外一带墙基及附城河堤八十余丈。知县平潞与乡贤黄因莲、杨勋、涂以辂等捐资兴修。同治九年（1870）春大水，东、南二方各冲圮十余丈，乡贤陈谦恩筹资修复。

民国时期，城垣因年久失修而渐至支离。一九五八年，规划修建南城洪门水库，因设计拟定水位较高，在旧城墙西、南两面沿河一带修筑防洪堤时，又拆毁部分城墙。在后来多年的城市建设里，黎川县城发生了天翻地覆的变化。古城墙残存的也就剩下港洲路去实验小学的小南门城门残墙以及小西关和下马路的几段了。

何处有好酒，黎川十月生

　　黎川的乡镇中，名字带"村"的有樟村（樟溪）、宏村、熊村、厚村。巧的是，这四个名字带"村"的乡镇，全部是武夷山下与福建交界的乡村，都有关隘和驿道直接通往福建建宁、邵武、光泽等地，所谓"江闽孔道"是也。

　　在黎川民间流传着"千村万村不如樟宏二村""樟村的豆腐宏村的酒"等民谚，千百年来，居然没有人提出异议。即便是今天，很多老人家做"霉豆腐"，也还是要选"樟村豆腐"，喝水酒[①]，也点名要后辈去买"宏村水酒"。常年旅居在外地的老黎川人更是总结说，樟村豆腐久煮入味且不碎，宏村水酒入口醇厚绵长不上头。至于一瓮瓮的宏村水酒带出去馈赠的就更多了。县人宴请，也常以喝"宏村水酒"为荣。

　　豆腐和水酒到处都有，为什么樟村和宏村的会被热捧呢？老人说，这和水质及气候有关。

　　做豆腐和水酒，除了大豆和糯米两种原料，最关键的还有水。黎川龙安河发源于南部的山区。两个源头，一条从与建宁交界的邱家隘、里岭隘发源下来在樟溪的双溪廊桥处汇合，北上到数里外的宏村；一条从德胜百家畲眉毛峰南麓，经岩泉下来，与樟溪水在宏村汇合。樟溪和宏村位于河流上游源头山下，流经区域泉水水质优良，村中都有很多古井，千百年来滋养着一方百姓。加上山区的小气候影响，所以这豆腐和水酒，也就有了独特的口感。

---

　　① 即米酒，黎川本地称水酒

黎川水酒制作始于何时，已无可考，明清《新城县志》均有以糯制酒的记载。据黎川民间故事记载说有一年深秋时节，黎川东南的会仙峰上五彩祥云飘飞，仙气氤氲，众仙聚会。一白发仙翁道："皓月当歌，其无酒何？"旁边一位仙姑，随手掷米成丹，撒于山顶寺庙后的古井泉内，即成佳酿。传说归于传说，但是古井泉水酿成的酒比之山下的要醇厚甘甜，确实不假。黎川山村里酿的水酒往往比平原地区的要好，大约是因为山区多用泉水酿酒的缘故吧。

早在商朝的甲骨文中就提到用酒祭祀之事，至迟在公元前一千年左右，中国就发明了粮食发酵酿酒的技术。春秋战国时期诗文中也常有描绘饮酒、醉酒的情景。晋陶渊明有《饮酒二十诗》，饮的自然是米酒。黎川气候温暖，雨量充沛，盛产优质水稻，自古以来，乡间以糯米制水酒相沿成俗。在旧时的黎川乡村，几乎家家户户都有做水酒的大瓮。农历十月，秋收完了，就开始做水酒，到了春节正好饮用。最好的黎川水酒称为"十月生"，出自宏村和樟村一带。当然，现在乡乡村村都把自己做的水酒称为"十月生"，就像南丰周边县市出的蜜橘都喊作"南丰蜜桔"一样的缘由。

"十月生"，这名字可不是今人杜撰的，而是古已有之。早年间下村子，听老人家唠嗑，说这酒名字来历也有个传说。说的是山那边的福建有个书生要北上京城赶考。考期在二月，福建距京城千里，路上得好几个月。书生冬天就得出发。翻过邱家隘，山高寒气逼人冷得瑟瑟发抖。一路崎岖小道，好不容易坚持到了宏村，已是夜间，家家都已闭户休息。书生在一家客栈外闻到了飘出的酒香，情不自禁拍门喊话把里面老板喊醒了，说，我是过路的书生，天寒过此，闻到你家酒香扑鼻，可否卖我一筒酒祛祛寒气。老板说，可以可以。于是把书生迎进去，温上了一壶酒。

只见这酒酒色温润如玉，微微的热气中，飘着诱人的酒香。书生沉醉其中，问老板，这是什么酒，如此诱人。老板说，就是本地水酒呀。书生说，我到处游学，各地水酒也喝了不少，却都不如这酒。如此好酒，岂能没有个好名号呢。老板赶紧说，那就请您给取个名吧。书生问过老板，得知只有用当年秋收收割的新糯，于立冬后的农历十月方能做出色香味俱佳的好酒。于是灵光乍现，说，那不如叫"十月生"吧。当下又给老板大书"十月生"三个字做酒招。老板十分满意，不仅免了书生的酒钱，让他住宿一晚，第二天，还用个竹筒装满一筒酒，让书生带着路上驱寒。这书生一路北上，到了黎川县城，搭船前行。这酒的名气也就随着书生的行程传扬开了。

　　每逢糯谷归仓，立冬之后，家家户户就开始洗刷酒坛，将糯米洗净蒸熟和上酒曲倒入大缸，并在大缸中间抠出一个小碗那么大的洞，以便日后舀酒。时间到了，酒香就开始在屋子里弥漫。那个特意抠出的小洞里，会有一层浅浅的汁液出来，这一层酒，黎川人称之为"酒娘"，为这一缸酒的至尊宝。黎川人一般都将这酒娘作为最珍贵的礼品送给至亲好友或者自己珍藏。取了

"酒娘"之后，按一定比例加入井水（泉水），得到的酒称为"十月生"。乡人一般都装入陶瓷瓮里在外面堆积稻谷壳点着火，慢慢温开，下次可直接饮用。

　　"十月生"酒滋味甘甜如蜜，入口醇厚，好喝不上头，有暖身健体的功效，用之烹蛋，是一道风味小吃，也是滋补佳品。这个时候，倘若去农村，你会发现每家农户的房间

十月生米酒

或厅堂某个角落都用禾秆或用棉被遮盖着酒窖里正在发酵的水酒，满屋芳香，使你闻香止步，垂涎三尺，流连忘返。

　　做得好的"十月生"酒，色泽澄清、香气浓郁、酒性柔和、回味无穷。最好的"十月生"据说是要在酒米上起一层粉红色的霜，看上去似有似无，这种酒最滋补，而且难得一遇。"十月生"酒封缸窖藏数年后，色泽会变得橙红，为难得的珍品。当然，存储环境、温度湿度都有很高的要求。冬季围着火炉吃狗肉，上一坛"十月生"酒，成为黎川人最向往的一大乐事。一桌

好友亲朋喝到兴起，往往要猜拳行令，从中午喝到晚上，晚上喝到半夜："一心要敬、二相好来、三星高照、四季发财、五经魁首、六六大顺、七子团郎、八仙过海、九在手、十全齐。"酒酣耳热之际，个个都成了口吐莲花之人，只见酒桌上空各种手势你来我往，叫人眼花缭乱。

"十月生"酒在黎川绵延不绝，广受欢迎，最根本的原因是这种酒具有较高的营养价值，强身健体，有很高的药用价值和养生保健作用。它以糯米为原料发酵，保留了发酵过程中产生的葡萄糖、糊精、甘油、醋酸、矿物质以及低分子多糖和肽、氨基酸，容易被人体吸收。每升十月生酒中的赖氨酸含量比葡萄酒和啤酒要高出数倍。故黎川有谚云："十月生酒粮食精，越喝越年轻"。清代嘉庆年间，黎川名宿涂鸿仪寿一百〇二岁，平生无其他嗜好，唯每餐必饮"十月生"酒一杯。老人家百岁还赋诗一首："世人过恶皆归酒，我和水酒结世友。酒中入味少人知，转眼活过九十九。""十月生"酒还是烹饪的好帮手，祛腥膻不亚于现在流行的料酒和黄酒。

关于"十月生"酒，还有很多传说。明代嘉靖年间，黎川县城南津街新丰桥下有一座酒楼，叫醉仙楼。店主涂悟非，是个满腹经纶但屡试不第的秀才，平生只爱喝自酿的"十月生"酒。一日醉后，突发奇想：独乐乐不如众乐乐。于是办了这座醉仙楼。因为地处黎滩河和黎川老街水陆交通要道，生意十分红火。楼前竖一根望杆，扎上酒旗，旗上绘着一个大酒壶。壶上写着"十月生酒"四个大字。两边写着一副对联："刘伶借问谁家好？李白还言此处香。"酒楼大门两边分别写着："酒味冲天飞鸟闻风化凤；糟粕落地游鱼得味成龙。"门额上横批：十月生酒。从此这酒楼就成为黎川的文人墨客把酒言欢、猜拳行令的上佳去处了。现在黎川老街开了一间"十月生"酒铺，专门售卖黎川水酒，周边大小餐馆到了秋冬，热销的也还是这"十月生"酒，可见县人对这酒的喜爱。

水酒一年四季均有酿造，黎川其他季节酿的水酒被称为"甲酒"。待遇如此泾渭分明，真是不服不行。行家说，"甲酒"口感寡淡，存缸时间短，掺水比例比"十月生"高，营养价值大大低于"十月生"，价格自然也要实惠许多。比"甲酒"差的还有"乙酒"，掺水比例更高。旧时乡村酒宴人数众多的红白喜事，用"甲酒"算好的，用"乙酒"也不鲜见。那时候几乎家家都有一个或数个锡酒壶，要办事时候，就全村酒壶借在一起供主家使用。现在这种酒壶已经成为老古董了，改头换面的是用烧水的电热水壶直接温酒。

黎川的水酒，还有一种红糯米酒（不是红曲酒）。这种红糯米表皮褐色，米心微红，似女子的胭脂，做出来的水酒不用红曲都是红色，故也称"胭脂酒"。明代正德《新城县志》有记："糯米亦有赤白二种。本草注云：其性温，故以为酒也。"康熙《新城县志》记载："可作酒者为糯，古所谓秫也。色有红白，名种最多。"可惜这种红糯米产量低，种稻人家收下来也只专用于酿酒，现在罕有人种。经笔者察访，有老农说历史上在黎川曾广有种植。

明末时期，樟村的浪荡子杨古白在自家茅屋上题了一副对联"瓦瓶有酒春长在；茅屋无金梦亦安"。然后掷笔外出云游，堂兄杨思本赋诗赠别说："暂借酒杯消垒块，何当诗句发精神。阳关唱别寻常事，今日珠崖做好春。"杨思本好友宏村的余光令在国破家亡后，也是常常买醉园田月下，有见于诗：

江上对月

西溪有钓翁，不识人间事。

得酒忘其山，得月忘其水。

这瓦瓶里的酒也好，酒杯里的酒也好，月下的酒也好，自然就是这教人念念不忘的"十月生"了。

名点小吃多，色香味俱全

    黎川传统饮食文化源远流长，特色名优风味小吃种类繁多，一些民间特色饮食习俗传承至今。早在明代初期，年节就有置办"肴蔌"的说法，见于明代正德《新城县志》中。具体体现在各色食材天然优质，黎川属低山丘陵地形，土壤以红壤、水稻土为主，疏松肥沃，境内水资源丰富，雨量充沛，阳光充足，热量丰富，四季分明，独特的山区气候条件，形成了各色食材天然的繁殖生态环境。尤其是盛产优质大米，"黎川黎米"享誉全国。水粉、米糖、糯米糍、磨浆圆、炼饭糍、十月生酒都和黎川特产的优质大米息息相关；芋糍、竹笋、豆腐、粉丝等的原材料都产自优质的生态环境。养生理念自然融入，黎川民间养生习俗由来已久，因为地处武夷山脉西麓，中草药资源和养生食材资源非常丰富。加之黎川曾经为古建昌府的一部分，"建昌帮"药商对黎川中草药资源的青睐也带动了黎川中药业的繁荣。养生理念的盛行，使得各类珍稀药材和菌菇成为民间保健食俗的首选。在时间的长河中，黎川先民就地取材，掌握了多种保健养生的食补方法。饮明前茶、吃擂茶、制作仙草糕防暑饮品、菌菇熬汤滋补都是民间传承了数百年的健康养生方式。其中明前茶"谷雨先春"自明代就为珍品养生茶，上贡朝廷。节令食俗独具特色，传统节日中，春节自初一至初五谓之节假，交相邀约展庆；自初十夜起，城市人家皆搭棚，横跨街上，街市两侧沿着走廊悬挂各类彩灯，明灯彻夜，沿街人家边饮酒欢聚边赏灯；清明节、冬至日均要备酒肴祭拜祖先；端午裹粽子、划龙舟；重阳节饮茱萸酒，中秋节晚上置办月饼和果品拜月，具有非常浓郁的地方特色。此外，民间还盛行"六月六，不吃鸡也要吃肉""七月半炒粉干""立冬吃糯米饭""汤朝（小孩满月）送米圆"等独有的食俗。

在黎川民间还流传着众多的饮食故事。比如"三仙聚会的三鲜汤""状元登科的状元糖""会仙峰仙姑酿酒""李秀才新丰桥卖芋糍"等故事广为人知。围绕这些特色饮食传承，"湖坊的杆菇、潭溪的米糖、樟村的豆腐、宏村的十月生酒、厚村的瓠子皮、德胜的笋干、岩泉的红菇"等等富有浓厚地方特色的特产成为民间百姓的追捧对象，常盛不衰。

黎川不产小麦，但盛产优质水稻，以及红薯、芭蕉芋（洋芋）、毛芋等杂粮，因此正宗的黎川小吃都和这些紧密相关。文朋诗友来黎川的时候，我都会带他们去黎川古城的早点铺子吃早点。往往吃完以后，他们会啧啧赞叹早点的丰盛和实惠。别的不说，光是黎川水粉"粉搭"的十多种花样，就让他们大开眼界。更别说其他见所未见的特色点心了。

名吃芋糍香

前不久当选为赣菜"十大名小吃"的黎川芋糍，因软滑鲜美而出名。

芋糍的起源，有一个故事。宋朝咸淳年间，也就是七百多年前，县城近郊乡村有一户世代务农的李姓人家，因为家里人特别喜欢吃芋子下饭，便在自家开荒的旱地里种了许多芋。那一年，天大旱，田里的禾受灾减产，收割来的稻谷除了交租外，自己留下的远远不够全家的口粮。幸好旱地的芋子和红薯仍然还有点收成。为了让所得不多的芋仔能维持一家温饱，李家的女人变着花样打理一日三餐。她发现山上的蕨根、葛根可以取粉充饥，于是灵机一动，将芋子、红薯煮熟加上淀粉揉成圆子，凑些青菜叶、萝卜丝、野菇、鲜笋丝，添些葱、蒜、韭等作料，煮成糊汤度过饥荒。她把自己的做法，推荐介绍给邻居、亲友。后世逐渐改革，就发展到将各种菜肴做馅，包进芋子和淀粉做成的圆子里，就逐渐形成了芋糍。

明代南津街上有一个秀才叫李贤儒，秀才老婆为了生活，在南津街开了家芋糍店。店门口挂着李秀才自己撰的一副对联："可与云吞相媲美；敢同元宵做竞争。"横批是"一尝便知"。秀才不仅自己爱吃芋糍，不停钻研芋糍的加工制作技艺和方法，还写过一首咏芋糍的诗：

> 薯粉加香芋，精工始为糍。
>
> 自古无前例，于今不雷同。
>
> 扑鼻熏人醉，入口发异香。
>
> 嫩滑清醇味，质朴蕴芬芳。
>
> 珍馐富人趣，野味穷者光。
>
> 既能饫饕餮，更能祭先贤。
>
> 餐馐若有你，宴饮亦无伤。
>
> 省钱得实惠，赏心乐未央。

这一年省里举行乡试，试题为《知味下车》，李秀才便把这首诗填上去交了差。秀才当然没有得中举人。但是阅卷的大人却被这首诗所吸引。于是趁公干来到黎川的时候，点名要吃这个"芋糍"。从此，黎川芋糍身价倍增，也成为家家户户招待亲朋必不可少的一道特色点心。黎川老街的早点铺子，芋糍也就一家挨一家开了起来。

黎川的芋糍店多为夫妻店，前店后屋，一两张小方桌，一个灶台，本小利薄，仅供糊口。普通的毛芋和薯粉要变成一道美味的小吃，需要用心来烹饪。老一辈做芋糍有着不少的讲究，优质的毛芋，当年新出的薯粉，搭配得当的荤素馅料，耐心熬制的高汤，少了哪一样这芋糍就没有了让人久久回忆的滋味。后来也有用洋芋粉的，加洋芋粉做出来的芋糍口感偏硬一些，但是相对薯粉做的更耐煮，外观更晶莹，因此虽然用洋芋粉的成本更高，也还是逐渐代替了红薯粉。

做好的芋糍形状两头小中间大，形似一个迷你的小纺锤，煮熟后呈半透明的浅褐色，小

黎川芋糍

巧玲珑，十分讨人喜欢。入口滑嫩，鲜而不腻，不脆不酥，非浆非固，回味无穷。因其实惠的价格，成为黎川人的必备早点。许多黎川人在外面打拼，一旦回乡后要做的第一件事就是早起去黎川老街吃芋糍，品尝家乡绵软的味道。

水粉如银丝

水粉是用大米磨碎成末再煮浆压榨制成的一根根细长白嫩的食物。《辞源》里说：粉，谷物制成的食品。《元曲选·武汉臣老生儿三》：这早晚搭下棚，宰下羊，漏下粉，蒸下馒头。可见，元朝时期人们就知道将米磨成粉，和成面块，放在有许多洞眼的铁板上压轧，漏出来的一根根粉条，就叫粉。

正宗黎川水粉选用隔年大米，用天然井水浸泡、磨碎、蒸煮，榨条而成。形圆而细如绒线，富有韧性和弹性，口感滑爽，老少咸宜。黎川水粉独特的风味，源于手工制作上的讲究，"浸、磨、滤、煮、舂、榨"少了一道都不行。榨出来的水粉直接放入大锅中沸水漂煮后捞出，置于清水中过凉后放入竹篮，就成为水粉。

食用时直接用清水漂洗后用漏勺放入开水中烫热，加上大骨汤、鲜葱、肉末等，味道鲜美。因此不像粉干①那样强硬，也不像面条那样厚实。它细嫩，滑溜，易消化，有"清水出芙蓉"的味道。黎川水粉在黎川县城几乎是三步一铺，五步一店，家家户户以一碗水粉开启新的一天。上至耄耋老人，下至三岁孩童，水粉就像大米饭一样已经和黎川人密不可分。演变至今，早点铺的水粉"粉搭"②已经从昔日的咸菜萝卜干、肉末香葱扩展到荷包蛋、红白豆腐、小肠、三鲜、木耳、夫妻肺片、大肠、鱼片、黄花菜等等十多种。鲜香咸辣，主随客便。尤其是三九寒冬，捧上一碗热气腾腾的水粉，比吃任何山珍海味都要暖心暖胃。很多年轻人早晨吃粉，往往对着丰富的"粉搭"犹豫半天，难以选择。老街益顺德、县城刘家早点铺水粉都比较出名。

黎川水粉不是什么名贵佳肴，它只是大街小巷的家常味道，就像一根绵长的银线，一头牵着故乡，一头牵着游子，而家的滋味永远缠绕在心头。

---

① 指晒干后再煮软食用的粉。

② 即浇头。

温鲜磨浆丸①

每当新谷上场的时候，黎川家家户户都要做磨浆圆，然后在每丘田角上用竹条插一个圆子，作为庆贺丰收，答谢土地神一年来的照顾。这种民俗，反映了庄稼人知恩图报、厚朴纯真的本性。

磨浆圆，是黎川民俗中的一种特色礼仪食品。顾名思义，是用大米磨成浆后再以浆水倒入饭锅煮熟成糊，主妇手心沾茶籽油将米糊搓成圆形坯，凉后再蒸或切片煮食的一种风味小吃。黎川乡间习惯在农历二三月采一种唤为"冷贡草"②的野菜加入米浆中，制作成墨绿色的磨浆圆，称为"冷贡圆"，不加冷贡草的就称为磨浆圆。

按照黎川习俗，小孩"汤朝"③、满月、周岁、十岁都由外公外婆家甚至由舅舅、姨母家送圆子；女儿出嫁、男儿成婚，主事家自己做圆子，外戚家也要赠送圆子。老人寿诞，女儿、女婿要送圆子；老人去世，亲戚家都要送圆子。各种礼仪之日，主事家自己制作或亲友家所送圆子，数量都十分大。所做圆子，用来分送给所有参加礼仪的宾客和全村或者全街巷的邻居，供来客带回家与家人分享。乡间建新房，破土动工当日，也要准备大量圆子，让前来帮工劳作的亲友做零食；特别是上梁之时，要将整箩筐的圆子从梁架上空倾倒下来，让簇拥在地面的帮工和看热闹的群众齐来抢捡，以示吉利。

黎川百姓千百年来沿袭吃磨浆圆的传统习惯，经久不衰。尽管现在城镇居民将磨浆圆作礼仪馈赠食品的习惯已逐渐演变成糖果糕点名酒等新兴食品，但是在广大农村这一习俗仍然十分重视。城乡居民对这一绿色的乡土食品的爱好尚然犹存。县城菜市场仍然有好多卖磨浆圆的摊点，买回家后蒸热蘸白糖或者切片煮稀饭当早点，极其可口。还有的人家用青菜、红薯、南瓜一同煮食，别有风味。

---

① 当地俗称圆子。

② 即鼠曲草。

③ 即出生后第一次洗澡。农村习俗是女孩出生后三天、男孩出生后七天才第一次洗澡，并作为礼仪，摆酒请客。

绵软糯糍黄

糯糍即用糯米加工做成的糍粑，是黎川县农村群众喜欢吃的传统特色小吃。自古以来，每年秋收后，乡间打糯糍相沿成俗。几乎村村都有打制糯糍的大石臼，新糯收下后，家家户户捣制糯糍声此起彼伏，伴随着老少的欢喜声，成为秋天里独特的景观。

黎川民间过年拜年走亲戚要送糯糍。馈赠糯糍，数目上是很有讲究的，只能是双数，不能成单，以图吉利。双数因数目的不同，也有不同意思：四个表示四季发财；六个表示六六大顺；八个表示连连大发；十个表示十全十美；十二个表示月月红。

糯糍好吃却难做，表现在它制作工艺的繁琐，尤其表现在将蒸熟的糯米饭捣制成糍的过程，不仅需要臂力强的壮汉用木杵反复捣杵，还需要一个助手在旁边默契配合翻动，好的糯糍需要捣杵数百下才能绵烂软糯。然而，正是因其工艺的繁琐，更显得这种普通小吃中蕴含着质朴百姓对待亲朋的深厚情谊。

据说很早以前，农民到山里烧荒垦地，早去晚归，为了填饱肚子，便发明了用糯米饭杵成糍粑。因为它粘连性强，耐饥，不易霉变，易于保管，加工方便，野外用一点干柴火烤软就能吃。后来乡间糯糍多为蒸软或者油煎后以磨碎的炒黄豆粉加白糖蘸食或者直接蘸白糖食用。

饭糍滋味长

在黎川还有一种小吃叫炼饭糍，或为其他地方所没有。炼饭糍，顾名思义，用米饭捣烂而成的糍。与糯米糍不同的是，炼饭糍是大米饭煮到半生半熟时候，用竹笊篱捞起来，倒进大盆里，趁热用力揉炼，如揉面一般，待揉到不见米粒，饭团有黏性之后，挪到案板上，揉搓成圆棒形，斜切成薄片，也有揉搓成指头大小的长条切成段的，或者干脆直接揉成比汤圆还小的小珍珠丸子的。

揉搓成的炼饭糍还是夹生的，吃法也有两种。一种是清水氽煮，捞出加糖或者蜂蜜水，作为甜点；另一种就是香菇肉片或者墨鱼等等烧成汤，加入炼饭糍，煮成可充饥的饭点。炼饭糍始于何时并无记载。旧时在黎川乡村颇为盛行。因为黎川不产小麦，面点在旧时又殊为难得。倒是盛产优质大米，炼饭糍的工序比磨浆丸和糯米糍相对简单，所花时间也不多，当餐即可做成，于是也逐渐盛行开来。

独家黎米糍

在黎川古城老街每天都能看见一个挑担的大妈，她的箩筐里装着独有的"黎米糍"小吃。这种小吃用籼米和糯米磨成粉后按比例掺杂加工制成，或为圆片形，或为寸长的圆条形，外观呈天青色，隐隐透出里面的豆粉馅料，口感Q弹滑香，软糯不粘牙，为大妈家所独有。为什么叫"黎米糍"，大妈也说不出所以，只说她家祖传做这个，传下来就叫"黎米糍"。很多县城长大的八〇后、九〇后都说，他们从小幼儿园门口就是吃这个"黎米糍"长大的。

为了考证这个糍为什么叫"黎米糍"，我去查了一下资料。或许还是和黎川的"谷物"叫法有关。同治《新城县志》载："晚稻为黎，称黎不知所出。盖方言也。黎之类者曰：八月白、铁脚粳、白米黎、黄荆黎、荷包黎、光头黎、乌督黎。"这糍既以本地产的大米为主，或就是取了这米中的"黎"之方言发音，叫作了"黎米糍"。

"黎米糍"大妈在县城挑箩筐叫卖，路线一般都很有规律。上下学时间在幼儿园、二小、一中门口，下午四五点经过冠建桥，晚上在老街。价格从曾经的五分、一毛到现在的两块钱一个，收款从硬币、纸币到现在的扫码，紧跟时代与时俱进，但是这米糍的滋味数十年如一日，教人念念不忘。

据了解，黎川目前只有大妈一家会制作这种黎米糍，独此一家，别无分店。若要想吃，老街打卡。

乡情一碗茶

擂茶是黎川风味里一枝独秀的奇葩，盛行于樟溪、宏村、西城、龙安、社苹一带。这一习俗一般只在客家人中存在，譬如赣闽边界地区比较出名的就有福建的将乐擂茶。但是黎川擂茶和福建将乐擂茶有很大的区别，将乐擂茶是将茶叶和芝麻花生以及一些中草药材全部磨成糊状，用开水冲饮。黎川擂茶我们称之为"恰（吃）"擂茶。之所以说"吃"擂茶而不是"喝"擂茶，是因为黎川擂茶和一些地方偏重药用植物有所不同，不仅有喝的还有嚼的。芝麻、花生、豆类等食物是不和茶叶一起研磨成糊状的，而是先期炒制好单独装瓶，吃的时候倒在碗里，加上"擂茶脚"①，用刚烧开的开水冲泡，这个时候，能看见芝麻、花生和绿豆、饼干、油炸粉丝等慢慢地漂浮在茶碗上面，花花绿绿的，好看极了。

　　家家办喜事，擂茶是必需的。吃擂茶是件很快乐的事情。因为，当种种原料都备齐了以后，就到了该享受的时候了。客人多的时候，桌子上摆开十几个碗，用筷子蘸取一点点擂茶脚放在碗里，加上炒熟的芝麻、油炸黄豆、花生仁、饼干、粉丝、炸好的猪排骨的嫩骨头、鸡脚骨等佐料，冲上刚烧好的开水，一股清香扑鼻而来，不仅有茶叶和大米的淡雅芬芳，更因吃时偶有几粒芝麻、黄豆、花生仁嚼碎，一股奇香入口，令人心旷神怡。喝擂茶时，桌上还摆着各种乡间小吃，有油炸锅粑、米面皮、馓子、油坨、麻糍、盐腌菜茎、瓜子、板栗、红薯片等，酸甜咸辣，五味俱全，别有风味。擂茶除了用来待客之外，在乡间，逢年过节甚至平日里的邻里间的串门访问，也无不是用擂茶当作了一天光阴的开场白，这散淡的时光也就在擂茶飘出的自然、纯正和浓烈的香味中悄然流逝……

　　吃擂茶是不能性急的，不然就会被烫麻了舌头。因为擂茶表面被各种吃食覆盖，散热慢，表层凉了下面的茶汤基本还是滚烫的。品尝时应该慢慢吹开上层的芝麻，小口的先品茶汤，然后再大口地连芝麻等一起喝、嚼。很多黎川人外出，特别是近几年来，樟溪宏村一带的人前往广东等沿海地区创业，都会带上用罐子装好的"擂茶脚"和擂茶料，在外地想吃了，就泡上一碗。想一想吧，异地他乡，喝上一碗来自家乡的擂茶，那份乡情就弥漫在心间了。

　　古城老街好几家商铺都有礼盒装的擂茶，其中西城巧媳妇的农产品馆擂茶为巧姐的妈妈精心制作，较为出名。

---

　　① 茶叶、食盐、大米混合磨成的茶叶糊。

浓浓米糖香

腊月做米糖，是旧时黎川乡村的一件大事，和杀猪、腌头牲^①一样，不可或缺。正月里，家家户户，端出来的果盘里必定有米糖。而且，哪一家的米糖打得好，哪一家的手艺高，往往在一个正月里就传遍了全村。糖打得好的那一家这一年就像中了状元一样。

米糖，顾名思义，就是用米做成的糖，状如加长的香烟，表面白色，内里为炒熟的黄豆磨的豆粉或者芝麻。因为是纯手工工艺，而且一年只能在农历十一月到来年正月三个月里才能有，所以特别难得。随着工艺改进和存储条件的改观，现在做米糖时间可以延续到上半年四五月份。黎川老街"状元糖"商铺已经名声在外，成为网红打卡地。

做一锅糖，大概要三十斤优质糯米。用大木盆把米洗净，倒入糖甑中，再抬到大锅里蒸，等到满屋飘着糯饭香时，停火把热糯饭倒进缸里，缸事先坐在大木桶内，周围围着厚厚的稻草，目的是保温。糯饭落缸之后，拌入事先准备好的碎干麦芽，然后盖好桶盖保温。两天之后，经过麦芽的发酵，糯饭已经出浆，就可以上糖凳压榨了。

压出来的糖浆一桶桶倒进大锅里熬。糖熬好了就在牛角钩上炼。炼糖人一人双手各握一根一尺来长的糖棍，另一个人则把稀糖一勺一勺地往糖钩上加，持棍者便要双手把稀糖围绕糖钩搅拌，动作得均匀协调，不然稀糖便会掉到地上。开始时是柔和轻搅，后来稀糖在搅拌的作用下颜色变淡，量也越加越多，持棍者就甩开两膀，将一团稀糖绕着糖钩左拉右拽，呼呼有声。

一阵刚猛的拉糖之后，糖团已经变白，质地变硬，表面出现粗糙的糖刺，称为"苦瓜刺"，炼糖工作便宣告完成。男人们便把糖团从糖钩上取下，到笸箩里打斗（dǒu）。一个大糖团，先要揉成一个圆柱形，然后拳头往圆柱顶上使劲捅下去，左手配合转动圆糖柱，然后放倒糖柱，右手不停地拱，左手不停地转，使一个糖团变成一个大糖袋子，这有点像陶瓷艺人做瓷瓶一样。这项工作的难度就是要使这个袋子的四壁均匀，不然一会往里面倒馅子，往外挤的时候容易爆。

---

① 鸡鸭的方言。

斗打好了，把准备好的芝麻或豆粉往里面倒，灌满之后，把斗口部合拢捏紧，然后一人抱住大斗，几个人从斗口处开始拉，左右手协调配合，把灌好馅子的糖斗拉成长条，糖条依次从一个个人手中往后拉，越来越细，细到直径一点五厘米左右，便可以开始剪，把糖条剪成十来厘米的段子，几个人几把剪刀同时开剪。那边糖条不断拉出来，这边剪糖声、糖段掉落笸箩声、赞美声、欢笑声连成一片，暖意融融如满天繁花开放。剪下来的米糖还没有完全冷却，就要一根根排好放在撒了面粉的竹匾里。等完全冷却了，轻轻捏起一根，吃吧。嘿嘿，做得好的米糖，银白如雪，皮薄如纸，香甜酥脆，落口消融。要是做得不好的米糖，就要粘着你的牙齿，半天扯不下来。

县城南门口一带是卖米糖人的聚集地。潭溪那边的人，挑了笋担，过了城外的双桥，进入城里。买糖的人都是很挑剔的，一担担尽管品尝过去，太老的不要，太嫩的不要，终于有尝得满意，不停地点头，好吃好吃。那卖的人就开始说起自家做糖的历史和手艺来。于是，这一担糖，顷刻间，就被

黎川米糖

卖光了，当然，里面也有很小一部分是被买的人白吃掉的。那做得不好的糖，就只有贱卖了。

当年黎川有很多上海下放知青，在尝到米糖的美味后，冬天回上海探亲带上一铁皮罐米糖，就成了他们的首选之物。就是现在很多知青回忆起来，还是津津乐道，赞不绝口，想方设法托人捎带，用泡沫箱子装好了邮寄。而这千里奔波到大上海的米糖，这里面的浓浓乡情，岂是那些高级奶糖所能比拟的。

福山有美景，可遇不可求

己酉元夜①，后山中，大雾如霏，微雨如晓。江水气愈久愈寒，皎然一色，素英满山，始知大雾成冰，或曰"凌"也。时将薄暮，萝岩夫叟诗以招之。予乘兴蹑木屐而行。

左登而右却，右登而左却。折旋左仰如混沌未开而元气空蒙，水天交映光中行渊中视也。谓侍者曰：昔人以诗思在灞桥风雪中驴背上②，彼驴背安能及此？因大啸而四山响答，复狂叫不知有人间世。

于是左挽侍者臂右扶藤条折而上焉，愈上愈奇，树林之权枒筝削婆娑，偃屈如琼玖③，种类故无数，晶光灿烂映带万殊。语云：色同类异，明月藏鹭似也。徐行徐视，如在银汉玉壶间。丘林森秀，奇不可言；鹤阵排空，鹛飞集岸。璎珞之璨璨，华幔之垂垂。束而张如珠盖，摇而曳如玎珰，层而曲如瑶阶，高而锐如银笋，竦而动如玉叶，蓬而扬如乱丝，密而旷如铺练，松而碎如剪芙蓉，簇而围如绣球，飘而逝如粉蝶，欲沾欲脱如柳絮，半开半合如鹅翎；且淡且傲如梅，极繁极整如李；崩崩落落如优钵缤纷，铿铿铮铮如秋声萧瑟。世之画雪与往者所观皆糟粕也。目力所至不数武，盼东遗西，盼西遗东。海上蜃楼欤，莲华化城欤，造物变幻之无尽欤？

---

① 指康熙八年己酉年元宵夜。
② 唐代诗人孟浩然情怀旷达，常冒雪骑驴寻梅，有"吾诗思在灞桥风雪中驴背上"之语。
③ 泛指美玉。

　　这段文字描写的是距今三百六十多年前黎川福山冬季的冰凌封山奇观。每到冬季一二月，东南沿海的潮湿空气经福建过境从泰宁、建宁等地进入江西时候，突然被建黎泰地区的高山阻挡，加之冬季持续的低温，水汽在山顶遇冷凝结，就形成了"凌"的景观。

　　今天我们看来平淡无奇的冰凌，在作者的笔下却晶莹剔透，千姿百态，仪态万方；动静结合，声色俱全。如鸟，"明月藏鹭""鹤阵排空"；如华幔和丝珞，"璎珞璨璨，华幔垂垂"；如珍宝，"珠盖、玎珰"；如有色的花，"芙蓉、绣球"，如"粉蝶、柳絮、鹅翎"，"如梅、如李"，还幻化出了声音"崩崩落落、铿铿铮铮"。甚至认为"世之画雪与往者所观皆糟粕也"，意思是世间所有画雪的和赏雪的人所看到的冰雪景观都是糟粕，比不上这一"凌"。行走于冰天雪地里，往左走却朝右滑，往右走却朝左滑，小心翼翼之态跃然纸上，文章辞藻华美，生动有趣，收录于康熙十二年（1673）修成的《新城县志》中，作者是福山寺和尚僧大宁。

　　僧大宁，傅氏子，字石潮，别号笠山，进贤（今江西进贤县）人。根据《新城县志》和《黎川文载》的记录，大宁和尚于康熙时期驻黎川福山寺。因为长期生活在福山山中，修行之余大宁跑遍了福山的角角落落。身在山中，胸有丘壑。在此期间他写下了大量的关于福山的诗文。让今天的我们有幸窥见福山不同寻常的一面。

　　北廪山，南福山，历史上是黎川的两座人文荟萃之山。往来的文人墨客如过江之鲫，留下的遗存也可圈可点。平均海拔一千多米的福山，如倒扣的船，横亘在德胜镇和社苹乡两地的交界处。历史上称覆船山，唐懿宗忌"覆船"二字不祥，更名

古福山绘图

为"福船山"。宋大中祥符年间改称"福山",沿用至今。福山主峰箫曲峰海拔一千〇四十五米。这里风光秀丽,树木幽深,山泉淙淙,有九叠谷、佛影石、箫曲峰、八叶峰等名胜。从宋至清,福山之美在众多文人的诗文中大量体现。李觏、朱熹、邓元锡等理学家、文学家都有写福山的诗文传世。乾隆年间,邑人冯行编修的《黎川文载》收录有僧人大宁所写的《福山十二景诗》,分别为《谷口源》《船石岭》《七星桥》《绍隆岩》《文殊台》《棋盘石》《罗汉岩》《玉笋窝》《大石岩》《童子峰》《九叠谷》《箫曲峰》,对福山诸景有了一个系统概括。

然而偌大的福山,又何止区区十二景呢。在大宁和尚之前,他的师傅觉浪道盛就寻得了"福山五十三景",见于大宁和尚的《福山五十三景别记》:

> 杖人当日披寻山中,得福山五十三景。岩五,曰绍隆、罗汉、鲸钟、梅花、狮子是也。井一,曰西竺是也。洞一,曰七佛是也。台三,曰文殊、邻丘、众妙是也。峰六,曰箫曲、德云、童子、洞庭、毒鼓、海罗是也。石七,曰佛隐、忘归、莲花、挂榜、波斯、纱帽、袈裟是也。池一,曰七星是也。桥四,曰拱北、半山、仙人、双树是也。岭一,曰船石是也。坛一,曰危王是也。寺一,曰古基之双林是也。庵六,曰竹影、净居、梦龙、明月、竖拳、扣水是也。岗一,曰凤鸣是也。塔一,曰覆船是也。潭一,曰老龙是也。关一,曰扣角是也。谷一,曰九叠是也。窝一,曰玉笋是也。洞二,曰雁腋、山塘是也。涛一,曰海岸是也。水二,曰天湖、马尾是也。泉一,曰鸣玉是也。陇一,曰芭蕉是也。山二,曰鲤鱼、花石是也。树一,曰石上是也。

"杖人"是大宁和尚的师父觉浪道盛的号。道盛(1592—1659),字觉浪,号杖人,柘浦(今属福建)张氏子。十九岁弃儒入佛,至鼓山涌泉寺投瑞岩识和尚披剃,后受戒于寿昌寺无名慧经师父高徒博山元来禅师。觉浪所收弟子多为明代遗民,著名的有竺庵大成(重建寿昌寺)、笑峰大然、药地大智(方以智)、其天大浩、观涛大奇(住寿昌寺)、梅逢大忍(住寿昌寺)、石潮大宁(兴福山寺)、双峰大存、巨音选、石濂汕、方融玺、石公瑸等。崇祯八年(1635),觉浪道盛入主黎川福船寺(即福山寺)。

山水之灵韵,不缺少美景,而是缺少发现美的眼睛。大宁虽然是一个和尚，却有很高的文学修养，尽管师父披寻出福山五十三景，但因觉浪道盛在福山所待时间并不算长，因此，大宁仍觉不能"尽山中之胜"。为何？

　　人或览此而讶以为最多，予犹以未尽山中之胜也。何也？如曰泉，而犹有云根、龙吟、珍珠、接竹之泉；石，而犹有天印、焦尾、棋盘、象鼻、狮面、河鱼、多宝之石；岩，而犹有赤壁、摩空、蓑衣、箬笠之岩；桥，而犹有文殊、明月、瀑布之桥也；庵，而犹有西据、问桃、听竹之庵；潭，而犹有雷鼓、涵碧之潭；峰，而犹有云门、应感、会仙之峰；台，而犹有杂花、钓鱼之台；岭，而犹有木钉之岭；洞，而犹有通元之洞；池，而犹有映箫之池。而此外，复别有磴者，曰鹤膝、曰蜂腰；亭者，曰芝云、曰谷口、曰佛影；梯者，曰众妙；栈者，曰空花、曰未了；径者，曰穿云、曰杂花、曰萝；路者，曰东、曰西；窟者，曰泉水、曰龙；湖者，曰涵丘。虽然而犹未可尽山中之胜。何者？如，曰树，则峰峦丘谷之间莫非树也；石，则田垄溪岩之上莫非石也；泉，则穿林透峡空响摇曳莫非泉也。而山中之胜，五十三景莫能尽收，则吾之寸管片楮亦莫能尽述也。今之所以纪此者，俾诸来学同思当日，一时披寻之胜遂成千古，点订是又不可作景会。

　　即便不能身临其境，或者昔日美景今日已不能重现，光是读这篇《别记》，也会被诸景的名字所倾倒。譬如泉，有云根、龙吟、珍珠、接竹；如庵，有竹影、净居、梦龙、明月、竖拳、扣水……读下来，只觉唇齿生香，诸景如画在纸上一一闪现。

　　在收录到的文献中，大宁所写的福山文章基本上都发生在康熙己酉年，即康熙八年（1669）。这年春，大宁带着二三禅衲至

远眺福山

福山船石岭。船石岭在《福山十二景》诗中列第二。诗前有引：

> 始自仙人桥，至瀑布桥二里许，两山相夹，大溪横流，石窦泉光，错落林荫。不独一瀑布一马尾[①]也。黄海岸祠部书"瀑布"二字于石上。"

诗曰：

> 两山相对一溪横，错落泉光隔树明。
>
> 石磴秋苔如雨泼，板桥春水似雷轰。
>
> 冲风小鸟低枝立，过岭孤云绝壑生。
>
> 从此是非都洗却，瀑喧人语竟无声。

这段引和诗句恰恰和大宁带着禅衲游玩船石岭所写的《船石岭记》互相映衬：

> 岭自瀑布桥而下，至仙人桥二里许，山中往返必由之径。人往往过此莫不流盼嗟异焉。岭临大溪，蹬道郁盘，高松古桧映带左右。予尝经此未尽厌览。己酉之春，偕二三禅衲往观之。始至瀑布桥，闻水声淙淙，折而西下，数十级，倒观瀑布摇曳断续，莫可端倪。瀑之左有岩高数十仞，一视岩一视瀑，而瀑飞岩动如欲俱倒。溪中累累多巨石层叠，而溪水因之为瀑者无算。俯而视曲溪渐平，水渐缓，左峰倒右峰倒，环抱而出，至是度仙人桥，即岭麓去平壤犹有数倍其远。予与禅衲皆散坐莓苔久之振策而返，自下上行步踟迟缓，仰视隔溪绝嶂参错空中若不可到。溪中突见一瀑喷雪界青飞扬澎湃为最，乃缩身擘岸而下就之。瀑与石相击声若怒雷，雨丝丝而迴飞。满峡冷畏难近。因溪中之石接步而游，仅六七级见窒然空碧者如镜，清如瓮舍，澄湛不流，知其为潭，广不满丈，深不可拭，投以磊块，谷谷焉。而下复上数十级，则见桥头之瀑飘然曳练而来，其下亦有潭，缘木槎度之，梯石而观，瀑则堕吾履底矣。折而东，陟岩顶见一白发人匍匐岩窦东西出入，旋转无碍如蚁行珠孔中，凝睇窥之，乃吾从游者，遂相呼以归。

根据文中所记，船石岭为古人进出福山的必经之路，至今仍存于福山的山谷中。笔者前几年深入福山，上下往返数次都经过此岭，古木参天，巨石耸立，石阶遍布苔藓，溪水潺潺，景致与古人描写无异，唯一遗憾的是瀑布

---

① 即骥尾泉，明代邓元锡有《重过福山骥尾泉》诗。

的声势大不如前了。

这年夏四月初八，佛诞日，福山大雨倾盆，连下五昼夜不止。"山中一夜雨，树杪百重泉"。雨稍停，大宁便带着高龄七十六岁的师兄于山中观瀑布。师兄年岁太高，雨后山路难行，于是多数时候是师兄站在路边，看着大宁抠住衣服，爬上爬下。临近瀑布的时候，瀑布的轰隆声淹没了人声。大家感叹，这还能是前一日的瀑布吗，是另一条瀑布吧，或者也不是瀑布而是雷阵了。大宁爬上瀑布边的一棵大树，居高临下观望，只见瀑布缥缈飞舞，如银汉倾泻，纵横驰骋，宛若奔涌而来的钱塘八月大潮。游玩归来，师兄说，此一游，应该有"记"。大宁唯唯，听从师兄所嘱，写下《雨后观瀑布记》。师兄字"能后"，从姑苏来，气品孤劲，就像福山的瀑布与石壁一般。

大宁昔日追随师父在福山修行，应该还是个年轻的小师父。及至康熙初年，修为日深，成为一方名僧。在此期间，正是明末清初的一段非常时期，县邑很多饱学之士或隐或游，游离在俗世与方外之间。其中新城涂氏家族有一位隐士涂白，便与众多方外之人有着密切交往。

涂白（1603—1672），名大培，字轩植，号素菴，邑庠生，为明末忠臣黄端伯的弟子，与族叔祖涂伯昌以文章气节相矜尚。明亡倡义，涂白追随益藩王起义。失败后遨游江湖，吟诗适志，晚年隐居于县城南郊的竹山下，足迹不入城市，著有《芷莊禅》。为涂白的《芷莊禅》集作序的有释大成（竺菴）、释宁石潮、释大选（巨音）。这三个人互为师兄弟，恰恰都是觉浪道盛的弟子。

大宁在序中写道：

> 余昔通迹萧峰，素庵道人尝携屐来，云开月皎，落叶秋高，万壑吹香，雪深春树，不扪岩而舒啸。即枕石之听泉，得之于心，间不容发。道人曰：禅可言乎？余曰：禅不可言。曰，诗可言乎？余曰，姑与子言诗可也。予去六年矣。今归，峰上树仍青，石仍白，溪仍喧，山仍静。道人复提屐来。且出《芷莊禅吟》曰：师以禅不可言，吾则以诗而禅可乎？予笑曰：姑与子言诗禅可也。因朗诵一过，词气清新，华实并茂，诗而禅，禅而诗，溪声即是广长舌，山色无非清净身。素庵坡老可谓万世旦暮者也。

古人以文会友，性情相投便引为知己，于是有高山流水遇知音之千古佳话。从初识素庵道人，到六年后重回福山，从六年前的"姑与子言诗可也"到"姑与子言诗禅可也"，诗而禅，禅而诗，境界却不可与六年前同。而我们俗世之人，读到这些文章也只能在半懂不懂中，窥得其中半点禅道而已。

沧海桑田，时移世易。昔日汇集了众多才学之人的福山，今日已成人迹罕至之地。不知峰上是否"树仍青，石仍白，溪仍喧，山仍静"。掩卷叹息之余，仍然要致敬昔日的先贤，为我们留下这些珠玑一般的文字，如飞瀑溅起的流珠，在溪岸的岩壁上，时间的隧道中，留下了不可磨灭的印痕和光斑。

四野歌桑麦，醉游小瀛洲

万历十六年（1588）六月十一夜，大雨滂沱，电闪雷鸣。黎川城内外水深数丈，房屋桥梁倒塌无数，庄稼水淹绝收，西门外的通济桥也被毁。有青莲漂植于当时的名儒邓元锡家院子前面的池塘。大水过后，八月，朝廷诏征邓元锡翰林院待诏。而早前的风水大师范越凤曾经说：水内生青莲，黎川出"泗贤"。意即水中生了青莲，黎川就要出现山东孔圣人那样的贤人。于是时人皆以为灵验。

就在这场大水前几个月的春天，邓元锡应县令吕文峰（朝阳人，万历十六年任）邀请，陪他同游了县城北郊的小瀛洲。有诗为证：

吕令公拉游小瀛洲

碧树都门识面秋，蓬蒿一卧岁华流。

分符再睹青天近，出郭时招胜日游。

江上花封传美政，雨中菜色动春愁。

何当四野歌桑麦，醉把渔竿楚水头。

由诗中可以看出，邓元锡与吕县令早前的秋天就已经认识了。岁月倥偬，没想到吕大人会分派到了自己家门来做青天老爷，于是相邀选一个好日子出游。借着春天的美景，邓元锡不动声色地赞美了一番吕大人的美政。两个人喝了酒不仅放歌四野，还醉把渔竿，玩得不亦乐乎。没几个月，一场大水，不仅冲毁了桥梁庄稼，冲出了青莲，也把诗中的"小瀛洲"冲得只剩了一片汪洋。

在邓元锡的文集《潜学稿》中，涉及"小瀛洲"的诗歌不下十多处。例如《题小瀛洲次稚翁韵》《五月十三日稚翁招小瀛洲舟泛二首》《季夏小瀛洲再泛叠前韵》等等，诗中满满的郊野四时风光，读之教人无限神往。

这"小瀛洲"在哪呢？康熙《新城县志》之《形胜》载：

小瀛洲，旧名中洲。在县石峡岭（即石子岭）外，当县水口。沙白如银。明嘉靖间王司成构舫斋其中，四水环抱，树竹茂密。命曰"小瀛洲"，时泛游焉。万历癸巳大水冲决。

出黎川下马路北门①，过吴家桥、田东湾，绕石子岭，一直到如今的聚龙湾乡村景区，一路伴随的便是潺潺黎河。河东是连绵丘陵，河西是下桥的

桂家排和松塘。靠近岸边的湿地有灌木葱茏，白沙绵延，河中的沙洲常有白鹭翩翩。这样短短数里的一片郊野，如今只道是寻常，昔日却有着"小瀛洲"之美誉。

要不怎么说美处处都在，缺少的只是发现美的眼睛。在邓元锡的忘年交、文学家王材的眼里，这里便是难得的仙山之境。可

黎河小瀛洲风光

以置屋讲学，可以把酒东风，可以放浪形骸，可以指点江山。

王材（1508—1584）天资聪颖，生来就是读书的料。嘉靖七年（1528），二十岁就举乡试，二十四岁就进了翰林院做检讨，管内阁诰敕，补大明会典纂修官。此后边做官边刻苦读书，嘉靖二十年（1541），三十四岁终于中了进士。嘉靖二十六年（1547），四十岁担任礼部会试同考官。一身"憨气"的他不攀附权贵，却被权贵所排挤和诬陷。几番贬职、复用，又被构

①今黎江御景小区与县武警中队营房附近。

陷去职回乡。于是淡泊名利，走遍家乡，不仅挖掘出黎川十二景并赋诗，也结交了一群知心朋友，如同邑的邓元锡、涂荷亭（储），南城罗汝芳、县令汤建衡等。尤其是邓元锡，比王材小二十一岁，却因为有着相同的追求，而成亦父亦友的半辈子知交，并做了姻亲。邓元锡的小妹嫁给了王材的六弟，而王材后来也将自己的女儿许给邓元锡的幼子俗儿结了娃娃亲，却因俗儿早夭而不了了之。

嘉靖四十三年（1564）冬，位于北郊的北田学舍开始动工。这是王材致仕归乡后自建的读书讲学场所。学舍规模很大，据邓元锡为王材所作《明通议大夫南京太常寺卿管国子监祭酒王公稚川先生行状》云：

> 晚作北田学舍，营农圃其间，观稼、垂纶各有亭，行石峡水中洲，构旃斋其中，四水环抱，树竹茂密，命曰"小瀛洲"，时泛艇游焉。

为什么选在北郊外的田野呢？

首先，此地位于通往建昌府城南城的官道附近，学子、好友往来有交通之便。其次，河对岸日峰山和马鞍山两山拱卫，一条黎河绕着田野北流。活脱脱是先贤王安石所写"一水护田将绿绕，两山排闼送青来"的生动再现。加之舍前平野竹树，园田四时葱蒨，教人沉醉。于是成就了"北田诸景"：中天卓笔、一水护田、两山排闼、四野长春。

"北田学舍"为王材本人题名。学舍中有堂有房，堂名"念初堂"，此堂即正宗书院，居学舍中央。堂前两边各建两间学房，分别命名为"存诚""克己""慎动""尚志"。堂后建"学古楼"，为藏书楼。登楼远眺，四周列山如屏，日峰、马鞍二山拱卫，中间旷野平畴。遥看可见南丰军峰山峭锐如笔，耸入云霄。邓元锡因此题名"中天卓笔"悬挂于学古楼前。近观学舍全景，轩亭如翼，风气恢旷；学舍、堂筵、斋阁，深严如骏起；巨石裂而不断，墙垣似船；竹几素榻，屏幛户牖，井然有序。在黎川县城能看见南丰军峰山的风姿，很多人肯定不是相信。其实，军峰山为赣东第一高峰，虽然距黎川有百里之遥，但只要天气好，空气通透，在黎川县城视野开阔高地，往往能看见军峰山傲然耸立。古时没什么高楼大厦，北田一带也无高山阻隔，看见军峰山当为不虚。

应王材之命，邓元锡作《北田学舍记》（摘自清代康熙《新城县志》）：

学舍在朝宗门之外埒，大司成王公营焉而时居游讲学其中。朝宗门者，邑北门也。舍旁皆平畴，曰北田学舍云。黎水经朝宗门而来，泠潆滵衍，洭堤下如块，则亭其涯曰：垂纶涯。薜萝深翛，行者迷所适，即郭外宛邃村靓谷也，命曰薜荔。村中有溪，识以桃李属之馆，曰桃李蹊馆。前轩覆茅，楔四敞。凭之，阡陌绣错也。居民耕者约之社，时省振焉。曰观稼轩。轩当池，荫之竹，种芙蕖其中，嘉树环合。池之左，垂霏映日，葱蒨冉冉，杨柳径也。循径出田间，遂登古道，学舍临焉……甲子冬，学舍始营。公（王材）命元锡曰"成需记矣。"明年成。又明年，侍宴游其中。窃迹公道业可表见者记之，俟来者考观焉。

关于"念初堂"的来由，邓元锡在《行状》中也专门做了一番诠释。意思是王材虽然做到高官，却从未曾失却赤子之心。所谓的赤子之心，来自人的天性纯真，也就是与生俱来的人之初。王材的文集，也因此就叫作《念初堂》。

光有讲学的书院不行，还得有一帮文人游玩的地方。因此，王材又围绕着北田学舍四周打造了一座"晚趣堂"。晚趣堂建成后，王材写了《新作晚趣堂》诗：

> 山川相遇本无期，得胜忻于晚岁宜。
>
> 壮志已随青鬓改，老怀应许白云知。
>
> 千峰秀列当窗远，一水清纤绕舍迟。
>
> 敢拟东都多异赏，随缘亲旧日来怡。

万般心绪，聚于这"晚趣"之中。后来万历年间的教谕、姑苏人黄瓛作有《晚趣堂记》。文章大意为：

> 堂在北关外，驿道旁。距关不到一里。濒黎水之涯，位于学舍南边。开始为一块边角之地，有善于经营的人在路边卖着一些小杂货。王材觉得如此真是辜负了此地的山水之胜。于是清除南边的杂草荆棘，又开启了一番建设。东穿有桃花源，遍植桃树。稍微往北转弯有小溪北流与黎河汇合，溪上架木桥以为"小桥流水"。至此已潇洒清绝与人境隔异。桥东还有高大的树木，枝叶茂密修柯连云，有古木烟村之胜。另有翠竹成带，隐蔽天日。溪边建有观澜亭，北行百步越过明农馆，左边是学舍，

右边是垂纶亭，中间的空旷地带，即造有晚趣堂。堂东众山围环，龙湖（黎河）绕北，西侧可见日峰山，南可见箫曲（南部福山）诸山烟云缥缈，远混天碧。

《记》的最后，黄教谕感叹：

> 是堂也，茅不斩而嘉树自列；石不发而清泉自激。靡事穷高，涉远而极幽遐。瑰诡之观，不必探武陵。历元都而睹芳华鲜美。落英缤纷之异无论异处。即洛阳名园恐不能过也。

将晚趣堂与洛阳名园相提并论，是否言过其实，今人已无从知晓。作为北田学舍的补充，晚趣堂有六景，观澜亭有四景，分别是：竹岸垂纶、柳堂观稼、虹桥烟雨、月峡鱼龙、玉嶂晴岚、金城夕照；古杏垂阴、雄峰送黛、帆飞曲水、鸟下平芜。各景王材都有诗作，罗汝芳、邓元锡纷纷写有步韵和诗。尤其是"帆飞曲水"三人同写，异趣横生。

帆飞曲水

（王材）

林亭隐隐照迴川，川上归舟断复连。

忽讶樽前添气色，轻帆尽带五湖烟。

（罗汝芳）

观澜亭子瞰长川，波影云光尽日连。

何处双帆来峡口，晚风飞度破晴烟。

（邓元锡）

凭虚台馆俯通川，渺渺轻帆天际连。

忽逐断云来近浦，又随白鸟入苍烟。

对于自己亲手规划设计打造的晚趣堂，王材万般地喜爱和满意，自比为"蓬壶岛"（蓬莱岛），这于他的诗中可见一斑：

晚趣堂望月

野色苍苍隐夕曛，山容远近各为群。

一轮明月出乔木，万里青天无片云。

不用还丹成玉景，共将浮白嚼金文。

迢迢箫鼓来何处，疑是蓬壶岛上闻。

八月十二乘舟晚趣堂

画舫水云东，秋园淡不风。

蕉光仍满户，桂馥已连空。

鸭脚闲垂弹，鸡冠静斩雄。

化工多意态，媚客思无穷。

学舍往北不远，即石峡。峡内黎河水成深潭，成湖，谓之"龙湖潭"。峡口因石峡岭和仙居山夹岸相峙，成为县城水口。峡外河床宽广，河中白沙成洲，洲上花树四列，鹭鸟频来。"峡里水何处，峡前山更遥。落落洲林色，轻烟一鹭飘。"①此处也是古黎川十二景之第八景"石峡迴龙"所在。如此美景，岂能辜负。于是王材命名此处为"小瀛洲"，还造了一艘画舫，不时可以往来学舍和小瀛洲之间。

万历十二年（1584）七月，退居家乡近二十年的王材因病去世，终年七十又七。邓元锡失去一位亦父亦友的知交，内心伤痛无比。万历十六年夏八月，邓元锡被征选为翰林院待诏；秋九月，罗汝芳去世于南城从姑山。此后，朝廷多次催邓元锡前往京城任职，他都不去。万历二十一年（1593）夏，吏部派专人持诏限其于六月二十六日启程赴任，他才不得已从命，但仍然于二十五日写下《乞恩疏草》，表达了自己淡泊的心志，希望朝廷开恩能让老病的自己在家乡安心做学问。在动身前往南城生母刘氏墓祭告辞行时，不幸急病猝故于墓所。

至于北田胜景，万历中晚期，涂国鼎②在晚趣堂前建造了"蒨园"，作为自家子弟读书之所。而晚趣堂则被县城另一大户璩家接管，璩光岳③将之改名为"石波馆"。到同治年间，北田学舍基本废弃。山河依旧，一水北去，诸景慢慢泯然于时光的变迁中，却仍然留下了山光烟色任人凭吊。

---

① 王材《石峡》，《念初堂》卷二十一。

② 万历三十五年进士、文学家。

③ 万历三十二年进士，任河南光州知州。

人面何处去，花溪柳成丝

"花溪者，邑南之赤溪也。"

这是明代晚期邓澄老头儿写的一句话。老头儿活了九十多岁，什么场面没见过，却唯独对这赤溪的桃花念念不忘，可见其花事之盛不是浪得虚名的。

> 其称赤溪者，两溪流且合。其上有地，若交衽之在衣。畦蔬陇麦之间，居人遍植桃。沿溪左右，芊翻连亘，殆莫穷其涯际，折而入，渔丁菜佣所居。扉以之代荆，篱以之当槿。交柯布叶，幽翳窈窕。稍一造之都迷径。遂计不止万余株矣。虽其中亦杂植枣梨梅杏，后先开落，高低浓淡，点缀霏微，然不能居桃十之二。

赤溪在哪呢？在今天县城日峰镇篁竹街南面的旷野之中。这里原本有两条溪流交错流经田野。旧时曾修有赤岸陂用以灌溉农田。田畴之间的小道上，沿着溪岸，农人遍植了桃花。走进去，只见小径交互绵延，似乎无穷无尽。曲曲折折中，又见渔家或者菜农的院子，遍植桃树，以代替院墙和篱笆。密密匝匝的桃树枝条在空中交错，仿若时空的隧道，一不小心，就要迷失在其中。虽然其中也夹杂着一些枣树、梨树、梅树、杏树，高高低低浓淡点缀，却不能及桃之十分之二。难怪邓澄对赤溪情有独钟，写下大量关于赤溪的诗文。其中《赤溪桃花》写着：

> 多事红花问白花，东风桃李便津涯。
> 天从鸠鹊收残雨，人与凫鹭坐浅沙。

修竹垂杨纷映带，葛巾乌帽任欹斜。

花溪往事从今有，笑倚轻舠替着槎。

年年花发游花溪，不言花下都成蹊。这是一幅多么浪漫的春景呀。故此历代文人都将这赤溪当成了呼朋引伴快意人生的好地方。斜阳映水，清风拂林，山翠微笼，墟烟会合。花光水影，人醉衣香，恍恍看碧成朱。"赤溪"的名字，或许就是这样来的。

赤溪不仅仅有桃花，还有亭。宋儒李泰伯先生读书的风月亭，就像一座精神坐标，矗立在赤溪的土地上。明代文人邓篆为之作《风月亭赋》云：

维武陵之旧圃兮，泛平津以通渔。一水飞光而带郭兮，千峰流翠以曳裾。指葱郁之曲陌，望桑麻之烟墟。山连水系，霞卷云舒。春禽转响于修木，林茵翻洒于茂区。右挹天马之黛，左控长虹之汋。村里烟廻，溪径雾错。户蕴彩而霓飞，桥腾文而锦濯。伊说书之结亭，信风月之攸托。尔其美言日迟，托景兰药。靡翠草而成裀，幕丰叶以为幄。则有雅人韵士怀醉青阳。停车小苑，双骑横塘。莺唱庭芳之曲，花丽汉宫之妆。

……桑海数翻，咏灵光于旦旦；桃花几度，想名德于年年。仆观缕于胜迹，君子其然。岂然乱曰：寤春风兮亭芳缬，思公子兮音尘歇。尊彼兰皋兮我心则结，隔千秋兮共明月。

这篇赋收录在乾隆年间编撰的《黎川文载》中，华美却不矫揉，一赞三叹，句句可圈可点。不仅描画出赤溪一带的秀美风光，也表达了自己对先贤名德的仰慕之心。

邓篆（1611—1685），字文，号韦菴，为邓澄、邓渼的侄子。邓渼赞扬他"此吾家驹，必当致远"。邓篆是黄端伯的门生，追随恩师从学官署三年。性情端方，虽出身于世家望族，却鄙视浮华。崇祯十二年（1639），地方推选，邓篆丁忧服阕，上头催他应试，力辞不赴。隐居于城南之别业畅园。畅园与风月亭仅有咫尺之距，有山水林木之胜，邓篆每日"曳杖孤吟其间"，在此教育子孙读书。清代文学家、黎川人张士裕写有一首《秋日同诸友过畅园水亭》：

选胜得陶谢，招携到赤溪。

空亭生古思，丛树入新题。

岫列书楼画，苔残屐齿泥。

寒禽如唤客，啼过夕阳西。

水亭，即风月亭。此诗生动地描绘了一群文人好友于秋天的黄昏拜谒赤溪风月亭的场景。夕阳下，寒禽声声如在召唤，空亭丛树发思古之幽情，晚风阵阵，一首首诗作应景而生，实在是让人抚掌称快。

邓篆五十寿诞之际，方以智正在新城虞山寺，前往贺寿并将仲姑方维仪所作白描《大士图》相赠，并作《大士颂为邓韦菴作》一篇。

赤溪风光

时至今日，整修后的畅园依旧屹立在篁竹村南面，面对着空旷的郊野，笑看云卷云舒。

赤溪居民以打鱼种菜为生。每日有渔获蔬菜都送至河对岸的集市售卖，再换得米粮回家。因此家家也没有隔夜粮。当年涂伯昌在赤溪构馆居住，春分日，天将明时，就看到小孩子们持竹竿绕着树林驱赶麻雀，原来是怕麻雀伤庄稼与果树。

知晓老县城历史的人都知道，一直到本世纪初，水槽路（今东兴路）至篁竹街一带都是黎川县城的蔬菜供应基地，民间有"水槽蔬菜村"的说法。每天早上天未明的时候，横港桥至新丰桥上就有成群结队的菜农或是挑水担粪前往菜地劳作的，或是挑菜进城卖菜的。熙熙攘攘的景象，成为黎川古城的一大人文景观。

有花有人有酒，就有了诗。目前所见最早写赤溪桃花的还是邓元锡。他的《首春游赤岸桃园》诗云：

拼醉新丰酒莫辞，即看赤岸柳成丝。

新丰桥上人如水，解探花源问阿谁。

王材与邓元锡为至交好友，两个人同游赤溪，自然少不了要赋诗唱和。王材写了三首《中春九日潜谷邀游赤岸园》，第二首云：

赤岸桃花岁岁春，白头今日始知津。

一朝暖旭开能遍，万树秾芳醉已匀。

便点杯盘成锦席，忽搏蹊路作文茵。

丽情却忆皮公赋，犹拟前人铁石身。

邓元锡步王材原韵也作和诗《和王大司成中春九日潜谷邀游赤岸园作三首》，其第二首云：

溪上晴烟万树春，游人谩拟武陵津。

何来仙驭云中下，转觉灵葩雨后匀。

津路望边皆紫气，蒲轮行处总成茵。

自伤桃李公门满，垂老林坰黟此身。

把酒春风，醉眼看花。岸柳成丝，万树秾芳。前去看花的人在新丰桥上来来往往如流水。难怪在古黎川十二景中，占有一席之地的赤溪风月，也要沾一点桃花的芬芳才更有了影响力。

赤溪风月

独抱遗经草满庭，竹风梧月对南屏。

桃花流水年年在，谁向寒溪问客星？

至于邓澄老儿的赤溪桃花，除了诗酒年华，还多了一分俏皮与闲散：

游赤溪李泰伯先生旧斋有怀而作

赤溪旧里桃花社，风与清朝月清夜。

树经人代换孙枝，人每春来醉花下。

花下游人迹渐多，月蹬风地余山阿。

读书台畔草书带，山鸟咿唔唤客歌。

野老菲檐晴曝背，闲即花间自锄菜。

家驯鸟兔捉黄鱼，石转高滩喧水碓。

津市城连第几桥，春江雨水接花朝。

校书祉远红桃树，待诏堤空碧柳条。

涂伯昌的桃花诗又暗藏了些许的人世沧桑和风云在里面：

　　赤溪小筑数椽，桃花千树，流水两湾，诗以纪之

　　半春春冷又春晴，卜筑随缘数亩轻。

　　流水周回人事罕，青林窈窕乱苔生。

　　看云待月常同客，绕砌凭栏时独行。

　　愧我尘劳消未得，却从淡荡寄多情。

就连性情寡淡、不苟言笑的杨思本也禁不住赤溪桃花的魅力，与好友们醉卧花下。在《榴馆初函集选》卷之五开篇收录的《紫荆花记》一文中，他说：

　　余邑到春时，数花则有赤岸桃为最。此地宽衍数里俱种桃，开时绚烂若云锦。游者三三两两，共提壶挈盒。或席地，或置案，或挟妓，或用鼓拔，俱以饮酒至醉而归。

一整个春天，他们看过了赤溪桃花，又看琚家花园的玉兰，看过了玉兰，又看邓家花园的紫荆。看来看去，最后还是觉得"赤岸之桃，专夺吾爱也"。

清代文人涂志有写有《赤溪桃花》，诗曰：

　　风月亭边路不迷，赤溪争似武陵溪。

　　春来锦帐如金谷，一道飞霞隔岸西。

文人的赤溪总是诗意盎然。普通老百姓的赤溪因了这烂漫的桃花也少不了花前月下的你侬我侬。如今的古城沿河两岸遍植了桃柳，在某种程度上再现了当年岸柳成丝、游人笑语盈盈的春景。只是赤溪的万树桃花已然陨落在历史的深处，隔岸的一抹飞霞、锦帐金谷成了历史的绝唱，那些肆意诗酒年华的才子们也成了故纸堆里沉默的符号。

若是有心，不妨选一个风轻云淡的日子，去赤溪的阡陌间走走，品一品畅园的风姿，观一观风月亭的倩影。旷野的风吹过，或许还能听到些微的遗韵在轻轻回响。

山中何所乐，可得海上观

县城北十五里有金船峰，今人呼之为船山。船山不高，海拔不到三百米，与县城日峰山相当，远看山顶就像一个倒扣的锅底。山上曾经有金峰寺、大有观。

船山不仅与日峰山、点山（廪山）等遥遥相对，黎川民间传说船山与点山还与八仙铁拐李有关。相传铁拐李挑了一担石土去黎川南边的会仙峰与其他几仙相会，经过此地。他老人家在天上腾云驾雾得有点无聊，非要下到人间体会一下凡间奔波的辛苦。正好看到这一带河水缭绕，甚是秀美，于是降临下来。因为路途坎坷，加上腿脚不便，不小心便摔了一跤，扁担也断了。结果一挑土成了船山，一挑土成了点山，扁担落入两山之间连源村的西坑村外的水井中。此井水深不见底，清澈甘洌，至今仍在。井内有一块石碑，写满密密麻麻的字。村里人传说，谁能认出石碑上的字，仙人掉进井里的扁担便会成为金扁担，归认出字之人所有。关于这个石碑上的字，实则为清代乡人关于保护水井的约定，只是由于井水水位高，字迹辨认不清，所以久而久之，乡民才有了天马横空的想象而已。

清代杨日升写有《金船峰记》，云：

距邑治十五里，有山突兀耸翠，横峙湖水之口，为北关屏障者，金船峰也。先是元至正六年（1346），山中时隐隐有神火三圆飞绕上下，僧正权见而异之，始建梵刹颜矣。僧吟者复起而修葺之。至国朝顺治庚子秋椽颓壁朽，僧本立锐然奋兴，宝殿崔嵬，相辉灿。前则平台挹秀，远则文峰插天，焕然成一大观矣。

自古名山僧占多。日峰山有天峰寺，廪山有廪山寺，船山也不例外，有金峰寺、大有观。大有观，始建于元至正戊子年（1348）。明代天师张宇初的《岘泉集》卷三收有一篇《新城县金船峰甘露雷坛记》：

> 江右真仙灵迹之胜，莫着于旴。若南城之麻姑仙坛、南丰之神冈。新城则金船峰甘露雷坛居其一也。峰高踰百仞，蜿蜒支阜数十里许。去县十里而近。日峰削其前，香山挹其后。峰之巅为三济禅师坛。元至正甲申（1344），有为白莲师者虞觉海，闻闽之杉关戴某，延武夷山月闲汪真人禜禬有奇验，遂迎居焉……故乃云驭风行而乘天地之正，御六气之辨而超乎无穷，与后天而终者，其亦灏气之专而然欤。

张宇初（1359—1410）为明代正一派天师，是历代天师中最博学者之一。有道门硕儒之称。可见当时金船峰上曾经有过甘露雷坛，且颇有名气。

明末邑人江以硕作有《大有观记》收录于清代《新城县志》。记中，江以硕称"予尝同甥杨君东曦"（杨日升，字东曦）夜坐金船峰，三更时候闻到异香，馥郁缭绕，两日之后仍在。

杨日升为杨思本从侄孙，自小受教于叔祖，后于顺治十二年（1655）中进士外出做官。关于金船峰与大有观，从《大有观记》可得知：大有观的创建人姓汪，讳朝道号月涧，信州龙虎山人。学道有得，入武夷修炼了十余年。游黎川看见金峰秀丽异常，山谷有龙盘虎踞之象，山峙水环，大喜，说：这是我全真道教的地盘呀。于是在山上结茅而居，修建雷坛。到了元至正庚子年（1360），敕建道院，明洪武二十年（1387），赐名大有观。初时山上没水，汪真人取剑劈下去，只见涓涓细流汩汩而出，清澈甘甜，缓缓朝山下流去，灌溉周边数百亩良田。汪真人还与居住在日峰山的邱真人拼法术，两个人各用一根茅草插在净瓶里，放置于石峡岭，上头为丘真人之瓶，下方为汪真人之瓶，限期求雨，谁的净瓶满了水谁胜，结果两个人不分伯仲，打了个平手。

每每念及金船峰四周各种异象，比如泉水长流三百年不竭，灌溉周边庄稼，江以硕均归功于当初真人的法力。崇祯六年癸酉（1633）秋，江以硕整装赴乡试，是夜洪钟自鸣，更觉有神灵缭绕，久而弥彰。此后江以硕在外游宦数十年，至清顺治十八年（1661）回乡再上金船峰，见道院已被重修，曾经的道童人近中年，山上的树木也已郁郁葱葱。

明代末年，金船峰成了一众学子研修的好地方。杨思本《金蝉峰观海记》一文记载，崇祯元年（1628）十一月，侄子杨黼调在金船峰上建了一个书室，潜心读书，同在此读书的还有江锡、璩其翼、何长白。杨思本便与众门生及朋友商量，把金船峰改成了金蝉峰。为什么呢？他解释说：取汉侍中金蝉之意。金蝉为汉代侍中、中常侍的冠饰。金取坚，蝉取居高饮洁之意，也正与杨思本的品性相吻合。

金船峰不远处有一山名香山，位于今日峰镇八都村，山上有香山寺，是杨思本好友涂伯昌的读书之处。明天启七年（1627），杨思本、涂伯昌、鲁嘉甫、裘无见、过君断、杨公望、杨黼调、江公逊等八人结交为异姓兄弟。有趣的是，杨思本与杨公望、杨黼调名为叔侄，其实情同兄弟。于此结拜，可见古人之不拘一格。

涂伯昌与杨思本为至交好友。可谓涂不离杨，杨不离涂，在哪都要结伴。醉眼看花，雾里寻月。于明末的乱世中，于诗酒茶中，寻得一丝慰藉。涂伯昌自号"香山居士"便是来源于读书的香山。

因金船山与香山相邻，杨思本与涂伯昌时常携手晤对，诗赋遣兴。"金船与香山相去不远，两山时得操笔砚"。两人诗赋往来也是不亦快哉。杨思本的《登金船峰》诗引："峰与香山相连，云雾濛濛，风雨不休，与人劂劂拾级，峰亦不复相难，因有作并怀香山。"诗云：

> 两山自连绵，执各相回顾。
>
> 就中有怪物，日夜生云雾。
>
> 风雨出林稍，村田幸时作。
>
> 天为万物托，群飞信云怒。

金船峰日出时分的云海可是一绝，绝在哪呢？《金蝉峰观海记》则记录了此盛况。一个清晨，杨思本与黼调披衣出寺，登高眺望。

> 是时日轮未出，正东微红淡淡与天相抹，湿气瀚涌在山下，蓬蓬勃勃，莫知来去，如海波澜弥漫。山之突然黑而高者，黼调谓正如海中石山之突然，未甚高者垒垒起伏不断，白气从中拥蔽，尚濛濛然。因高作势，有如波涛汹涌，千层万叠，复望山西北其白气尚在，昏黑中，溟

渤沓然，莫可窥测，意不知其几千万里，即谓之北溟可也。

这是日出未出之时的云雾景象，杨思本将之比作了北溟胜境。日出之后，东方的天际宛如巨大的海洋，迸射出无数的光线，水天一色中，只见澎湃气势，令人不觉荡尽数十年尘土。天海中如有亿万条鱼龙出没其中。珊瑚碧树，紫凤天吴（传说中的水神）疑在。又有天马峰（竹山）等微茫隐现，更远最高的则是萧曲峰，一带山影有如海中的悬岛洛迦山，若有若无。茫茫白雾中还隐约可见有些山影如孤舟横亘，如鳌翅插天，人船叵测，宛然海蜃奇观。

面对如此胜景，杨思本叫侄子赶紧去邀约一众好友和门生齐来欣赏，"同见此景，不亦更大快耶。"同时又感叹，好几个人长在金船峰却没见过如此奇观，他和侄子偶然披衣晨起就遇见了，或许是"非有缘难数见"吧。杨思本又说，身在山中而能得海上奇观，把山叫作"金船峰"也未尝不可了。

后来涂伯昌应南明朝廷征召，死守宁都城，成就了一番忠烈英名。而杨思本散淡于乡间，郁郁而终。过君断（过周谋）中进士后外出为官，卒于任上。曾经意气风发、诗酒征逐的一群人各自散落，徒留峰顶片瓦残砖，飞鸟乱鸣。

黎川人的路，福建人的诗

      黎川东部、南部均与福建省接壤，山水相连，大小关隘有二十多座，历来为闽西地区进入中原的重要通道。德胜关叶竹隘所在的山岭名为四望岭，之所以叫四望岭，是因为此岭界赣闽四县：建宁、泰宁、黎川、邵武。

      福建建宁与江西黎川之间自东向西有五百隘、曾家隘、茶庵隘、里岭隘（寨头隘）、邱家隘、黄家隘、朝风隘。关隘两端民众历来通婚频繁。建宁溪源乡与黎川樟溪乡（古称樟村）就隔着一座三仙岩，樟溪的杨氏家族南宋以来即为世家望族，溪源的上坪杨氏家族也为世家大族。樟溪、宏村历来产莲，建宁县则为闻名遐迩的建莲产地。樟宏二村的种莲历史是否受到建宁的影响未可知，但是"千村万村不如樟宏二村"的民谚在黎川却是广为人知。

      为什么"千村万村不如樟宏二村"呢？就是因为两村毗邻福建，为龙安河上游源头所在，水质清澈优良，有水运之便；山林资源丰富，山货种类多质量好，历史上为赣闽两省货物流通集散地。熙熙攘攘的商贾往来造就了樟宏二村的繁华。两地村民也极具经商天分，所以虽然偏于南部，却多有富裕之家。

      与邱家隘相隔不远的建宁溪口渠村在清代晚期出了一个著名的爱国诗人张际亮。

      张际亮（1799—1843），字亨甫，号华胥大夫、松寥山人，是鸦片战争时期享有盛誉的爱国诗人，与魏源、龚自珍、汤鹏并称为"道光四子"。张际亮一生在南北漫游中创作了大量的诗歌，自言平生写诗"万余首"；其诗的风格以俊逸豪宕、激切奔放为主。清代文学家张景祁称他"或惊以为太白，少陵复出"，户部尚书黄钺称他"嘉庆、道光以来作者未能或之先"。

张际亮与同时期黎川中田陈家众多文学家都有很深的交情。体现在他的作品中，有《柬陈登之别驾》《陈诗庭刺史兰滋来闽省亲，即送之官上思》《奉别陈石士用光侍郎学使大人》等诗作。

陈登之即陈延恩（1800—1851），陈希祖的长子，清代著名文学家陈用光的侄孙。陈延恩赴京应考未被录取后，遂捐监生。道光十八年，署江苏常州府江阴县（今江阴市）知县。后署理扬州府、常州府、徐州府知府，兼护淮徐扬道，未履任而卒，终年五十二岁。陈延恩喜爱并擅长书法，书法酷似其父陈希祖。清代《瓯钵罗室书画过目考》及《中国美术家人名辞典》均介绍其生平。陈兰滋（1794—1839），字诗庭，陈用光之次子。监生，援例任山东宁海县（今烟台市牟平区）知县，诰授奉政大夫；署新宁州知州，加捐郎中，任广西南宁府上思州知州，在任期间主修《上思州志》。

道光五年（1825），张际亮以拔贡第一入京师朝考。朝考报罢，因投书指责名辈显宦不能教导后进，门下人不知自爱，遂负狂名。这次触怒达官显贵，影响了他一生的命运。也在这年，陈用光任江南乡试正考官，福建浙江两省学政。赴任前，张际亮有诗《奉别陈石士用光侍郎学使大人》，诗中有句曰："清秋且看鸳湖月，我亦飞帆镜水中"。并自注"时将以月望试嘉兴，余将之绍兴"。嘉兴南湖因地处嘉兴城南而得名，与西南湖合称鸳鸯湖，两湖相连形似鸳鸯交颈，古时湖中常有鸳鸯栖息，因此又名鸳鸯湖。镜水则指绍兴的鉴湖，鉴湖古称镜湖。

道光六年（1826）农历十二月，张际亮与陈延恩乘月踏雪至陶然亭龙爪槐，四更才回。道光七年（1827）农历二月初一，张际亮与陈延恩、陈孚恩踏雪于陶然亭，吟诗作对：

柬陈登之别驾

雪天瘦马诗犹在，霜夜寒蝉迹已陈。

宝剑摩挲各萧瑟，终看变化合延津。

陈诗庭刺史兰滋来闽省亲，即送之官上思

金花木下神君少，铜柱天边父老闲。

此去共知应最绩，正虚开府靖诸蛮。

彼时三人都不过二十几岁，少年豪气干云。

张际亮北上行游经新城有三条主要线路，因此九度往来黎川县城。他对黎川县城印象颇佳，在诗中感叹："我来兹九度，太息夫何云！山城气象佳，楼阁皎若云。"（《新城》）

一条是建宁渠村出发，经过樟溪的邱家隘，经黎川县城走官道经南城再北上，此路为进入黎川最近的线路；一条是往西稍绕一些经过西城的王家地（今王家寨），过樟源，进入黎川县城再北上；另一条是经南平从光泽杉关进入黎川后，经洵口的石硖坐船进入府城南城。

在张际亮《思伯子堂文集》[1]中，有大量涉及黎川的诗作。这些诗作的标题均含有黎川地名在内，清晰反映出张际亮行游的路线，非常有意思。

张际亮最常走的是邱家隘，他从老家渠村出发，走邱家隘最近，邱家隘北部为黎川县樟溪乡，下了隘口不远有大坪古村，现已荒废。历史上的大坪村曾经人烟繁密，车马店、杂货铺一应俱全，是翻越邱家隘后歇脚的好地方。村口靠近道边还有石砌卷亭供行人休息。二十世纪八十年代以后，因为交通不便，村民陆续外迁，以致逐渐荒废。因附近有水田，仍有农民骑摩托车来此耕种。张际亮有三首不同时期写邱家隘的诗：

其一

越峤与章门[2]，山川旷千里。

谁知一岭间，不见江海水。

其二

此岭吾行惯，今来百感存。

地荒盐利竭，俗弊盗群尊。

薄醉闲看日，孤征喜近村。

炊烟生溇上，回掩数峰昏。

茅店征夫倦，炊鸡代夜粮。

相逢邻老在，因话去年荒。

---

① 上海古籍出版社，2007年7月出版，王飈校点。

② 章门，是省城的代称，由黎川经南城北上要经过南昌。

天运关人事，朝风戒夕霜。

冲寒指前路，身世意苍茫。

虽然这座隘岭他走习惯了，却还是忍不住百感交集。清末吏治腐败，百姓生活艰难，赋税难以征收，盗贼四处作乱，沿途村落凋零。带着些微的醉意一个人走在路上，可喜的是马上要到前方的村庄了。远远地看见河岸边有炊烟升起，回过头来看那些已经翻越过的山峰只剩下昏黄的影子。小客舍里士卒们都疲倦无比，与邻居老人家再次相逢，回忆起去年的大饥荒。这首诗张际亮还自注，因为饥荒客舍无粮可供，只有杀鸡代粮。天运和人事密切相关，早上有风要预防晚上的寒霜。冒着寒冷前行，不知道会遭遇什么，前路一片苍茫。

相信这是张际亮经邱家隘快到樟村时候的情景写照，因为樟村的村落临河而建，因此才有"炊烟生漖上"的场景。

其三

万绿萧森暗水喧，千盘石蹬状蛇蟠。

高崖闭谷中无日，深壑霾烟下有村。

倒看天光如釜堕，近闻人语隔云昏。

平生险阻真经惯，绝顶萧然契道原。

这首诗是写邱家隘的险峻。古道两旁树木茂密，崖壁高耸不见天日，云雾从山谷里升起，白云深处有人家。山岭上石阶蜿蜒盘旋如同长蛇盘踞，天空好像倒扣的铁釜，昏暗中听见人的声音却不识面目。一生走过了无数的艰难险阻，高处的萧然中，才能体会生活最根本的滋味。

偶尔他从樟村的西边绕路，经过黎川西城的樟源过王家寨回渠村，这条路线比邱家隘要远，路上看到的民情景象和感悟更深刻。他写下《过樟源至王家地》二百四十字长诗。诗中描绘途中的艰险，让随从惊出了一身冷汗：

我仆绝崎岖，回望已颠踬。

方知到绝顶，惊定汗犹溢。

也记录了途中见到的民众穷困到衣不蔽体的惨状：

迂回转荒庵，凄清响蟋蟀。

复有穷居氓，妇子衣及膝。

往返必经的樟村，历史上因密布樟树得名，距邱家隘约莫二十华里。风光旖旎，以"桃溪八景"为胜。在明代就已经人烟稠密，街巷网列，旅行家徐霞客游历至此并记录在《江右游记》中。张际亮上下邱家隘除了大坪，樟村也是经常歇脚的地方。

漳 村

岭上一涧流，送我二十里。

涧大汇为溪，人家溪岸倚。

仆夫方告倦，且复随所止。

山蟏日如霞，屋脚月如水。

日落月更明，影入空床里。

中夜抱月宿，萧萧风籁起。

樟溪廊桥

去别业是夜宿漳村

招手碧山月，随人向海天。

昨宵松际色，回望自苍然。

漳村实为樟村之误。樟村的溪水，一条出自邱家隘，名为"浒溪"；一条出自里岭隘（寨头隘），名为里岭溪。两条溪水在樟村的廊桥处汇合而成"桃溪"，为黎川龙安河的上游。

他有时候去府城邵武，然后经过福建光泽，过杉关进入黎川东部。经洵口的石硖坐船顺资福河北上。

寿 昌 寺

我行滞石硖，遣兴问僧房。

野水流何意，寒山晓自苍。

经楼繁蝙蝠，塔院散牛羊。

寂寞悲衰谢，空知古道场。

野泊（石硖）

石硖放船晚，前行十里昏。

问沽馀野店，闭夜少蓬门。

月色平当枕，溪声还过村。

勿烦虞暴客，深感太平恩。

寿昌寺为黎川东部资福河上游的名寺，位于今洵口镇石硖村的河岸边。始建于唐咸通年间（860—874），由高僧泉南桂琛筹资兴建，至今已有一千一百多年历史，系佛教曹洞宗的古刹，为福州鼓山涌泉寺祖庭。到清代中晚期逐渐颓败。张际亮在石硖滞留，就去寿昌寺转了一转。只见经楼满是蝙蝠，塔院里牛羊来去自由。曾经香火鼎盛的名刹如今也是清净寂寞，人世有盛衰，不过如此。

从石硖登船出发已经比较晚了，前行十里便已黄昏。问岸边的小店还有没有食物可以充饥。枕着月色听着水声。所幸在这偏僻的荒野不用担心遇到盗贼，天下太平多么难得。《野泊》这首诗也直接佐证了清代《新城县志》中"石硖通船"的记载："东川可以达五福，舟最小者可达石硖。"

张际亮的叔父住在新城县城，因此张际亮往来经过新城都会去看一下叔父。

新 城

有叔八十六，别来经五年。

老人爱骨肉，闲话也欢然。

新城别叔父

岁寒风雨里，置酒解征衣。

骨肉看无恙，关河去独归。

孤城临水闭，落日见人稀。

白发萧萧在，相思幸掩扉。

有时候他从黎川县城去福建，沿途经过熊家墟（今黎川荷源乡熊圩村）、白沙（今洵口镇白沙村）。

白 沙

漠漠孤林雨，翛翛苦竹林。

一灯仰茅屋，四海此时心。

熊 家 墟

出郭十五里，复见农家烟。

牛羊夕入屋，喘息导我先。

儿童讶来客，集视嬉灯前。

稍吐檐口月，半仄侵入肩。

光惊宿鸟起，黑映垂蛛帘。

沙沙络纬中，夜气高苍然。

对酒一坐叹，余行信有年。

宿此亦两度，愧无躬耕贤。

熊圩距县城十几里路。诗中可见他在熊圩两次投宿。白沙古有白沙铺，可见曾经较为繁华。另外还有《夜宿新城方坪月极明》诗：

猎猎惊风乱叶飞，冥冥小阁倚烟晖。

溪山清气初宜月，霜露浮光并满衣。

行李共知论岁简，伎儒何补惜身非。

三年此夕他乡梦，愁见金波丽翠微。

　　方坪即今黎川熊村镇坊坪村。坊坪村是经黎川去往福建邵武金坑的必经之地。这首诗是张际亮年轻时前往邵武府岁试，经坊坪而作。

　　所谓读万卷书，行万里路。在张际亮则是读万卷书，行万里路，写万首诗。重读这些诗作，不仅能看见一个时代的社会缩影，感悟诗人的悲悯情怀，同时沿着诗人的足迹行游在赣闽边际，默念着这些熟悉的地名，亲切感油然而生。

流水归何处，一径入幽栖

　　顺治九年（1652），一个天清气朗的秋日，隐居在县域西部山里草堂的不疑先生带着自己的两个儿子震祚和黄祚来到五里之外的幽栖寺，拜访隐居在此的族弟子山。说是族弟，却小了二十多岁，其实为忘年之交。一路上，过桥越溪，循崖而上，山谷苍然，溪水淙淙，飞瀑如练。溯流而上，深林中，一座古寺在焉。

　　子山听见兄长来了，拖着长衫出来迎接，两个人把臂而笑。时间已是午间，大家互相坐下，饮酒到酣处，谈及时事心情悲慨，不禁情绪激动起来，明季鼎革的惨痛，清军占城的苦难，白衣书生有心无力的惭愧，所谈皆山下平常人所不能谈的。不疑先生对子山说：今日不可无诗，今天就来借着酒作诗吧。

　　子山唯唯答应，将他的诗集《幻痴》《空青》诸集拿出来给兄长和侄子们看，诗作清真温厚，有陶渊明之风。就这文集的名字"幻"的人世，"空"的一生，饱含了无限的喟叹。晚风渐起，风摇动树梢，暮霭在流泉上缭绕。忽然寺庙的晚钟响起，梵音传来，与泉声相和，人就噤了声，幽寂的感觉泛上来，包围着在场的四个男子。入夜，风雨骤至，打在瓦檐上，滴滴答答，好像在应答着某个人内心的一丝悸动。雨停后，虫声嘈嘈。子山笑着说："这虫声好像在讥笑山下的那些俗气之人呀，然而却常常伴着我孤夜读诗。思古之幽情愈甚，作诗反而更加顺畅了。"不疑先生说："这正是所谓的幽栖呀。"并背起大诗人杜甫的诗句："幽栖地僻经过少，老病人扶再拜难。"子山亦诵杜诗曰："幽栖诚简略，衰白已光辉。"不疑先生又说："杜子美先生难道是提前预言了我们的幽栖吗？"这时候，四个人都已经醉了，于是连床就宿。第二天晓起，去边上的菜地里摘几把野蔬，招山僧一起吃饭。饭后与子山告别。

　　幽栖寺，藏于黎川西北的中田村栖灵山中。幽栖寺的记载也见于县志，始建于唐光启年间，原名栖灵院，北宋治平元年改成"幽栖寺"。不得不说，这个名字改得太精妙了，俗气的"栖灵"瞬间有了清尘脱俗的韵味。

幽栖寺

　　栖灵山，在中田村的西部，因"峰峦耸秀，中有石坛，多灵迹"而得名，故此乡人有事求助神明的往往来此祈祷。山中旧有傅道人庵，相传是北宋进士傅权（北宋建昌军沙溪人，今黎川湖坊乡）读书的书舍。传说不知真假，道人庵早已无踪无影，栖灵山中有幽栖寺却是真实的存在。

　　栖灵山后还有一座横亘的胜山，两山相接，形成一面巨大的屏障。中田村便坐落在这道屏障和中田河之间，怡然清雅。陈用光的《果堂五叔父六十寿序》中说："余家负栖灵山，面黎水，有楼翼然，可以眺一村之胜，吾父居之，其北五叔父家焉。两家衡宇相接，东西偏有地如错绣。"陈用光还专门写有一首《宿栖灵山》：

> 曲径梯浮岚，肩舆到山顶。
>
> 俯槛眺晴晖，列罘见乡井。
>
> 山腰云乍吐，脚底絮铺岭。
>
> 俄闻风雨声，挟浪走万顷。
>
> 夜来檐溜断，喧寂忽异境。
>
> 心共星斗明，思接江湖永。

在历朝历代的风云变幻中，中田村依托得天独厚的地理环境，并没有遭受太多的兵燹。即便是在清代晚期，黎川成为太平军失利后频繁往来的必经之路，在乡绅们的组织和村民们的团结下，村庄的损失也远远小于县邑其他地区。因此，在中田百姓朴素的心里，往往将之归结为"栖灵山的神明"护佑之功。于是幽栖寺的香火千百年来长明不灭，周边一带成为各大家族建房修馆的首选之地。乾隆时期，陈道就在距栖灵山里许的地方买下前人修的一座房子，改造扩大成自家的学馆。陈道好友涂瑞为之作文章《翰墨林记》：

> 钟溪有山曰"栖灵"，高厚而绵亘，望之若屏障然。人烟千户，背山面溪。自溪而山，地势渐高。近山里许曰"南源岭"，昔人筑馆其上，名"翰墨林"。近属予友陈凝斋，令子履堂更扩而大之。初入，户茂林修，仍旧观也；进则凿池，土积成小山。登山而望，远近毕见。而讲学有堂，肄业有舍，藏书有室，随地布置，参差历落，阴阳向背，各适其宜……

关于栖灵山最早的诗文，见于明代中田鲁论的《过栖灵观旧读书处》：

> 十年游子远天涯，归问元都羽士家。
>
> 架上尚存前秘笈，楼头犹识旧窗纱。
>
> 泉枯石出沧桑改，洞古云深岁月赊。
>
> 华发逢人衰已甚，丹炉空美覆朱霞。

鲁论（1588—1672），中田鲁氏十二世孙，字孔璧，号西麓。明天启辛酉（1621）选贡，仕至福州海防同知。为明代晚期文学家，诗作选入《江西诗征》。

前面说的故事发生在明代末年，隐居幽栖寺的是涂氏家族的第十五世涂酉。涂酉（1612—1685），字子山，明末清初诗人。明清鼎革之后，他无意进取功名，专以游历为事，所到之处，登览名胜，结交当地贤士大夫。踪迹遍及南北，客居广陵（今江苏扬州一带）时间最长。偶尔回乡，就隐居在幽栖寺，孤夜对月，饮酒作诗。他为人识大体，但不拘谨，待朋友则重情笃义。他曾与南昌王猷定（清代文学家）交往密切，王去世时，他亲自为其料理丧事。顺治十八年（1661），魏禧来到黎川，读到涂子山的诗，大为欣赏，于是想以诗而结识其人。又听说涂子山虽然穷，却不务"正业"，喜欢到处浪游，有"狂"名，于是愈加想见到他。第二年，魏禧前往扬州，在扬州与子山同在刘氏涉园做客，读到子山的《空青集》，所有人在上面的批注点评，子山都会一一回复。魏禧感叹："人言子山狂，人自不狂尔。"涂子山在无聊的时候，常常会高声诵读自己得意的诗句。主人待客上酒的时候，他必大饮而醉。醉了，就往往手捃自己的白胡须挠耳顿足，隐然有不可一世之意。他胸无鳞甲，性情率直，平易近人，但是在考究古文的义理与人争对错时就会大声争辩，不辩清楚停不下来。

一六六三年，魏禧再次去扬州，子山将自己文集给魏禧，说，你就没有一句话要说吗（子其可无一言）？于是，魏禧作《涂子山空青集序》，收于《魏叔子文集》。涂子山在扬州待了很久，前后约莫二十多年，不仅体现在魏禧的序中，还见于建昌府通判、清代著名诗人黄元治所作的《祭子山公文》。黄元治与涂子山在京城初识，后在扬州又相见，其时涂子山已经六十五岁（根据年龄推断，约在一六七八年），子山依旧豪情高格，健笔雄词。此后黄元治先后在河北、云南做官，前往云南时候经过扬州再次见到子山，七十有二，精神犹海鹤。后黄元治官贵州，返京城，又赴任建昌府通判，经过扬州时候，得知子山已经回乡。而当时的黎川，恰好是黄元治的管辖范围。于是，黄通判一到任，赶紧邀子山前来叙旧，相谈甚欢。"予来兹独桃李芳菲，君访予榴火葳蕤"。春天到任，见到子山是五月榴花盛开的时候。虽然此时子山已是须发皆白、年过古稀的老人，但是黄元治非常欣赏他的高洁和才华，在黄元治的挽留下，子山留在黄元治府邸与他切磋文字。一日，突然间患病，十分危急，黄抱他进"庆云精舍"，猝死。黄悲痛至极，为他置办了后事。

秋日兄弟叔侄四人在幽栖寺相聚，当发生在涂子山客居扬州之前。此时涂子山尚是壮年，看破明朝的形势，隐于幽栖。他的族兄不疑先生，同样也是因为了然明朝政府的颓势，预判了明朝的倾覆，于大厦将倾之前，携全家隐居山中，十余年足迹不履城市。

涂大隽（1588—1655），字不疑，一字长儒，号韦庵，人称长公，崇祯年间随州知州涂世延的长子，明末文学家。他读书过目成诵，古文词各成集，工书法，得颜柳之劲健。七次乡试不中，于是放弃举子业，在城东修学馆，作诗教子，有古人之风。与族中涂伯昌、涂仲嘉及杨思本最为相好。闲暇则酌酒拈花，不屑于巴结权贵，也不因自己才学有名气而骄矜自持。生平善事父母，兄弟三人相处甚欢，以孝悌称。崇祯元年（1628），涂世延任湘乡知县，涂不疑相随帮父亲打理日常事务，百无一漏。三年后，涂世延升迁随州知州，随州当楚豫要冲，来往流寇频繁，涂世延治军制胜出奇，大小数十战，立下奇功，这当中也有涂不疑的一份功劳。有人劝涂不疑趁父亲在官，也捐资谋一个官。涂不疑说："我家世代受国恩岂不思报？然而时事危急矣。"于是携家人隐居于山中。没多久，明末鼎革，清军进占县城，大家都称赞涂不疑有先见之明。

聚会之后，回到自己家草堂，涂不疑和儿子们意犹未尽，文人性情，少不得要写诗作记，记录下来。涂不疑带头写诗三首：

过幽栖寺访子山弟

一

西来秋色迥，一径入幽栖。

水落危桥北，云深山殿低。

我今为访隐，君在自成蹊。

况有高禅迹，应留韵士题。

二

秋带招提古，人偕山气腾。

文心野外磬，惠业佛前镫。

正始空青句，知音入定僧。

何当风雨夜，慊欨尽三乘。

幽栖寺同子山听流泉

流水归何处，淙淙日夜纷。

岩风吹不断，野月偶相闻。

破寂和钟磬，寻声疑雨云。

知君耽静漠，未与世人群。

长子涂震祚写诗一首：

游幽栖寺访子山叔

寺喜居幽胜，三桥曲一溪。

桐留苍雨迹，岩蓄白云倪。

山与人皆澹，路因磬不迷。

香城虽守寂，兹夜快同栖。

二子涂黄祚写记一篇：

记从家君游幽栖寺访子山叔

距邑城西北二十五里，有寺曰"幽栖"。唐光启间僧绍建。今千年，经屡建矣。中有古屋数间，从叔子山寓焉。

子山厌世聩乱，孤情自好，捐家隐兹盖数稔矣。家君避世西郊草堂，去寺五里，高子山之义，偕余兄弟访焉。是日晓起，饭后由石崖而上，古经盘屈，山谷苍然，飞瀑鸣湍，杂若风雨，下注于硼，水皆清泠。又有桐竹蔽荫，山硐恒阴。石桥三曲，小石高下星布，可坐。坐则听流泉声，心神翛然自远。沂硐而登深林间，古寺在焉。

子山闻家君至，则曳衣出迎，把臂而笑。时已向午矣，既乃相与杂坐，饮酒悲慨；酒酣张目，肮脏砢碌，语皆世俗人所不道。又相与谈诗，子山出其《幻痴》《空青》诸集，皆清真温厚，有陶柴桑风。子山志似柴桑，故其诗略同。

薄暮，风摇木末，烟缭泉间。家君指谓子山曰："不可无诗，今暂酒赏之。"子山唯唯。忽山磬清幽，梵音肃亮，与泉声相闻。入夜，风雨骤至，雨止则虫声嘈嘈然。子山笑曰："此虫意似讥山下诸俗士，然常夜助余孤吟。余幽情益畅。"家君曰："此正所谓幽栖也。"为诵少陵诗曰："幽栖地僻经过少，老病人扶再拜难。"子山亦诵杜诗曰："幽栖诚简略，衰白已光辉。"家兄曰："子美语何预为叔道耶？"时四人尽醉，因连床就宿。晓起，摘野蔬，招山僧共饭。讫而别。

别后，家君寄子山诗，予兄弟和之。子山悉诗答焉。某年月日游，某日记。

聚会三年后，涂不疑去世，杨思本的从侄杨日升写了《不疑公墓志铭》。涂子山作有祭文，祭文一开头就回忆起那场秋日的聚会："呜呼，吾兄遂长别耶。忆岁壬辰（顺治九年，壬辰年）兄携二子访予幽栖寺中，夜雨孤灯，抗言在昔。谓千载知心，惟余与尔。他人不可闻也。清秋月朗，林木凄疏，过我信宿，望岩头瀑布，山月苍然。顾影摩挲，长吟竟夕。方斯时，几欲凌云气而上也。"痛惜与留恋之情跃然纸上。

根据涂黄祚的记，可知涂子山另外有回应的诗，可惜在《江西诗征》《黎川文载》以及《涂氏宗谱》艺文卷中均未找到，或已散佚也未可知。

作为县邑西北的一座名寺，幽栖寺屡屡见于诗人的作品中。康熙年间任丰城训导的中田鲁氏第十三世孙鲁毓圣（1616—1692），写有一首《幽栖寺晚眺》：

> 嵯峨古寺倚岩栖，一径通幽遇石溪。
> 云锁二桥余暝色，樵歌声在水田西。

此诗不仅写出了幽栖寺倚岩而建的险峻，而且展现了周边清幽的环境和地貌。从山上远眺村庄，看见晚云锁住了中田双桥（钟溪桥、永济桥），河西的水田边飘来了樵夫晚归的歌声。诗作充满了乡情逸趣，读来唇齿芬芳，画面感油然而生，仿佛身在其中。

今日幽栖寺仍在栖灵山中的岩壑之中，一条蜿蜒水泥路逆着溪涧而上，历几曲几折后，豁然开朗，一座简陋的白墙黑瓦寺庙翼然而现。倥偬数百年，白衣不再，幽栖仍存。

第二辑

绅士名流

每一位名贤的后面都站着一位甚至数位的"幕后英雄"，他们一辈子甘为人梯，如春蚕吐丝，烛照幽微，看着自己的弟子登贤书、垂青史，而自己做了一个无名的闲人，听了清风，看了明月，顺了流水，寂寞成萋萋的荒草。

姐夫又妹夫，均是王补之

北宋嘉祐二年（1057）的一次科举考试，被后世称为"千年科举龙虎榜"。这一年的主考官是欧阳修，中榜名单上不仅仅有名重一时的苏轼、苏辙，程颢、程颐，曾巩、曾布三对亲兄弟，还有王安石变法的二号人物吕惠卿、支持变法的章惇、被称为张子的张载。其他兄弟中榜的还有林希、林旦兄弟，王回、王向兄弟，黄湜、黄灏兄弟。然而，在当时轰动一时的头号新闻却不是兄弟同中进士，而是一家子六人全部中榜。

制造这样超级话题的是来自建昌军南丰县的曾氏家族，曾巩、曾布、曾牟、曾阜（曾巩堂弟）四兄弟及妹夫王无咎、王彦深。在江西社科名家罗伽禄先生的《曾巩家族》一书中，还提及曾巩六妹夫王深甫[①]也是嘉祐二年进士，之所以有的志书没有将王深甫算入曾门同科进士天团，有可能当时王深甫还没有娶六妹，还不算曾家的人。

由嘉祐二年进士科"同学会"组成的强大阵容，基本主导了北宋的政治、军事、思想、文化等领域的走向，既开创了无比辉煌的事业，也造就了无数的遗憾，甚至可以说北宋之亡，都与他们其中的某些人脱不开干系。

南宋绍兴间，建昌军知军事蔡延世在麻姑山建十贤祠于仙都观，祭祀建昌军乡贤陈彭年、李觏、曾巩、曾布、曾肇、朱京、朱彦、邓润甫、王无咎、吕南公等十人。十人中，李觏、邓润甫、王无咎、吕南公均为当时的南城上

---

① 即王回，侯官人。

五乡之人氏，即今天黎川地域的名贤。

能够成为曾家的女婿，必定是要有过人之处的，要不然怎么能在人才济济的曾氏家族有一点话语权呢？

王无咎（1024—1069），宋代礼教乡[①]人。虽家境贫寒，但颇有才华，深得曾巩赏识，为他取字"补之"，希望他能勤学苦读。还将自己的二妹嫁给他。王无咎父亲王瑜，字君玉，少虽贫，却有志于学，善于教自己的孩子，乡人争相把自家小孩送到他那里学习。清乾隆十二年（1747）《新城县志》卷之九《先正》载："生四子，无忌、无咎、无隐、无晦，皆进士。"王无咎为家中二子，母亲早逝，曾氏嫁过来之后，就承担起了家中繁重的事务，"独任家政，能精力，躬劳苦，理细微，随先后缓急为樽节，各有条序"。公公开心地说，我不用担心家里的各项支出了。王无咎感叹："我能一意自肆于官学，不以私累其志，曾氏助我也。"意思是我能一心一意在官学读书，不需要被家里的琐碎事情拖累我的志向，都是因为有个好老婆。王无咎有才，同时也有着读书人的所有臭毛病。他好酒，常喝得酩酊大醉。酒醒后哪怕是三更半夜，还要起床挑灯夜读。也正是勤奋如斯，他才学识丰厚，著述丰富，才有着与他人不一般的见解。王无咎还很犟、固执。他一生自视甚高，别人的意见都接受不了，却唯独对王安石恭恭敬敬，执弟子礼，发展到后面，居然弃官随王安石游学，成为王安石忠实的拥趸。

仁宗嘉祐二年，王无咎随曾家天团一同中榜，随后，出任江都主簿。嘉祐四年（1059）五月，尚未享受到丈夫出仕带来的好处，过度劳累的二妹就因病去世，年仅三十三岁，留下两个年幼的女儿。这一年，王无咎也才三十五岁。曾巩为之作《江都县主簿王君夫人墓志铭》。二妹去世，外甥女年幼，王无咎又醉心于做学问，不善于料理家事，一家老小就没有了主心骨。曾巩于是又将七妹嫁了过去。王家一贫如洗，王无咎虽为主簿，所得也是微薄，七妹安于贫困，全力支持丈夫。不久王无咎丁父忧，服满又调任卫真县主簿、天台县令等职。虽然身在官场，王无咎却醉心于著书立言，读书人天真率性的毛病在他身上一览无余。他弃官随从王安石游学，一家人失去稳定的经济

---

① 今黎川潭溪湖坊熊村一带。

来源，陷入困顿中，几乎是食不果腹，衣不蔽体，只好再次出仕，担任南康主簿，不久又辞官而去。

王无咎的一生，都沉迷于做学问。这种锲而不舍的治学精神，也吸引了一大批的粉丝，求学者多达百余人。王安石做了宰相后，他也跟着到了京城。王无咎性情寡合，"考经质疑"时往往与他人见解难以相合，这种性格和王安石有着相通之处，故王安石说"（王无咎）与予言莫逆"。

熙宁二年（1069）闰十一月，王无咎因病去世。此前，因为王安石十分赏识王无咎的学识才华，认为"君可教国子"。因此，入京后力荐王无咎，朝廷诏任王无咎为国子监直讲，可惜任命书尚未传到，他就不幸去世。王无咎去世后，王安石亲笔为他撰写了墓志铭，在铭文中，王安石对王无咎给予高度评价，铭曰："所谓质真好义，不为利疚于回而学不厌者，予独知君而已。安时所难，学以为己。噫乎鲜哉，可谓君子。"也正因如此，元代脱脱修《宋史》时，为其列传。

七妹为王无咎生有二子二女，加上姐姐生的两个女儿，又碰上这么个迂腐的丈夫，日子的艰辛可想而知。嫁给王无咎之后的九年中，她含辛茹苦地抚养着六个孩子，还要担心在外游学的丈夫的安危。王无咎去世后，七妹守寡四十余年，拖儿带女依附娘家，在曾巩的资助下，将孩子们养大。长子王絪于绍圣元年（1094）登进士第，任杭州仁和县丞；王缊于绍圣四年（1097）登进士第，任润州州学教授。长女嫁给了朝奉郎国子监司业朱京，次女嫁给通仕郎南丰县丞杨檠孙。大女婿朱京也是宋代名臣。家道逐渐鹊起，这大概是当年穷困潦倒的王无咎所想不到的。

大观二年（1108），七妹在二子润州的官舍中去世，享年六十九岁。宋代名臣邹浩（1060—1111）写有《德兴县君曾氏墓志铭》。赞曰："王氏气尝几绝矣，至是复继而滋丰，夫人力也。呜呼贤哉。"

王无咎一生著述颇丰。著有《王直讲集》十五卷，是王无咎去世后二十八年，儿子王絪、王缊担心父亲文稿散失，编辑后请舅舅曾肇作序，已佚。《全宋诗》卷六一九录其诗三首。《全宋文》卷一五二五收其文九篇。王无咎尤善属文，文章"纡深曲折，精正议理"，自成一家。既有近于曾巩的"跌宕流转"，又有近于王安石的"雄辩"之处。曾巩称其于书无所不读，微言奥旨必究其极，故其为文，贯穿古今，反复辨博，而归于典要，不只驰骋虚辞而已。梅尧臣亦谓其文章"深厚旨道，可谓杰出"（《答王补之书》）。曾肇在《王补之文集序》中说"充补之之志，盖将著书立言以羽翼六经，而不幸死矣"。还认为宋代产生了诸如欧阳修、王安石、曾巩等著名文学家，但其后能与他们相提并论的就只有王无咎了。当然不乏对自家人的过誉之言，但如果没有真才实学，也犯不着如此肉麻了。

王无咎与王安石、曾巩既有书信往来，也有唱和诗。曾巩还赠《送王补之归南城》诗予王无咎，"瘦马君将去，清樽我谩开。眼看新雨露，身带旧尘埃。但喜丹心在，休惊白发催。穷通莫须问，功业有时来。"并为其妻二妹撰写了墓志铭。王安石亦有《送王补之行风忽作因题四句于舟中》《寄王补之》等诗。王无咎也与当时其他一些名士有交往。熙宁三年，欧阳修就曾给王无咎写过一封信，信中说：

> 某启。近者行舟过界上，特辱惠书，喜承秋冷气体安和。以至郡道里差遥，不敢曲邀车骑，又失于上问，全乏迎候，岂胜愧恨。某蒙恩得请，郡僻事简，衰年疲病，苟禄偷安，甚为信也。款未见涯，以时自爱。

梅尧臣则有《杂言送王无咎及第后授江都尉先归建昌》。诗曰：

> 白袍来，黄绶回。来跨蹇驴回跨马，麻源三谷桂花开。江都作尉入风埃，主人刘向西京才。心如明月无不照，恐君已到还鸾台。

乾隆年间的《黎川文载》第一卷收录有王无咎的《送致政吴君诗序》，排在泰伯先生李觏的文章之后，第七卷收有《抚州新建使厅记》《香山院佛殿记》。《抚州新建使厅记》应抚州郡守之邀请而作，文章赞美郡守治政有方，吏治清明。属于不动声色的高明赞颂之文。《香山院佛殿记》所写香山寺，位于今黎川八都，目前仍存。清代《新城县志》在"香山寺"名条下附有此记。

王无咎诗作传世的虽不多，但大多意境深远，清迥自得。如《游麻姑山》诗：

> 仙軿昔日此留连，气象辽辽尚宛然。
>
> 溪落断岩为远瀑，路从绝顶见平田。
>
> 千年芝有灵禽戏，一洞云留羽客眠。
>
> 已乐胜游尘境外，况陪清论酒樽前。

写他游南城麻姑山的情景，读来让人有身在其中，美不胜收之感。

　　同治十年《新城县志》卷十《人物卷·儒林》王无咎名列第一，其后是吕南公、邓考甫、傅野。而李觏、吕南公正是与王无咎同列建昌十贤祠，邓考甫与王无咎同为嘉祐二年进士。

　　天圣八年（1030），欧阳修的同年王拱辰考中状元，两个人后来演绎出一场"旧女婿作新女婿，大姨夫作小姨夫"的趣话，说的就是王拱辰先娶了副相薛奎的二女儿，而欧阳修在二度丧妻之后，娶了薛家的四女儿，于是成了王拱辰这个死对头的小姨夫，后来王拱辰丧妻之后又娶了薛家五女儿，成了欧阳修的小姨夫。纵观曾家女婿关景晖、王安国、关景宣、王彦深、王深甫、王幾，哪一个拎出来都是一等一的厉害人物，而穷小子王无咎却先是二妹夫（二姐夫），后又成了七妹夫。如果不是有才，如果不是曾巩爱才，曾巩何必还将自己七妹去插在那块又臭又硬的牛粪上呢。

新城胡子申，元音留遗响

　　由纪晓岚总纂的《四库全书》中收有一部文集《元音遗响》，因关涉遗民、隐逸文学研究及地域文学研究等，一直受到学界关注。现当代学者至今仍对这部文集多有研究。

　　《元音遗响》共十卷，前八卷作者胡布，第九卷作者张达，第十卷作者刘绍。因当时将三人以元遗民身份考量，故而称为《元音遗响》。《四库全书总目》云："三人皆元之遗民，而他书罕称其诗者，且亦罕称其人者，故其出处莫之能详。"仅提及"布字子申，达字秀充，皆盱江人；绍字子宪，黎川人也"。

　　刘绍是黎川北坊金盘刘氏家族第十五世祖，自号"纬萧野人"，元末明初诗人、文学家。他自幼聪敏好学，年方十二时就应试童子举。主持乡试的张万里先生以《岁寒三友》为题，命他作诗一首，以试其才思。他提笔即兴吟曰："君子虚心问大夫，梅花何事不称呼？梅花细答松和竹，识得调羹手也无？"在场诸位先生都十分惊奇。明洪武中期，他被授予国子监助教，兼应奉翰林文字，与当时名人宋景濂、徐用之诸公为友。年六十告老还乡，自筑坟茔并立墓碑，题曰"诗人刘绍墓"，不久后去世。著有《柿林集》。其诗作编进《元音遗响》卷十，入《四库全书》，列名于《江西通志》。县籍文人、工部尚书黄肃曾多次撰写寄刘绍诗。据《四库全书》关于《元音遗响》的提要里介绍，刘绍与胡布有姻亲关系。在《元音遗响》中所载的胡布的诗多为与刘绍的唱和，胡布称刘绍为表兄。

　　当代学者王媛 2011 年发表学术文章《〈元音遗响〉作者考》（载《中

国典籍与文化》2011 年第 3 期），对作者胡布、刘绍做了比较详细的考证。湖南省社会科学院文学所研究员向志柱 2022 年 8 月 22 日在《光明日报》发表文章《〈元音遗响〉作者张达新考》，对张达的家世进行了考证。张达字季充，或号既父，系著名理学大师张载横渠先生的裔孙。张达在盱江曾建书斋"虚直轩"。《（正德）建昌府志》卷十四"选举·荐举"载："张达，字季充，以明经荐任山东济南府学训导。"

明清以来直至现当代，有学者认为，《元音遗响》的三位作者至少有刘绍、张达在洪武初仕明，那么《元音遗响》当不属于元遗民诗集。

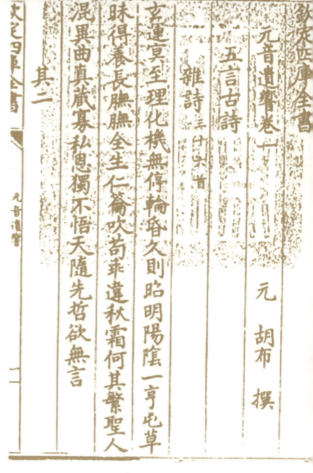

《元音遗响》书影

陈田《明诗纪事·甲籤》卷十二曾予以辨证："布字子申，达字季充，皆以隐居终。惟子宪入明，曾通仕籍。《提要》云'三人皆元遗民'，缘编辑者既题《元音》。而子宪在明初，名不甚著。故误称遗民耳。"题名"元音"二字，或有他意。四库本题《崆峒樵音》，钞本题《悾恫樵音》，值得注意。

抛开三人是不是元遗民的身份，胡布与刘绍均为黎川人是不争的事实。在黎川清代县志中，胡布列于《人物志五·文苑》，为元代人物，而刘绍则列于明代人物，盖因刘绍后来在洪武中官翰林应奉文字，以国子助教致仕。

根据王媛教授所考，胡布应出生于元顺帝至元六年（1340）。至正十六年（1356），胡布十七岁，开始了从军征战的生涯。至正十八年（1358），红巾军首领陈友谅攻陷江西，并派部将康泰、邓克明等率军进入福建，攻取邵武、汀州等地。同年，江西赣州都事伯颜子中间道入闽，借福建军阀陈友定兵，攻复建昌。伯颜子中是西域人，祖父仕宦江西，遂定居于此。子中曾任东湖书院山长、建昌路教授等职。伯颜子中于至正十八年（1358）入闽，胡布的诗中有"十九客闽师"之句，正在此年。自元亡以后，胡布一直隐居乡间。洪武八年（1375）、洪武九年（1376），胡布两次罹祸入狱。根据《四库提要》推测胡布是因拒明朝政府征召而入狱。胡布诗中有《罹难》《入理问所作》及《丙辰岁狱中元夕诗》诸作，《罹难》题下有注"乙卯十一月初十日"；《丙辰岁狱中元夕诗》题下注"先生以高蹈，有忤时政，被谪"。又布诗中有《丙辰十月初五日发龙江》："羁人得遣如承檄，日暮登舟似到家。乌鹊定传天外喜，慈闱今夜占灯花。"可知布最终获释是在次年十月初五。

胡布师承杨廉夫[1]，在元末与东南诗人林鸿、徐贲、杨基等人交往，其诗足堪自成一家。明代胡应麟的《诗薮》外编六言对胡布诗评价甚高。说元代没有人能和他匹敌：

> 盱江胡布子申集十卷，中有《与方方壶往还题》，又有《寄倪元镇诗》，盖胜国末人。其诗颇能为古乐府及六朝唐人语，第全篇佳者绝寡，又近体抵逻耳。然元人遂无一齿及者，余于书肆敝楮中得之，太半漫灭，惜而摘其数联，如"斧斫云根术，瓢探石窦泉""旭日千门晓，春花万树明""穴深留禹迹，松古受秦封""夕嶂兼空净，秋江得月多"，咸自成语。子申五七言绝亦颇有佳者，《墨菊》云："彭泽归来后，缁尘点素丝。乌纱漉酒后，挂在菊花枝。"七言如《刻竹》《题梅》诸绝殊浓丽可观。

胡布善草书，与明初书法家宋克不相伯仲。在音律上也有很大的造诣。去世后，谥号"文定"，从祀孔庙。

明清历代县志记载胡布为宋进士胡梦魁之孙，县志中写："胡布，梦魁之孙。"正德新城县志载："胡梦魁，东兴乡人，度宗咸淳元年（乙丑）阮登炳榜。广西海北道提刑按察司佥事。"王媛教授在文章中也采纳此说。胡梦魁自幼谦虚诚恳，思维敏捷而言行敏睿。年轻时即以"明经"贡于乡试，中进士后初授迪功郎、丹涂县尉，到职后，整饬军备，加强防务，使盗贼平息，百姓安定，人人感恩戴德。后被调任浙西制置司参议。元至元十四年（1277），胡梦魁侍奉老母回归故里。适逢元军南下，元江西宣抚使见他魁梧奇伟，且文武全才，便命他担任建昌路府判。他顺应形势，避免战乱，遂领军民迎接

---

[1] 即杨维桢，元末明初诗人、文学家、书画家。

元军接管，使全郡县得以安宁。他主管建昌府郡两年后，便韬光养晦，辞去官位，归隐家乡。

元至元二十四年（1287），集贤阁直学士兼侍御史台事程钜夫奉诏到江南求贤，又呈章推荐，提拔胡梦魁担任广西海北道提刑按察司佥事。任职期间，整顿吏治，惩办奸佞，震慑有声。在位四年，果断地处理了许多弊端。退休归家时，当地百姓在乡间为他建祠刻碑编歌谣，以颂其美德。晚年，他在家乡秀美山水间颐养天年，并敦促晚辈发奋学业。元大德年间，朝廷陈太师保奏，加封兵部尚书。元大德十一年（1307）辞世，享年七十四岁。

值得商榷的是，根据王媛教授考据，胡布生辰为一三四〇年。而程钜夫为胡梦魁写的墓碣提到胡梦魁亡于大德十一年（1307）六月，卒年七十四，可推胡梦魁生辰约为一二三四年，宋理宗甲午年。在笔者得到的《新城石溪胡氏宗谱》中收录了胡梦魁承重孙胡世安所写的墓志铭，也记载胡梦魁生

《石溪胡氏宗谱》书影

于宋甲午年，与程钜夫所写互相印证。据此，胡布与胡梦魁生辰相差一百〇六年，而家谱中载，胡布并非胡梦魁孙，而是曾孙，为胡梦魁第三子正己之孙。如此，两者之间相差一百年方为可能。

新城石溪胡家排，即今日黎川湖坊乡石陂村胡家排小组。胡氏世居于此，以北宋进士胡安国为始祖。后世迁居至新城东兴乡石溪，见此地石壁森然，溪水清澈，为宜居之地，遂安居于此。胡梦魁为胡安国第七世孙。胡梦魁与

南城程钜夫关系深厚，且为姻亲，程钜夫写有《金广西提刑按察司事胡公墓碣》一文，见《雪楼集》卷二十二，对胡梦魁的一生和成就做了详细介绍。

有元金广西海北道提刑按察司事胡公，卒之十年，子修己等以容州判官陈伟状来请铭。

公名梦魁，字景明。涧泉，朋友之所尚也。建昌新城人，幼已颖异，父师不烦，未冠，以明经贡于乡。郡守面试以文，顷刻而成，守大惊，赏。既长，复为首荐，遂登进士第。调澧州户曹，改丹徒尉，累迁浙西制置司参议官。归国朝奉母还里，江西宣慰使檄摄本郡判官者二年。旅觐得旨，予秩方俟命适余将旨旁求，遂荐于上。擢金广西宪事岭海，吏治不律，公所至发摘，荡涤之。闻惊见愦，同列亦为悚，海南宣慰使最贪毒，皆不敢问。公条其宿恶劾罢之，众大骓快。居四年所决黜甚，众民为建祠刻歌谣山谷间，誉流中墓。会更宪号，公亦久瘴疬地，倦且病而归矣。自是杜门却扫，甫及挂冠，即致其事，公之初释祸也，包文肃公勉之曰：子少年入仕，所至巨量，然自大者人小之自卑者，人尊之。公曰：谨受教，故平生谦谨，委曲与人，语唯恐伤之。性强记，自少至老诸书恒在口言，论风旨，恒如布衣时，服用称是，不识者不知为贵人。所守凝一，故莅官行法不吐不茹，风绩伟然。惜其用之不究也，予虽同里闬，而南北驱驰，相从之日盖寡然。每一把之郁乎其容之，温粹乎。其论之笃，粲然相与之情之文也。今不可作矣，悲夫。公生于陈，从母戴夫人爱而子之，明陈固同姓也，戴夫人严甚，内政斩斩，家虽丰以古法束公于学，衣不得兼帛，食不得兼肉，故早有成。公又守其训终身，故自奉甚约。

曾祖伊，祖孔昭，父泰定公，凡三合，姓吴氏、赵氏、樊氏。子十一人，男克己先没，修己、正己，进义副尉湖南道宣慰司照磨，成己。女婿，张蜚英、吕元嘉、三十九代天师张嗣成、樊溥孙、承祀郎郊祀署令程大本、曾宗垕、谭括。以大德十一年（1307）六月二十三日暴病，卒年七十四。以某年月日，葬公于南城县太平乡唱歌岭之原。所为诗文曰《偶然集》。

铭曰：

山才之芷，宰如之新，泉涧之瀹沦，旷然而望如有人。呜呼，生者畴亲。

不光是为官有所成就，胡梦魁及子孙还对新城的学宫建设颇有贡献。南宋绍兴十三年（1143），县令李维苢倡建学宫，使新城学子终于有了读书之所。后历代县令、乡绅都对学宫进行了大大小小的增建修缮。宋末，胡梦魁为之修了礼殿，即大成殿。至正二年（1342），县尹苗益倡修大成门五间，进士胡梦魁子孙、邑教王三镒与弟弟王三锡、进士朱倬之门人修大成礼殿。元代学者虞集的《建昌路新城县重修宣圣庙学记》写道：

> 邑在万山之间，为文学之懿于东南，在甲乙之目矣。宋晚进士胡梦魁既登进士第，始作学之礼殿。其子修己、正己、成己常继葺之，使不废也。

胡梦魁有四子七女。程钜夫《墓碣》所写十子似为有误。长子克己先于父亲去世，因此胡梦魁去世后，长孙世安所写墓志铭落款为"承重孙"。七女中，三女婿为天师第三十八代（一说为四十代）天师张嗣德，五女婿为程钜夫儿子程大本。

胡梦魁在广西为官期间，曾为桂林府学修大成殿做《桂学建成大成殿记》：

> 建国君民教学为先，唐虞之所以帝三代，之所以王汉唐，之所以治秦隋，之所以乱，亦在乎学校之兴废而已。岭右之郡，桂为大。在宋淳熙时，南轩先生帅是邦，一新府学，规模殆与辟雍等庑，后帅臣复创宣成书院於其西，合南轩东莱而祀焉。大元混一舆图，静江最为，后服力屈，自焚悉为焦土。圣上崇化厉贤，旁求儒雅，明良迭起，异世同符，至元十七年，今湖广行省右丞史公格即其故址而图新之，始建大成殿。越五年，治中汉嘉张九垓创戟门。越十年，总管平阳赵珪创讲堂，然而未备也。上命豫章陈茂卿提举广西儒学，议完其缺，顾学廪不足有为。广西道宣慰使祝真卜慨然捐已俸以为之倡，宣慰司总管府官之贤者翕然和之。乃属教授周天祥命馆下士鸠工庀材，各效其力。于是讲堂未毕瓦、之墁、之斋舍，未立经之营、之先贤。未祠攻之成、之庖井，未敞筑之凿、之门庑，未葺约之椽、之轮奂，交辉衿佩，胥悦群诣。梦魁而告之曰：宣明教化，勉励学校，圣天子之诏也，部使者之职也，子其不可以

无述。梦魁曰：建国君民，古帝王岂无他道，而独以学校为先，何哉？盖必有学以教天下，国家之才，而后有人以治天下，国家之事，学者，学孔孟者也。昔南轩，新是学也。晦庵先生记之曰：敬夫之学，近推程氏，以达于孔孟。而南轩记，三先生祠。亦曰：瞻三先生之在祠也，其各起敬，起慕，心存身履，以进于孔孟门墙。孔孟远矣，朱张未远也。处斯学，味斯言，思朱张在是，即周程在是，周程在是，即孔孟在是。学以聚之，当深契孔孟之心，达而行之，必无负孔孟之训。若曰：泮宫修矣，繇役免矣，吾姑游焉、息焉、食焉、怠焉，是孔孟门墙之所麾也，二三子不可以不勉。众曰：然。遂着之记。

有广西学者认为，胡梦魁该文是最早提出"桂学"一词的历史文献。"桂学"一词原始意义应为"桂林府学"或"桂林之学"。后被引申为指以广西社会、文化、思想、艺术、科技、工艺等为研究对象具有广西特色的一种理念和学说的总和。"桂学"成为广西文化品牌和文化名片专用词，胡梦魁先导之功，不可忽视。

迢迢古镇远，铮铮邓远游

最近很多黎川朋友去了镇远，这个和黎川一样有着一条穿城而过河流的古镇。他们在朋友圈晒出来潕阳河、祝圣桥、青龙洞的美景以及和苗家姑娘的合影，少数民族的风情伴着河水的波纹荡漾出一圈圈的涟漪，吸引着四方游客。

多年前的秋天，我也去了镇远，那时候是漫无目的地游，除了看山看水看人也没看出别的什么。在潕阳河边捡到一个漂亮的遵义妹子尔尔同游了一天，还坐错了公交跑到了一个很高的山头。镇远的河比较有特点的是呈"S"形，河水特别清澈。然后火车站的站房是碧瓦飞檐的民族风格，站台廊壁上彩绘的镇远风光也很吸引人。尔尔后来和我说，她和我是同一趟火车，出站时候看见我在站台上边走边看慢了许多。现在我们微信上一直还有着联系，知道她谈恋爱了、结婚了，成了一个幸福的小妇人。

啰里吧嗦开一个这样的头，这镇远和黎川有什么关系呢？

其实那会儿我也不知道镇远和黎川有什么关系，吸引我去的原因是恰好那会儿去了重庆，回江西可以顺带看一下。加上知道那是一个古镇，就想看看和我们黎川的老街是不是有什么不同。镇远的街道不宽，旧城区沿河因地势而建，有较大的坡。青龙洞凝聚了镇远历史文化的精华，非常值得一去。在青龙洞上看古镇碧水弯流，两岸吊脚楼鳞次栉比，是个放空自己的好地方。

历史上镇远属于遥远的蛮荒之地。欲据滇楚，必占镇远；欲通云贵，先守镇远。因地处交通要道，地势险要，据之非常重要。《贵州通志》载："宋理宗宝祐六年（1258），十一月。宋诏：新筑黄平，赐名镇远州，吕逢年晋一秩。"镇远之名始于此，时任钦差吕逢年也因此加官一级。

皇帝老儿和他身边的亲信看哪个大臣总是与自己作对，就会找各种理由将之发配边疆和蛮荒之地，看你还老实不老实。很不幸，明代黎川南津邓家就摊上了这么件事。而镇远，就是邓家邓渼被贬任职的地方。邓家是世家望族，历史上出了好多官员、文学家等人物，其中不乏耿直忠臣。县城老街残存的邓氏家庙门楣至今依然能震撼到路过的人。

邓渼（1569—1628），字远游，号壶邱，自号箫曲山人，黎川县城南津人。御史邓澄之堂弟。明万历二十六年（1598）进士，累官至佥都御史，曾巡抚顺天（今北京），整饬蓟州等处边备，巡按云南。他刚正不阿，不畏权势，天启年间，他对当权的宦官魏忠贤敢于直面顶撞，直言"宁死金阶，不死奴婢"，更加激怒了魏忠贤。后来被魏忠贤罗织进左光斗、杨涟一案中，诬以通贿，

邓渼《漵水集》书影

矫旨将邓渼流放贵州。邓渼被贬镇远，没有像左光斗、杨涟一样枉死狱中并牵连家人，在他自己看来是死里逃生，躲过了牢狱之灾。乐观的他写下了《将之镇远留别作》一诗：

衰年骨肉倍相关，问我投荒几岁还。

若比龙标犹是尉，将随马援亦征蛮。

挂帆明月梁安峡，倚櫂飞霞玉笋山。

拟作胜游无不可，生涯今在水云间。

临行时，家人牵衣痛哭，他却坦然而去，用《蒙恩谪戍黔中镇远有述》四首表达了自己看淡荣辱起落、一心为国的慷慨胸怀。

蒙恩谪戍黔中镇远有述（其一）

伤弓落羽怕闻弦，恩遣翻疑雨露偏。

幸免黄门北寺狱，犹宽太白夜郎天。

严装拟就瓜期往，解网何因草赦旋。

边锁自惭无寸补，衰颜且喜事戎旃。

跟随他前往镇远的有马君信和包叔贤两位至交。于仲冬由南昌乘船经鄱阳湖、长江，至洞庭湖后由沅水至湖南辰溪登陆，再经沅陵县陆路至镇远。从洪武十八年——三十年（1385—1397），明廷先后在黔东南设置了五开卫（今黎平德凤）、镇远卫（今镇远舞阳）、平溪卫（今玉屏平溪）、清浪卫（今镇远青溪）、偏桥卫（今施秉城关）、铜鼓卫（今锦屏铜鼓），因这六个卫地处黔楚边境，史称"边六卫"。

"卫"是明代的地方军事机构，《镇远府志·城池》载："明洪武二十二年（1389）设卫，属湖广都司，筑城五老山下。"所以邓渼贬谪镇远就是去戍守黔楚边境的，因此他的诗作才有"谪戍黔中"之语。加上是魏忠贤以皇帝的名义矫旨，皇帝是天，错的也是对的，加诸臣子的一切都是"恩"。

镇远山高皇帝远，远离了京城的争权夺利，对邓渼来说倒也因祸得福。当年邓渼巡按云南回京时候，云南地方根据惯例派三百士兵一直护送到镇远城外的边界。于此认识了镇远的武官尹任之。十九年后，邓渼又被贬镇远，故人重见，分外激动。

镇远的青龙洞古建筑群修建于明初洪武年间。由祝圣桥、中元禅院、紫阳洞、青龙洞、万寿宫、香炉岩等六个部分组成，共有三十六栋单体建筑。一九八八年，这个古建筑群被确定为国家重点文物保护单位，是我国古建筑群落中距离城市最近，同时又保持了山水园林本色的一处古建筑群，与甘肃麦积山、山西悬空寺并称中国古代三大"空中古建筑"。史载，"明郡守黄希英建，工部郎中赵之绪购藏经，构层楼以贮之"。到邓渼贬谪时，已近两百年光景。

邓渼不仅是一位官员，也是一位文学家，一生中留下大量的诗文。他的诗歌叙事则史，写景则画。动不动就是几百字长诗。在他看来，将贬谪蛮荒之地当作胜游也是可以的，往后余生就在水云间诗酒快意。邓渼的诗作中有大量记叙镇远风土人情、地理景观的作品。比如《复携诸子游中元洞三十韵》，诗中有"南迁无好趣，颇爱岩壑奇。传有中元洞，其胜倍延曦""白云起中流，烟波纷相随。倒影入孤城，朱甍互参差"等句子。

中元洞，也称中元禅院，明嘉靖年间建筑，古称"北洞""中和洞"，为青龙洞古建筑群中三教并存之一的佛教圣地。在另一首写给尹任之的长诗《戍黔记事赠居亭主尹任之并示君信叔贤凡二百二十八韵》里，又写到"按图考郡乘，次第拟攀陟。㵲水既泓沱，屏山亦崭峿。延曦与中元，嵌空如阃阈"。延曦洞历史上俗称七间房，后称为吴王洞，相传吴三桂曾躲在洞中改名。这首长诗中，邓渼还记叙了贵州的苗乱惨状。明代中期以来，苗乱频发，"攫金当白昼，遑问法三尺。"甚至有杀人吃肉等惨绝人寰之举。大大小小的土司并不把朝廷各级地方衙门放在眼里，朝廷实施的"改土归流"进行得非常艰难。这也是朝廷加重对南部军事布置的原因。

镇远现在保存的古城垣分为府城、卫城二城垣，均建于明代，两城依山临水，隔㵲阳河相峙。㵲阳河也成为府、卫双城的天然护城河。府城屹立于石屏山绝顶处，全长一点五公里；卫城南跨五老山，北临㵲阳河，周长三公里。清康熙年间"卫城沿河低处多遭水患，今将旧城加宽为堤，堤上建城垣高九尺；又塞两北门洞，另建楼开门，可经承防水患"。清代镇远城垣局部多次被洪水冲圮多次进行修复。

在镇远安定下来后，邓渼的两个儿子后来都陪同在侧。他在此期间写下的诗文由儿子邓竺、邓管整理结集成《㵲水集》刊行，现存明代豫章邓氏刊本以及邓渼其他文集，保存在台湾省图书馆。

了解了这段缘由，再去镇远的话，除了那些经典的景点，一定要记得去看镇远卫城垣旧址哦。作为邓渼的家乡人，看看他戍守过的镇远古城，也是值得自豪。

人生易蹉跎，转身已百年

人生易蹉跎，转身已百年。

在古黎川的名贤中，邓澄是一个另类的传奇。说他另类，是官至监察御史、巡按江南。因看不惯官场积弊和衙门作风，居官不到七年，就弃官归乡，乡居四十多年。说他传奇，是一生历经九十二载，见惯生离死别，豁达笑看云烟。

邓澄（1563—1654），字于德，号来沙，黎川县城人。年轻时便博学多才，颇有名气。明万历二十二年（1594）乡试中举，万历三十二年（1604）成进士。他一生交游广泛，写下大量诗文，著作几可等身，至今只有《东垣集》十八卷存世。

邓澄的父亲邓锡曾任闽北松溪县教谕。邓锡未做官时，以孝名于乡。有一个故事，说的是某一年流寇窜至南津，邓锡父母因走不惯山间小路，逃避不及，邓锡不顾路边的荆棘树枝，轮番背着父亲母亲往山上跑。两腿被丛林荆棘刮得鲜血淋漓而不自知。亲友们看见小道两侧都是血迹，一路寻觅过来，才找到他们。邓澄出生时邓锡已经年届五十五岁，母亲杨氏在官舍生下了他。邓澄母亲杨氏，是同邑樟溪杨家的女儿。邓澄外祖父与明末文学家杨思本的曾祖父是亲兄弟。因此，长大后的杨思本总以"邓家阿叔"称之。

邓澄五岁，祖父邓约去世，父亲丁忧归乡，后孝满复任，又因丁母忧致仕。回到新城县南津，因自家三位兄长皆大他许多，少年邓澄与诸多族中兄弟在一起读书。尤与三叔邓鑝家的堂弟邓渼年岁相近，脾气相投，最为亲密，成为最好的玩伴，同读同游，同赴举子试。

作为最小的儿子，父亲对他倍加疼爱，但绝不溺爱。在身为廉吏的父亲教导下，邓澄从小就遍览群书，博学多才。他耳闻目睹了父亲是如何勤政尽职，视民如子，也亲身感受到百姓对父亲的拥护和爱戴。虽然只是一个小小的教谕，父亲以督导学子、教化民风为己任，在位一日，一日不敢懈怠。以至于丁忧回乡时候，松溪百姓夹道相送，高喊"邓佛子"，洒泪牵衣，不忍离去。

成人后的邓澄风流倜傥，爽直豪放。父母为其择媳谈婚论嫁他多看不上。同族出了五服的远房兄长邓澄对邓澄颇有好感，于是做主将自己外甥女王氏许给邓澄。王氏为社苹王家之女，是为邑中大户人家。成婚时王氏时年虚岁十六岁，邓澄十九岁，正是血气方刚时候。王家送嫁，邓澄不拘小节，不按照习俗执翁婿礼，岳父王翁颇有抱怨和不满，邓澄一笑而过。

因为天性喜欢浪游，加上常年在外寻良师读书，间或归家省亲，向父亲汇报课业，没多久就又要出门，如此暮归夕往。邓澄对王氏说，自己急于求得功名以报效父母期望，因此在外苦读不能沉湎儿女情长。王氏毫无怨言，抚育儿女，孝敬公婆，承欢膝下。王氏生一女，又生长子植乔。一五九一年秋，邓澄母亲杨太孺人去世。回忆夫妻两人一同守灵之夜，邓澄写下"四壁萧疏，中夜篝灯绩麻，余光照读不时继，若明若暗。两人共一星星垂烬残花，或时就窗对月，想见古人囊萤映雪事"。

一五九三年，王氏病故，年方二十七。为母守孝三年满后，一五九四年，万历甲午科，秋闱大比，邓澄与族弟邓渼参加乡试，两兄弟同时中举，这年邓澄虚岁三十二岁，邓渼二十六岁，两位老父亲皆鬓发苍苍。兄弟同解青衿[①]，是为邑中盛事。

赶考回来，路经建昌府城南城。因从姐嫁给了南城人张幼初。邓澄在那里做客，姐夫就趁机为之做媒。做的哪家女儿呢？原是鼎鼎有名的罗家。

南城罗家前有磁圭的圭峰先生罗玘，后有罗坊的近溪先生罗汝芳，皆为明代的大儒。姐夫要做的媒是人称青州公的罗继宗之女。

罗继宗，字思源，号仰峰，圭峰先生曾孙。举隆庆庚午乡试，万历中惠

---

① 指秀才的着装。

安任县令。因丁内艰服阙，后补遂溪县令。他性廉洁，执法严而不苛，厘剔奸弊，清除积案，修城池、传舍，百废俱兴，民无所扰，有循良声。后调往香山任县令，士民感之，为之立生祠。官至山东青州府同知。青州公有五个女儿，其时四个女儿都已经出嫁。

姐夫一说和，青州公欣然答应。一五九五年，年方十七的罗氏嫁给邓澄，与当年王氏年岁不相上下，邓澄时年三十三岁。罗母念及女儿远嫁新城，陪嫁送来成筐的果蔬点心，罗氏先敬奉公公。罗氏识诗书大义，谈吐不俗，颇得邓澄父欣赏。娶了一个这么好的老婆，邓澄心中喜不自禁。

一五九七年秋八月，邓锡去世。一五九八年，万历二十六年戊戌科，邓澄因丁父忧不得外出赶考，堂弟邓渼得中进士。一六○一年辛丑科，苦读数年的邓澄落第而归。眼看堂弟邓渼已经做官，邓澄心中颇为失意。罗氏宽慰他，说别再去赶考，好好在家管教儿女。此时罗氏所生二子植基已经出生。加上王氏所生儿女，罗氏要抚育众多子女，操持家务，实在辛苦。邓澄不甘心，于万历三十二年（1604）再赴甲辰科春闱。刚刚考完回到各自住的驿馆，邓澄就收到家里的急报，说夫人罗氏病重。邓澄不待放榜着急南归，早于三年前中进士来自江西的同乡罗宪凯劝他无论如何等廷试完毕再回。廷试后，邓澄中三甲第七名，选庶吉士入翰林馆。而家乡来报罗氏已经病逝。邓澄仆地痛哭不已，一边是金榜题名的大喜，一边是痛失爱妻的大悲，人生的无常，在这个中年男人的身上显露无遗。

死者长已矣，来者犹可追。哪怕念及罗氏的千般万般好，"每篝灯濡毫草馆课泪沾几砚"，活着的人总要往前继续走。

此时邓澄年过四十，正是男人最好的时代，加之新科进士的名号，潇洒的性情，在一众同年中颇为引人注目。同与科考的松江府张泰阶对邓澄说，他家中有一个妹妹，也才十七八，问新科进士是否愿意。恰好同榜进士徐光启与张泰阶不仅是同乡，还是同乡举的同年，自告奋勇为媒，其他同年兄弟都纷纷赞成。于是成就了邓澄的第三段婚姻。

一六○六年，万历三十四年秋，张氏嫁给邓澄。罗氏生的儿子植基方才四岁，与张氏很亲近，一见就呼为母亲，片刻不能离开。府中上下大小莫不以为奇。此时邓澄长子植乔已经娶妻。张氏并不以继母自居，对几个子女都视如己出，悉心养育。

万历三十五年（1607），三年翰林馆期满告散，邓澄升为御史，专职"纠仪"之职，即纠察朝臣仪节，往往要在鸡鸣之前就赶往朝堂。万历三十七年（1609），邓渼也因政绩突出考选入朝为监察御史。昆弟同堂，朝堂轰然。过不久，邓澄巡按江南，邓渼巡按云南。因张氏娘家为松江南翔，为避嫌，以防族亲借邓渼旗号营私舞弊，张氏屡屡嘱咐娘家人注意影响。邓澄在江南数年，当事人都不知道巡按大人的夫人是南翔人。

邓澄为官，深受父亲的影响。邓锡为官清廉正直，简朴，厌弃浮华。事必尽职，视百姓如家人。家中各种祭祀均不杀生，以面点代替。尤其憎恨豪绅鱼肉乡里。在邓澄中举之后，邓锡还时时教诲邓澄要勤俭持家，以德立世，以廉为荣。邓澄与兄弟们衣被稍微华丽便被父亲训斥，说"秀才甫脱青衿则侈大，后何以能为廉？且若孝廉，先须识廉字。廉乃可孝、可忠、可家、可仕、可大且久"。

为官后的邓澄如父亲当年一样诚实耿直，气节高尚，办事公正、果断，不畏豪强。江苏常熟有个官员涂昌祚是朝廷当权相国申时行的外甥，他仗势为非作歹，横行乡里，官府都不敢动他。邓澄巡按江南时，闻知此事，立即下令将涂昌祚擒拿法办。他还极力推荐常熟县令杨涟，称他"其清操介守可质神明，他处不敢知，恐江南无两矣"。（见《特荐常熟知县杨涟揭》）后朝廷举杨涟为全国廉吏第一，入阙任户科给事中、兵科给事中。杨涟后来在天启年间，因被魏忠贤所害，惨死狱中。

巡按江南后，邓澄又任为湖广佥事。因申时行再度入阁主政，邓感到曾治其外甥与申有隙，不愿被牵制。万历三十九年（1611），便上疏请归，时年刚四十八岁。

辞官归家后，邓澄构别业，称"东园"，并因以自号。"乃营东山而园之，登山临水，握风担月，殆无虚日"，惟以撰诗文、课子孙为务。张氏则尽心相夫教子，先后生下两个女儿，一六一五年生下儿子植举（小名远儿）。为了不让二子植基有失落感，张氏对植基更为尽心。虽然与长子植乔同年岁，但是植乔的儿子出生时，张氏尽心照顾，一切饮食都亲自打理。

在乡的岁月漫长无边，南津、赤溪处处留下他的足迹。此一时期的众多文人如涂国鼎、涂伯昌、杨思本、魏禧等都与邓澄有着密切的往来，历届县令都常问计于他。居庙堂之高则尽心尽职，处江湖之远则淡泊豁达。在他的《五十初度戏作自寿诗》中，他诙谐地说：

> 谢事归来草莽臣，空衔削尽自由身。
>
> 尚烦明府将官烛，还愧村僧饷野芹。
>
> 乐事岂须论橘叟，疑年聊复问枫人。
>
> 如闻礼得将藜杖，欻步家园日几巡。

一六二三年，张氏去世，才三十七岁，邓澄刚好六十花甲。所生的两个女儿还未出嫁，植举九岁。合家上下痛哭不已。

很多年过去，邓澄于九十岁暮年之际又写下一篇《张孺人传》，细数历历往事。此时张氏所生的远儿去世数年，出嫁的女儿有一个也已经去世。这篇传写得平直淡然，虽不如《罗孺人传》有凄婉之语，却已经是过尽千帆的沧桑了。让他唏嘘不已的是，顺治二年（1645），孙子辈中最有才华的代典（植基二子）年方二十二即早逝。去世时，邓澄在寿昌寺，接报后痛心万分，写下《哀亡孙文》。两年后，三子植举亦逝，殁年三十三。又隔一年，长子植乔去世，岁六十一。

在黎川其他众多世家望族的家谱中，多有邓澄所作的祭文或者传记。或为姻亲，或为同年好友。生离死别于他，已成日常不可缺的一件事。顺治十一年（1654）冬，邓澄走完了他漫长的一生。也留下了一段南津的传奇。四年后，二子植基请得南昌黎元宽为之作《墓志铭》。同邑南池先生涂登作《东园公传》。

南来是硬汉，情深似水柔

在南京的秦淮河畔，有一座水草庵，位于通济门和中华门之间。始建于明万历年间（1573—1620）。明末之变，崇祯帝自杀之后，南明朝廷在南京建立。顺治二年（南明弘光元年，1645）五月，清军的铁骑踏破了南京的城门，统帅南征大军的豫王多铎攻克了弘光政权的首都南京，弘光帝出逃。五月十五，留守南京的忻城伯赵之龙率在南京的文武大臣向清军投降。五月二十三，多铎乘马进入南京城，而此前两日，投降的赵之龙已经主动剃去了头发，留起了"金钱鼠尾"辫。随后，魏国公、安远侯等明臣也纷纷效仿。原本，赵之龙、魏国公徐弘基等人以为此举定会受到多铎的赞赏，谁料却遭到了一番羞辱。五月二十六，多铎贴出告示："剃头一事，本国相沿成俗。今大兵所到，剃武不剃文、剃兵不剃民；尔等毋得不遵法度，自行剃之。前有无耻官员先剃求见，本国已经唾骂。特示。"

在一众官员要么逃遁、要么投降的时候，他在自己的寓所能仁寺傍门不降，并在门上书"明臣黄端伯"五个大字。多铎大怒，将其关押在水草庵，并没有立即杀害，而是不断派人劝降。在长达数月的关押中，他谈笑如常，"丹心倾汉室，碧血吐秦廷"以明其志。六月初五，多尔衮重新颁布了剃发令，剃发由先前多铎的"剃武不剃文、剃兵不剃民"扩大为"各处文武军民尽令剃发，傥有不从，以军法从事"。他指颈说："我宁剃（杀）头不剃发。"八月十三，多铎再入水草庵劝降，并威胁说："不降则戮！"他誓死不降，多铎失去了耐心，命杀之。他整肃冠履，走到水草庵前的广场上，昂首引颈受刃。刽子手心惊目眩，不敢举刀，他厉声说："何不刺我心！"临刑前，他面北遥拜，面不改色，民众观者万余，焚香拜泣，连多铎也叹称"南来硬汉仅见此人"。他死后，多铎感其忠义，命手下将其敛尸入棺，并将其灵柩护送至家乡新城。

他叫黄端伯（1585—1645），字元公，一作元功，号迎祥，生平好佛，尝镌私印曰"海岸道人"，建昌新城人。明末抗清名重一时的烈汉和散文家、诗人。

他去世后，早年所刊印的《庐山集》及后来所写诗文由同邑同宗黄祐编选，临川穆堂先生李绂审定，重刊成《瑶光阁集》十二卷、《庐山集（外集）》二卷。黄祐还搜寻到他在狱中所写诗文辑成《明夷集》一卷。李绂在序中说：

> 本朝大兵破南京，遂以身殉国，为南畿死事六臣之首。此岂尘芥河山者所能为？当城之破也，或劝先生以披缁匿僧寺，不许，固已高出药地（指方以智）道隐之上。既拘幽，不屈。大帅欲以禅师礼之，终不屈。则先生于佛学固不屑矣。先生学佛时，署私印曰"海岸道人"，盖《楞严经》谓引诸沉冥出于苦海，而俗僧有苦海无边、回头是岸之说。先生意取诸此。晚年磨去印文，改镌"忠孝廉节"四字，则尤悔悟之确证也。可谓死事得力于佛法者哉？

虽然已过近四百年，在读到这段历史的时候，仍然是惊心动魄，仿佛一个活生生的烈汉矗立在眼前。他怒目圆睁，举手做同归于尽状，通向断头台的路，他每踏下一步，都如有千钧之力。风云为之变色，山川为之呜咽。

但他又不是只有铁石心肠的一个男人。愤世嫉俗之外，他爱山水，爱自由，爱苦中作乐，有一颗慈悲为怀的心。他唯一的女儿毛孩几岁就夭折，此后未再有儿女，死后由其异母弟端叔第二个儿子甲先承桃，延续香火。他不是一个完人，却是一座气节丰碑。

对弟子门生，他呵护有加，视若家人。

黄端伯被执之前，他的弟子、同乡黄龙元（约1607—1691）一直追随左右。南京城陷，黄端伯催其尽快回乡，以免被自己牵连。黄龙元问恩师，将要如何决断。黄端伯摇手说："乾坤闭矣，子何不归，毋以我念。"黄龙元坚决要追随恩师，不肯离开。黄端伯拔剑逼黄龙元离开自己，怒喝："寇深矣，汝速归，无以我念。"黄龙元伤心过度，一时气急昏厥过去。等他第二天醒来，黄端伯已经被清军抓往水草庵。①

黄龙元为此作诗记：

> 江宁惜别话时奢，收拾乾坤一手遮。
>
> 不许北城诋上烈，还为南国奠中华。
>
> 文章剩有千秋史，骨肉香于四海家。
>
> 忠孝桥边埋剑履，真魂在在结云霞。

黄龙元回乡之后痛惜恩师被杀，隐居于家乡枧溪南泠山十多年，作《南泠山记》被县令周天德收录于康熙《新城县志》。其间，亲人、友人多次相请拒不下山。后易堂九子之魏禧、林时益等来新城再次相邀，方下山居住于县城北郊龙湖潭，与易堂诸先生月下或饮酒或作诗。同邑众多学子慕名而来纷纷投于门下执弟子礼。黄龙元的学生中有一个名叫武聘（字兆征），独资修建了位于松塘的石拱桥，用自己的字"兆征"命名。黄端伯的灵柩后来葬

忠孝桥

① 事见枧溪黄氏《江西南新黄氏宗谱》民国十八年五修。

于此处，相信是朋友们及徒子徒孙们鼎力相助的结果。

对父母翁亲，他恭顺有礼，侍奉至孝。

因母亲信佛，黄端伯也终身礼佛。端伯奉母至孝，常命妻子陪母去华盖山（今德胜镇黎明村华盖峰）的华盖院斋戒。万历二十九年（1601），二十七岁的黄端伯娶了平冈（今社苹村）惺宇先生的长女为妻。惺宇先生名应省，字伯光，父亲月渔公为一方富户，以善诗闻名于乡，母亲孔氏为名门闺秀。惺宇先生孝于亲，友于兄弟，慈于子姓家人，为乡人所敬重。端伯自幼贫苦，朝不谋夕。惺宇先生却看上黄端伯心有大志，胸有才华，必将闯一番天地。因此在女儿出嫁前夕，惺宇先生告诫女儿：黄端伯胸有大志，为奇才，日后必有出息。

惺宇先生去世后，黄端伯为之作《王太公墓志铭》，铭文绮丽，意境高远。既赞福山之佳境，更赞王翁之高德：

> 峙黎邑之西南面为镇者，别而号之曰箫曲峰，列岫嵯峨，参天并立，尝从城郭中遥望，佳气葱葱。窃意高山旷野之间，必有贤哲，未尝不窈窕求之也。自箫曲峰左旋，叠嶂云涌，而月苕峰起于其中。稍折而西北，行夷为丘壑，桑麻鸡犬之盛，历历如桃源。二水交流，汇为巨浸，则社冈所望以为北门也。

> 甲辰（1604）之春，端伯读书福船寺，云深雾晦，意味萧然，既谒见王太公于社中，殊慰宿愿，道韵冲穆，饮人以和己。与太公诸子游，超超豪上，喟然叹曰："山川之秀，其大聚于斯乎？"太公，讳应省，字伯光，别号惺宇先生。乃月渔公季子也。月渔公，富而好礼，以善诗，名其乡。娶孔氏，生太公，笃行惟肖，孝于亲，友于兄弟，慈于子姓家人……端伯素苦贫，朝不谋夕。余妻为太公长女，泣告太公。太公曰："黄生天下奇士，自当致身青云中，子毋患饔飧①之不继也。"端伯徼惠太公，既成进士，而吾妻纺织为业，不以新贵少休，其得太公之家训者至矣……

碑文为楷书所写，墓碑现被人收藏。因缘际会，笔者于二〇一八年得见此碑。

---

① 早饭和晚饭，文中泛指做饭吃。

对妻子，他相敬如宾，绻缱情深。

婚后，黄端伯在福山结草堂读书。王氏长端伯一岁，归嫁后，任劳任怨。因为家贫，缺衣少食，王氏自己纺纱织布耕田种菜，毫无怨言。即便是开馆授徒后，黄端伯也常常把收到的教资用来救济更穷的人。到了年末回家时候，四目相对，囊无余钱，王氏也默默承担。黄端伯赴京赶考，王氏为他备好一路物资盘缠。临行前默默流泪，早晚祈祷上天保佑丈夫平安归来。崇祯元年（1628），黄端伯中进士而归，二年（1629），任宁波推官，王氏相随，依然自己粗布蔬食，减轻家用负担。

婚后因多年未育，王氏为端伯置有一妾李氏。李氏于天启七年（1627）生女毛童，毛童自幼聪慧，深得王氏之心，爱之如亲生。崇祯五年（1632），黄端伯因母病故，遂回故里守孝。崇祯六年（1633）夏五月，毛童病亡。王氏伤心过度，不过十来天亦去世。彼时黄端伯在兵宪吴公衙斋中讲授《易书》，未能得见夫人最后一面。待他得讯疾驰而归，夫人之棺已盖。在《孺人王氏墓志铭》中，黄端伯叹息道：

> "仓卒闻讣，疾驰归，而孺人之棺已盖矣。生不获诀，其终死不获视其殓，痛哉！"

黄端伯将妻子葬在离王太公墓不远的地方，以为妻子"魂魄所游徘徊乡土。予知孺人之乐栖于斯山也。"并铭曰："生于斯，反于斯，俎豆于斯，千秋万祀，不匮其慈，以慰我思。"

为母守孝期满，黄端伯改任杭州推官。崇祯十年（1637），黄端伯考选北上时，又逢父丧，于是回家居住七年。又因弹劾建昌（今南城）益王朱慈炱作威作福、穷奢极欲的种种行为，反被朱慈炱诬陷为离间亲藩。于是愤怒弃官为僧，避居庐山。得知黄端伯弃家为僧，朝廷为此专门下了一道圣旨，责问他为何当了和尚？黄端伯无言以对，又重新蓄发还俗。

王氏去世十多年后，黄端伯方续娶了范氏。在黄端伯被押期间，范氏一同关押，时年才二十岁。被杀之前，黄端伯写有《寄内书》收于《明夷集》：

> 忠臣不事二君，烈女不更二夫，适闻汝有守节之心，甚可敬也。
>
> 关将军殉难，吕蒙吐血立亡；岳王殉难，秦桧全家受诛。史册所载，因果明白，惟守死以听天之自定耳。诀别诗或一寓目。

六月二十六日别家人

义士何忧死，忠臣不爱生。

祇留方寸赤，千古现光明。

多铎感于范氏的大义，黄端伯被杀后，一并将范氏和灵柩护送回乡，于一六四六年十一月抵乡暂厝。在此期间，范氏为丈夫过继承祧侄子甲先，并悉心养育。顺治乙未年（1655），范氏开始在麻姑山剃发吃斋建草庵守节。顺治庚子年（1660），已经长大成人的甲先在亲朋故旧的助力下，将端伯安葬在兆征桥东侧，桥因此改名为忠孝桥。并请得桐城方文作《明礼部主事元公先生传》，南丰汤来贺作《元公先生墓志铭》，浮山子宏智（方以智）作《明礼部仪制司主事黄公墓碑铭》。俱收于《江西新城平溪黄氏族谱》（民国六年续修）。

对友人，他倾盖如故，倾心相交。

黄端伯有一个挚友黄钦，名子安，因爱福山之胜，隐居于山中数十年。黄端伯与他在福山建箫曲讲堂，从学者纷至沓来。冬季，福山天寒地冻，他们"辟地开天不遗余力"。以木板为铺石台为几，汲山泉煮茶，烹山珍为肴，泥炉小酒，赏雪作诗，不亦快哉。"雪月交映，孤梅自香"，黄端伯为此作《梅花岩》一诗："雪岭寒梅发，香光透月轮。谁知幽谷里，别有一家春。"黄端伯与同时期的县邑文人也纷纷交好，樟村的杨思本、宏村的余日登，县城的涂伯昌、涂仲嘉叔侄，以及邓澄、邓渼等。对于好友的文采，他不吝笔墨赞叹，比如对杨思本："夫学太元而得其神者，吾乡之杨子独焉。杨子能为太元者也，而不愿为太元者也，沐神浴气耶？先天之贵者而言之，苟为当世所共知者不忍宣之口也，而天下尊其道重其言，争以斯文名杨子。杨子莫能辞也。"（《跋杨因之文后》）

被清军抓获后，黄端伯写下大量的诗句书信与昔日友人一一留别，均收于《明夷集》。如：

寄九叠谷山人黄子安

留都失陷，自分转于沟壑，无辞一片赤心，可盟天日，唯同志勉之，幽冥虽隔，然音光正可相闻，不忧寂寞也。草白。

寄余三明许嘉士

满目蹂躏，矢志无他，孤忠耿耿，期相见于云汉而已。死生事大，无常迅速，惟智者究之。

寄从弟安甫

南京破陷，或欲以卿相污我，我死拒之。倘得从睢阳、文山之后，踊跃九霄，则神明正可相照也。廷忠叔宿逋时时在念，惟幽冥图之。

寄侄甲炳

国家有难，七尺之躯无足顾惜，正欲藉此以报君亲耳。贤侄幸留心经史，无坠家声。

黄端伯就义后，后人常以之比为宋文山公（文天祥）之后唯一之忠义之人。为之作挽诗的无数。

有"桐城三诗家"之称的明末遗民方文就写有《过水草庵》：

灵谷西边桐井东，昔贤于此化长虹。

平生学道方成佛，大事因缘皆是空。

野老题诗纷满壁，行人下马仰呼风。

从今水草庵前路，直与燕山柴市同。

诗中的"燕山柴市"是文天祥就义的地方，方文将水草庵前的路与之相提，可见对黄端伯的非常敬仰和崇拜。

在黎川福山九叠谷的船石岭，有一块巨石上书"瀑布"二字，字体浑厚刚劲，每字一尺半见方。根据清代康熙县志、乾隆年间辑录的《黎川文载》等文献收录的福山僧大宁和尚的《福山十二诗》之附注"黄海岸祠部书瀑布二字于石上"，可知为黄端伯所写。今日黎川古城沿河景观带，立有黎川古代名贤塑像群，包括唐末危全讽、危仔昌兄弟，宋儒李觏、文学家元绛及其祖父元德昭、明理学家邓元锡、清代五部大臣陈孚恩、抗清涂国鼎家族。其中关帝庙旧址前，立的正是黄端伯。

梅村今何在，隔岸海门幽

时间的长河里，一个地方的地名往往反映了该地当时的风土人情和地理风貌，是乡土名片和乡愁的承载。在历史的演变中，古地名肩负了一个忠实的讲述者的身份。黎川县城至今还保留着许多有价值的地名，诸如水槽（漕）、东门排、南门口、小西关、小北门等等，至于街巷，就更多了。

在阅读明仁宗时期任礼科执事中的乡贤何澄（荷源乡炉油人）的诗文时候，注意到他写有一首《河东晚望》。我曾经以为诗中的河东即现在中田乡的河东村。然而在深入解读的时候，发觉是指县城黎河东岸的河东。

河东晚望

满山黄叶海门秋，一片岚光带碧流。

夹浦樵归烟火起，隔江渔罢钓缗收。

青年领军陈三策，白首荣恩守一丘。

拄杖看云情未已，团团华月出东头。

这首诗写的是秋天在河的东岸，眺望隔河的海门，只见满山黄叶秋色无边。晚霞中，河水如碧，缓缓流淌。岸边有樵农归家，村庄里炊烟袅袅升起，江对岸的渔民也收了渔网。回想自己年轻时候一腔热血，积极为朝廷献计策，到老了带着恩荣回乡，守着一方田地自在生活。苍狗白云，倏然已老，你看你看，圆月已经在东边的天空出现了。

诗中的海门是古代黎川日峰山的代称，相传"顶上有泉，深不可测，四时不涸，乡人呼之为日岫海门"。黎河在县城由东向西流经南津，北岸

远眺日峰山

即今黎川老街，南岸形成狭长的沿河村落水槽村。到临近人民医院处开始折转为南北向，西岸即日峰山、马鞍山，东岸则为北坊的夏市街（今下马路），田东湾、吴家桥、石子岭等村庄。

何澄（1366—1447），号舸斋，荷源乡炉油村人。二十七岁中举，授福宁县教谕，后参与编修《永乐大典》达七年之久。明洪熙元年（1425），仁宗即位，开设弘文阁，要挑选文学人才以备顾问，少师蹇义推荐何澄升任礼科执事中，让他与学士杨溥、侍讲王进等直阁轮对。宣德壬子年（1432），致仕回乡。明正统三年（1438），又应聘担任福建乡试的主考。八十二岁那年病逝于家乡。现今荷源乡炉油村内有一面保留下来的"弘文世家"门楼，就是因何澄在宏文阁任职而来。自何澄到他的曾孙何屋四世皆以科举闻名，县城并建有桂林世芳坊旌表，一直是何氏家族的无上荣耀。

诗中的河东具体在哪儿呢？抽丝剥茧中，发现河东又和一个古地名"梅村"有着千丝万缕的关系。而现在县城的城郊西北部有一个村庄叫梅林，似乎有些相同。难道是书写变更导致的美丽错误吗？

清代康熙《新城县志》人物卷及官职志里，都记载着一个人物席瑛。席瑛，字俊仲，元代临川人。入赘建昌萧氏，补路学生员，入太学试。分授新城飞鸢司巡检。谢官隐居新城之河东。席瑛天资旷达，读书为文，雅致前古，尤好吟咏。环屋植梅，因号梅村。林塘幽胜，庭无杂客。子姓习其教，亦循循自守。

由此见得，河东与梅村不可分割。既为河东，在黎河之东。梅林村在日峰镇店前村，属于黎河西岸偏北范畴，山岭丘陵地带，看不到何澄所写的渔舟唱晚美景，因此不可能是"梅村"。

在炉油的《何氏族谱》（光绪三十年十一修）中也有关于梅村的记载：

> 梅村，北坊今河东地。舸斋公（即何澄）外祖席氏故居。绕舍植梅，因号梅村。后其址属公，建水竹园于其侧，林塘幽胜，溪壑潇洒，带水屏山，为邑东北胜境。学士杨溥赠联：石桥流水梅村路，茅屋疏篱宰相家。

这段话对梅村所在的地点有了更明确的指向：县城北坊。

于是又去查清代的乡都，记载北坊"有梅村，旧名河东，为席俊仲故居，有何给谏坊"。清代县域图上，河东的位置在东门城墙外角楼附近。却还是没在图上找到梅村的具体地点。三月初，在查阅为冯渠所立的"两京光禄坊"时候，忽然看见"司谏坊"的记载：在县城小北门外梅村，宣德年间为明给事中何澄立。

小北门外，按照图志对照，是黎川县原配件厂的厂址，今县城秀川花苑小区所在位置，此处与县域图中东门外的河东相隔也就一华里左右。因此，梅村的具体地点可以大致确定为小北门外至东门角楼之间了。

所谓踏破铁鞋无觅处，得来全不费工夫，大概也就是指这样的情形吧。

黎川自南宋绍兴八年正式析县，一直没有修城墙。除了当时商品经济不太发达，偏于江西东南山区的黎川地理位置相对还不算那么重要以外，城东的荆源水与城南的黎河水形成了天然的护城河，对黎川城起到了重要的保护作用，大概也是前朝一直没有修城墙的主要原因。直到正德年间，相邻各县盗警四起，知县徐绣高瞻远瞩，于正德七年（1512）开始构建土城墙，可惜未完即丁忧回家。正德八年黄文鸾接任，在徐氏土墙的基础上，增高二尺，内外砌石以防崩塌，厚十尺，宽十五尺，构筑女墙（指外墙垣上及腰的矮墙）一千八百五十余尺。东、西、南、北设城门，分别叫望闽、通济、昌文、朝宗。朝宗门即北门，这个门位于正北面，黎川之水自闽岭发源，绕新城入盱江，会彭蠡，通黄河，上达皇城御河，因此叫"朝宗"门。嘉靖三十九年（1560）春，城墙被洪水冲倒，知县汤建衡重修，增筑四门的月城。这个时期，黎川古城墙已有七个城门，即：东曰迎福（原望闽门），南曰昌文，西南为水关，西曰通济，西北曰安济，北曰朝宗，东北曰小北门。

席瑛又是如何成为何澄的外祖父呢？这里就要说说何澄父亲何镛的故事了。

何镛（1333—1381），字敬祖，元代晚期人。他天赋聪明，八岁时候，听见兄长敬明说木樨花（桂花）别名天香，于是牢记在心，见到桂花必夸这是天香。有人取笑他傻。小何镛就说：赞美这花是因为我敬重它。我敬重这花才赞美它。他自幼就跟着叔祖们饱读诗书，深受家学熏陶。元至正十二年（1352）大饥，第二年仍大灾，因为家中尚富裕，何镛两兄弟协助父亲施粥周济乡民。周边灾民皆赖以存活。至正十五年（1355），疫病流行，何镛母亲及兄长先后病故，三个叔父也染病去世，何家遭此五口死难巨变，何镛协助父亲处理得井井有条。

元末各方豪强四起，何镛劝父亲把田地分给佃丁，散去家中佃户，让他们自给自足，自家只留下够吃的口粮田即可。百姓对他更加拥戴尊敬。后来匪盗攻村，烧杀抢掠，此前受过恩惠的民众纷纷团结起来协助何家进行抵抗。何镛家避居陆村（今炉油村附近陈家村）时，又碰上姓杨的地痞纠结一批无赖，侵害迁入的外姓人。佃丁们听说了又赶来护主，齐齐将这伙地痞打得抱头鼠窜。后来，何镛携家投奔福建行省龚永幕下，劝其安抚民众，加大对士兵的训练。协助龚永筹划治理，颇有才干，后被提升为光泽县尹。他辞官不做回到家乡，隐居县城城郊河东，自号"河东处士"。洪武元年（1368），天下归明，何镛父亲却在这年去世，他悲痛万分，从此滴酒不沾。县令数度举荐他为孝廉不去，只以教育子弟务农为本。《何氏宗谱》中收录有《敬祖公传记》，为新城县教谕上官祐所写。

何镛隐居河东时，同样在河东隐居的席瑛将自己女儿嫁给了何镛，生有三子，长子何沦，二子何澄，三子何泳，因此何澄自幼在河东长大，经常往返河东与庐游，有见于他的诗《自河东归庐游道中》：

> 连日雨初晴，春花照眼明。
>
> 入林衣袂润，归路马蹄轻。
>
> 溪涨春春急，人惊山鸟鸣。
>
> 须史惠日寺，又见出蛟鲸。

何澄致仕回乡后建有石泉山房，应与泉水有关。在县城北七八里路左右，恰有一个泉水亭村，离小北门也不远，即今之东门排路上去往十字村蔡家路段。原有古泉，早已被破坏无存。离泉水亭不远的古惠日寺前山脚下还有一处泉水，石缝中长年有山泉汩汩流淌，现今仍然有很多居民会携带水具来此灌装泉水饮用。惠日寺前原有通往炉油的大路，何澄好友、文学家程新有《访何给事阻雨惠日寺》，诗中写着："美人卜筑在庐游，远访先为惠日游。"此处"美人"是指"美德之人"，而非今日之"美女"也。石泉山房是否就在此二处，还有待考证。

何澄有《宿石泉山房》诗，被明清县志和《黎川文载》收录。全诗如下：

> 零露瀼瀼八月秋，凉生枕簟暑全收。
>
> 石泉飞练鸣苍玉，银烛流光映白裘。
>
> 梦里每常趋阁殿，醒来依旧拥衾裯。
>
> 幸逢四海雍熙日，老病归休乐未休。

诗中描绘了八月初秋夜宿石泉山房，露水瀼瀼，凉意透过枕席，暑气全无。夜雾里传来泉水的叮咚声，好像鸣玉一般。烛光闪烁映衬出白裘的光泽。常常梦见自己还在去上朝的路上，醒来只见被子和夹衣。可喜的是四海升平天下安乐，虽然年老病归也还是乐趣无穷的。

作为一种非物质文化遗产，地名的演变和相关的典故都是值得挖掘和传承的。古地名中不仅有美丽的诗意，也有丰富的年代记忆。这是一个地方深厚的历史遗韵，毫不夸张地说，天文地理、人间五味都可以在古地名中呈现出来。将之传承并广为传播开来，彰显本地独有的历史文化特色，这个过程虽然辛苦和繁琐，但也是快乐的。

深山藏古刹，碑刻留名贤

黎川之北有麻山寺，为寿昌禅系祖师蕴空常忠法师修行和圆寂之所。麻山北面不远即南城地界，有古刹宝方寺。宝方寺历来为黎川、南城两县民众心中的宝地。来往参拜者众多。宝方寺距南城县城近五十公里，距黎川县城不过十来公里，因此与黎川的渊源似乎来得更亲密。

二十世纪八九十年代，星期天骑车去宝方寺是黎川一带所流行的春秋游热门方式。那时候，去宝方寺仅有沙石乡村公路，到了寺边，还得走一段仅有一米多宽的田埂路，逢到雨季便泥泞不堪。记得我第一次去宝方寺，便是和同学们骑车去的。寺门并不轩敞，与想象中有很大的差别。寺后的塔林，看着也就是一片石头的塔，看不出所以然。印象深刻的是侧边木板建的厕所，打理得非常干净。厕所里面的厕位是独立带木门的木板隔间，隔间里有用木板搭建的半尺高的蹲位，隔板上钉了竹筒，里面放了一根根的竹片。我那时候并不清楚那些竹片的作用，所以在心里也就存了一个谜。这个谜直到多年以后看了很多资料，才明白是古人所谓的"厕筹"。

在对黎川文史有着更深入了解以及挖掘出慧经师父潜修的峨峰之后，我逐渐明白当年对宝方寺粗浅的看法是多么轻慢。

宝方寺始建于唐高宗麟德二年（665），至今已有一千三百多年的历史。初名"上蓝院"，是曹洞宗二世祖禅锡别院，后改名为宝方院，宋英宗治平元年（1064）敕封为宝方禅寺。寺后山林里佛塔林立，常有信众前来礼佛参拜。自唐以来，宝方寺历代高僧圆寂后都葬在这里，现存墓塔有五十多座。墓塔多为青砖砌成，造型各异。其中有一座母女塔，塔上有铭文记载，明崇祯年间，有邓门涂氏女，年轻丧偶，仅有一小女，携女皈依佛门，随带租田三十担入寺，朝暮顶礼参禅。母女圆寂后，邓氏宗亲聚资建母女塔，至今保存完好。根据铭文可知，该母女亦为黎川人。

常忠禅师晚年传法于释慧经。慧经（1548—1618），崇仁人，俗姓裴，号无明，十一岁于廪山寺礼常忠为师，得印可后隐修于峨峰寺（今黎川县洵口镇峨峰）达二十四年之久。后应请住持南城宝方寺，以农禅而兴寺，弘扬曹洞宗风。

宝方寺大殿墙壁中镶嵌着几块宋元明清时期的碑刻，这些碑刻字迹古朴苍劲，功力深厚。作为时代的印记，对于今人追寻宝方寺的久远历史，意义深远。这些碑刻曾经被粉刷遮盖，在近年来的修缮中得以重见天日。

最早的一块"重修宝方院记"碑文为宋嘉定元年（1208）南城蓝田人彭自明撰，吴中书。碑文讲述了宝方寺自唐始建后，历经景祐三年（1036）重修，治平元年（1064）赐"宝方"额，淳熙丙子（经查，因淳熙年间只有丙午年而无丙子年，因此碑文丙子或为丙午 1186 之误），宗亲彭国俊与夫人丁氏又重修大殿的经过。落款为"宋嘉定元年日长至迪功郎新江陵府司户参军彭自明记，宣教郎新主管西外睦宗院吴中书"。"日长至"，即夏至。书丹的吴中是南宋新城（黎川）人，淳熙五年戊戌科（1178）进士。书法写得非常好，宋宁宗亲自向他学习要领。

宝方寺古碑

而另一块明代的"重修宝方寺记"便与黎川有着莫大的关系。碑文如下：

重修宝方寺记

赐宝方禅寺重修记

湖广德安府随州知州新邑涂世延撰文

北京兵部员外郎新邑璩光岳书丹

北京工部司务厅司务新邑邓京篆额

粤稽宝方，旧上蓝院也。上蓝旧址去宝方三五里矣，由来久远莫测。其自古碣所载，盛于唐，衰于五代。景祐三年丙子重修，仍在上蓝。治平元年甲辰敕赐则宝方矣。溯丙子诣甲辰亦仅二十九禩耳。南宋嘉定师宝禅师继兴兹刹，九良不能灾，诸然不能惊。师宝之冻耕熟耘，辰出酉归，大有百丈风。自兹以往，胡元不足论矣。运开我明，崇隆禅宗迥出，往古未开，继师宝起者。宝方虽属盱江地，基实逼黎邑。故环黎诸缙绅居士每榉举废未遇其人。时寿昌无明大师养高峨峰，影不出山二十余年，合邑谒仰，竭力敦请，大师不得已策杖而往。大师果熟香飘四方风应，犹且锸不离手，率众耕耘。曾有偈云：冒雨衔泥去，披星戴月归。不知身有苦，惧虑行斗亏。操履峻绝，宛然师宝再见。总之，大师推倒大好山，递流曹洞水，又何师宝后先同异之足云。壬寅鼎建禅堂、大殿、厨房、僧房、天王殿等，佛像庄严，百废悉举。于是，炉鞲弘开，英灵满座。余不佞北上还车，每与二三同襯若二水邓公、三谷璩公诸君执赞叩关，就师问道。大师所有言句尽是顶门金针。余叨陪末位拜领微言。愧不能斩断葛藤，翩翩出世，又敢云鬐发比丘、衣冠衲子，无负吾大师思辣钳锤哉。虽大师法道空往，古开后来，自足不朽。其道场，依报正报，自尔等，延虽不敬，摭实而为记。

万历三十五年（1607）丁未四月八日门徒元中、元肃、元谧　立石

戊子重立

这块碑撰文、书丹、篆额的三个人均为明代黎川名贤。其中璩光岳为进士，邓京、涂世延为举人。三个家族均为当时黎川的望族。立石的元中、元肃、元谧为无明大师的高徒。其中元谧法师后来继承师父衣钵，住持寿昌，将寿昌法系传承光大。

"三谷璩公"即琚光岳，字山仲，号三谷，明万历三十二年（1604）进士。授任河南光州知州。光州多盗贼，他精心设计，将盗贼缉拿归案，逐一肃清。他秉公执法不畏权贵，查处了仗势欺人侵占民田的地方官员及其家仆。他父亲去世时，丁忧返乡，服孝期满后，调任汝州知州。有一位藩王初受封时，有一宗土地在汝州，该王上疏请恢复所赐，但汝州有关田主气势汹汹，不肯归还。琚光岳亲临田间地头清查丈量，又转请该王管教好家人中滋生事端者，方使民情宁息。后迁调任兵部职方司员外郎。兵部两位司马都深知琚光岳才干和品德，委嘱部里重用。不久，正当考察准备选拔时，他却因病辞世，时年仅三十二岁。《黎川文载》中记载他著有《老子解》《石波馆集》，收有他的诗《怀某年丈》、文《道不外桀》。

涂世延（1573—1654），字位五，号如本，黎川县城人。明万历三十四年（1606）中乡举，授湖南湘乡县（今湘乡市）知县。在任期间，他改变了漕运单差的常规，实行田亩清查丈量，改良官府对公用马匹的饲养、训练、购买、使用等方面的管理制度。后调任随州知州。当时，数千流寇逼近随州城，形势严峻，他督促军民增修城堞，尽心守御。有下属军官常世英、袁应节犯下重罪，本当处斩，涂世延考虑他们在军事上的才干，让他们戴罪立功，以赎罪过。他俩感激涕零，誓死效忠，便率兵埋伏道旁，截斩敌官兵百余人，敌暂退；第二天又歼敌五十，并乘胜追击，敌军大败而逃。中丞唐晖以"十日三捷"报奏朝廷，为涂世延请功。不久，贼魁白鹞子率上万骑兵进犯随州。世延仍嘱令常世英率精壮勇士四十八人夜袭敌军大本营，斩杀了白鹞子等六名头领。余贼率众攻城，他又在阵前消灭了八十五敌，并俘敌二十余名。后来，寇党头目邢红狼率兵进犯随州，正值总兵曹文昭领兵前来支援，涂世延积极筹办粮草食物，支持犒赏部队，贼众大败。官兵所夺百余难妇，世延也全部张贴告示，让其家属认领遣送回家。总督洪承畴将此情上奏朝廷，得到记录备案。后以年老退职回籍，居家二年，奏吏部备叙记录。清顺治十年（1653）辞世，终年八十一岁。涂世延长子涂大隽，号韦庵，也是明末清初的文学家，有诗文存世。

"二水邓公"即邓京（1569—1631），字君大，号存六，县城南津邓家人。因此处二水合流，因此涂世延以"二水"称之。邓京的父亲邓浃与文学家邓澄、邓渼是堂兄弟。因此，县志记载他为"邓澄、邓渼之侄"，虽为叔侄，年岁却仅比邓澄小六岁，与邓渼同岁。他一直跟着邓元锡读书、研学。万历三十一年（1603），邓京中举，后于庚戌年中"会试副榜进士"[1]，授苏州府长洲教授，升南京国子监学录，敕授登仕左郎，迁北京工部司务推吏部司务。后积劳成疾卒于北京任上。邓京长于音韵之学，著有《韵书悬解》。常说一叶陨林，一鸟遗音，皆叶宫商，不在字画，盖有无字之文，无声之音存焉。他为人忠厚，愿意帮助人，去世后，无论认识不认识的都为之叹息。邓澄为之撰《存六公墓志铭》。

宝方寺存留的众多古碑中，还有一块立于晚明时期的"鼎建宋额宝方禅寺碑"。由邓澄撰文，张之奇书丹，涂世延篆额。

此碑记载了无明慧经大师于明万历二十二年（1594）从峨峰下山中兴宝方寺后又去了寿昌寺，宝方寺从此成为寿昌寺的别院。乙酉年（1645，南明隆武元年）十月初一，宝方寺失火，房廊顷刻烧毁殆尽。在众多缙绅的资助下重修，历经三年，方告落成。巧合的是，落成后三个月，恰是无明慧经大师的百岁寿龄纪念。

重修后，院监道愚师父请邓澄撰文立石。立石时间仅以"戊子仲夏吉旦立石"为记，而不如前两块碑有朝代年号。这是为什么呢？

邓澄在碑文中自题为"八十六翁"，邓澄生于一五六三年，古人以虚岁计算年龄，再结合"戊子年"计算，立石时间当为南明永历二年（1648），清顺治五年。此时南明朝廷实际上已危如累卵，苟延残喘而已。因此，为避免各种麻烦，该碑仅以"戊子年"为记。

书丹的张之奇是明崇祯十三年（1640）进士，官翰林院检讨，为皇子们讲课。后因病回乡去世。他的侄子张士裕在他的教导下，成为清代初期知名的文学家。

作为偏于南城之东的宝方寺，在近当代并不如黎川的寿昌寺鼎盛。究其原因，似乎与其偏于南城东隅有关。但作为一方名刹，尤其是后来作为寿昌禅系寿昌寺的下院，宝方寺所承载的厚重历史，仍然有着它独特的人文魅力，值得文史学界深入探寻和研究。

---

① 明代永乐年间起于会试落第者中额外选拔部分人称副榜进士。

辛苦求学路，恩师如明灯

如果说世界上有天才的话，那一定是金字塔最顶端那么一小点，可仰望不可复制。而更多的哪怕再有天分的如金溪神童方仲永，没有了后天的孜孜不倦和好的师傅的指导，最后也是泯然众人矣。

黎川古城有一条巷子叫石莲巷，位于老街东头。石莲巷的来由可不一般。明代万历十六年六月，一场大水过后，有青莲漂下来，恰好就停留在了当时的此地一座门坊望益门前的池子里。巷子里住着邓元锡一家人。前朝风水大师范越凤曾经有预言：水中生青莲，黎川出泗贤。这个"泗贤"，指的是如山东孔圣人一样的名贤。邓元锡后成为明代著名的理学家，有明代"江右四君子"之称。

这个记载在同治《新城县志》卷末的故事，是不是传说今已无人知晓，而邓元锡作为明代黎川的一个思想高峰人物，他的塑像矗立在今日黎川古城南津河畔，日日接受着家乡人的膜拜。当初那个漂着青莲的河边巷子也就叫作了石莲巷。

邓元锡（1529—1593），字汝极，号潜谷，黎川县城人。为明代知名理学家、文学家。曾享祀郡邑乡贤祠及豫章理学名贤祠，列传于《明史》《江西通志》《中国人名大辞典》《中国文学家大辞典》。

邓元锡出生前一天，父亲邓植梦见白鹤纷纷绕着自家南山楼盘旋，"元锡生，颖秀而庄，志气高广"。

邓元锡童蒙时期的老师黄天祥，字文明，号在川，县城东坊人。黄天祥在县学品行优良，深得大家敬佩。府学学使下来考察众生，教官让大家民主推荐优等生，收上来的纸函上都写着黄天祥的名字。为地方所敬仰。邓元锡十一岁时，邓植延请黄天祥教导自家子弟。两年后，黄天祥发现元锡品质非凡，实为一位不可多得的可塑之材。因而对他特别关注，导入经史领域，不以条条框框限制他的兴趣。人们以为读这类书不利于科举考试，黄在川说："譬之豢龙，随其所嗜，岂必膏粱耶？""譬之养虎，随其所如，岂可拘系耶？"孔子讲求有教无类，又说因材施教，黄天祥顺势利导，对元锡的爱好不仅不加约束，反而怂恿放任。因此，邓元锡得以纵己所好，博览群书。别人以为"不利举子业"的经史子册，他偏偏嗜读精研，这为他后来的著书立说打下了坚实的基础。

元锡十五岁时，父亲去世，在母亲和老师的教导下，迅速成长。嫡母张氏还将洵口的侄子孤儿张槚接来一起和邓元锡读书，接受黄天祥的教育。后来，邓元锡又前往南城，求学于罗汝芳门下。张槚天赋虽好，却因少年跌宕，给人以懵懂愚钝的感觉，不如他表兄元锡那般锋芒毕露。黄天祥暗叹："是儿质钝，奈何？"一日黄先生戏问他："石可鉴乎？"少年张槚即指阶前石曰："雨滴尚可穿，况加以锥鉴乎？"黄先生开怀笑说："是儿他日当有志竟成也！"嘉靖二十六年（1547），在邓家执教八九年之后，黄天祥辞别邓家学馆外出与吉安刘邦彩、邹守益等名家互相切磋学问，探讨阳明之学。

明嘉靖三十四年（1555），时年二十七岁的邓元锡在嫡母的再三要求下赴省城应考，中乡试第三名。嗣后，他弃谢功名，西走吉安，问学于邹守益、刘邦采、刘阳等各位当时有名的思想家。潜心治学，专事著述，历寒暑三十余载，终于成为当时驰名海内的学者。邓元锡自号"潜谷"，是因为"学必阉然退藏，有遁世不可拔之志"。他认为"浮世功名"是和做学问相背驰的，决然避开它。因此后世称他"潜谷先生"。

嘉靖三十八年（1559），张槚高中进士，成为明代著名的"三朝直臣"。隆庆六年（1572），黄天祥选为贡生。万历元年夏（1573），谒选得邵武府学训导，未及赴任即于京城去世。去世前自书遗言曰："生平所负在虚行。徒修实践未至，影见亦妙，终非真诚。来者尚以我为戒。"末尾署"虚游子遗言"五字。因家贫如洗，亲眷无资金将黄天祥灵柩归葬回乡。元锡与众人纷纷捐资将恩师灵柩运回家乡入土为安，并为之作《先师司训在川黄先生墓表》。因先生无子嗣，邓元锡又代为供养恩师亲眷十多年。清代新城县志人物志将黄天祥列入《儒林》之列，也算是给了黄先生一个名正言顺的恩荣了。

黄天祥辞馆后，邓元锡前往南城求学于罗汝芳门下。很少人知道的是，罗汝芳少年时曾求学于黎川洵溪的一位先生张璣。

罗汝芳（1515—1588），字惟德，号近溪，明代南城县人。著名的思想家、学者，泰州学派传人，汤显祖的老师。其门人曹胤儒《罗近溪师行实》说："十有五从新城洵水张先生受学。张事母孝，每教人力追古先。师读《论语》诸书有省，毅然以兴起斯道为己任。"黄宗羲在《明儒学案》之《参政罗近溪先生汝芳》一文中指出："先生十有五而定志于张洵水，二十六而正学于山农，三十四而悟《易》于胡生，四十六而证道于泰山丈人，七十问心于武夷先生。"黎川《黎川洵溪张氏第十修宗谱》《河塘李氏家谱》《芦油何氏族谱》等族谱中对罗汝芳先生求学张洵水都有提及。其中《张氏族谱》卷五载："刘元卿（约 1584 年前后在世，明代著名教育家）诸儒学案及杨起元（1547—1599，明代名儒）所撰罗墓志皆推本近溪之学渊源洵水云。"

张璣字叔衡，号洵水，新城县洵溪人（今黎川县洵口镇洵口村）。张璣得阳明之学，颇有声名。南城与黎川相隔不远，少年罗汝芳听说后便前往洵溪拜于其门下。罗汝芳在从洵水学的一年余时间里，在先生的影响下，后立志专力于阳明之学。可以说，这一年的教导是罗汝芳后来成为明代著名思想家的基础。嘉靖三十四年（1555），张璣以岁贡授钱塘训导，但不久即致仕而归。张璣一生以倡明理学，振起斯道为己任，不为五斗米所役，一生志向在于钻研学问。可惜一生所著皆毁于战火。

邓元锡十四岁从学于黄天祥，罗汝芳十五岁拜张洵水"以道学自任"，汤显祖十三岁负笈从姑山向罗汝芳深造理学，对罗汝芳尤其尊崇，曾有言："如明德（罗汝芳）先生者，时在吾心眼中矣。"

清代桐城古文派新城学派的代表人物鲁九皋（1732—1794）少年时从学于邑儒涂登、陈道两位恩师。其中的涂登为县城涂氏家族的名儒。在鲁九皋为涂瑞撰写的《涂讱菴公墓志铭》中提到：

> 仕骧尝从游于南池、凝斋二先生，而辱先生以为忘年友。先生之

卒也，仕骥视含殓焉。南池先生复命仕骥为志其墓，因历叙新城之学者，系诸其首。窃以为如先生者，真不愧乡先辈之风也。

明清以来，黎川县城涂氏家族和邓氏家族同为望族，不分伯仲。即便在清代乾嘉年间，黎川文风达到江右一时之鼎盛，各大家族涌现的翘楚不胜枚举。涂氏也毫不逊色。涂登、涂瑞就是其中的两个代表人物。涂瑞（1709—1774），字荣诏，号切菴，清代思想家、文学家。与鲁九皋的恩师涂登是族兄弟，是以鲁九皋在文中称为忘年交。

涂登（1703—1791），字子岸，号筑野，一号南池，清代文学家。幼年时起嗜爱读书。年十三时，得到家藏先世祖辈们批阅解释的司马迁著《史记》，书中圈圈点点，详批文字，密密麻麻，他爱不释手。长大后，更加博览群书，广泛涉及诸子百家著作。年近三十，攻读理学家陆九渊等人学说，并开始专心致志研习。雍正末年（1735），朝廷诏举鸿儒博学，中丞荐举涂登与南丰李灏、广昌黄永年、临川张锦传等四人应任。他坚意辞谢。乾隆四年（1739），朝廷诏举经学外台，知府黄公岳也举荐涂登，他又极力辞谢。郡守叶新十分欣赏涂登恬退品格，将他的姓名刻写在县里"旌善亭"里，以示表彰。

乾隆三年（1738），在国子监读书的中田陈道顺天府乡试不第。乾隆四年冬陈道省亲南还返乡，因同行的广昌黄永年是涂瑞的老师，因此结识了同邑涂登、涂瑞，三人相见恨晚，互相切磋通宵达旦。乾隆十三年（1748），陈道考中进士，因为家中独子并未外出做官，而是在家乡埋头读书，勤奋写作，同时也积极辅佐父亲，兴办地方教育和慈善事业，并延请涂登等人为师。此时鲁九皋年方十七，在陈道、涂登等老师的教导下，学业精进。后来鲁九皋又求学于建宁朱仕琇门下，深得古文作法精髓。

涂登做学问，对于古圣贤经典，都有自己的创见。他认为，《大学》遵古本，是"一以贯之"之书，其由"诚意"不已，便做到"平天下"；《中庸》自"慎独"不已，便做到"位天地，育万物"；《孟子》自"四端"扩充，便做到保四海。乾隆二十六年（1761），涂登父亲去世，葬于涂氏祖坟山凤山。涂登于父亲墓侧建一房守墓隐居治学十二年。后于涂氏祖坟山附近购得一片山地，因山形盘曲，取名蟠山。他在此建庵堂供奉祖先牌位四时祭祀。并在附近构建书室，渐渐成为学堂，有园林之胜。一时间，各方学人又纷至沓来。乾隆四十九年（1784），涂登八十二岁，深感自己来日无多，提笔为自己作了《墓志》。志中他对自己一生做了梳理，称"蟠山为身后乐土，但葬丧宁简毋奢，宁徇今毋泥古，以称余意"。

乾隆三十五年（1770），三十八岁的鲁九皋中乡举，次年（1771）成进士，乾隆五十六年（1791）冬，出选为山西夏县知县。

奇怪的是在《鲁九皋的山木居士文集》及《外集》共十四卷中，有为涂瑞作的墓志铭、陈道的行状、朱仕琇的行状，独独不见为涂登所作的墓志铭。涂登去世的时候鲁九皋正好选上夏县知县前往赴任，赴任途中，随从的二儿子鲁肇光猝然去世。或许按照当时风俗，涂登去世后只是暂厝灵柩，没有正式安葬，而鲁九皋在山西任职三年，于一七九四年积劳成疾卒于任上，因此没有能为涂登撰写相关墓志。

乾隆五十年（1785），鲁九皋曾带十八岁的陈用光前往蟠山拜访涂登。道光初年，涂登的孙子涂志纾收拢涂登文章结成《南池文集》，另一孙涂心言则将涂登生前自己审定的《南池类稿》重刊，都请陈用光作序。道光二年（1822），陈用光作《南池文集序》《南池类稿序》，均收录于《陈用光文集》，为我们管窥一豹弥补了些许遗憾。涂登还著有《蟠山类稿》，三部文集现均已失传。

在后世所有的文献中，提到清代中期的桐城古文派，就免不了会提到鲁九皋和他的外甥陈用光，而作为南方的桐城古文派中心的新城县，此一时期崛起的新城学派众多的学人中，鲁九皋无疑是那颗璀璨的星辰。只是这璀璨的光芒里，我们不能忽视这一路上指点他的那些恩师的薪火。

每一位名贤的后面都站着一位甚至数位的"幕后英雄"，他们一辈子甘为人梯，如春蚕吐丝，烛照幽微，看着自己的弟子登贤书、垂青史，而自己做了一个无名的闲人，听了清风，看了明月，顺了流水，寂寞成萋萋的荒草。

蟠山今何在，犹有长亭名

　　长亭外，古道边，芳草碧连天。黎川自古为赣闽边关重镇，古道多，亭就多。砖的、木的、竹的，甚至石的，林林总总，矗立在乡野间，成为一个地方岁月沧桑的印记。

　　在中国传统文化的符号里，亭被赋予的意境，或相迎，或相送，或静看山水，或独酌对饮，或山野望月，或庭院听雨，或承载家族的世德，一座亭，就是一本立体的书，值得细细品读。

　　黎川洵口古代因洵溪河曾被叫作洵溪，此为大雅之称。后被称为茶亭，就是因为此处曾经是通往杉关的古道，设有茶亭，供旅人歇脚、饮茶。久而久之，借问歇脚何处，路人遥指茶亭。茶亭的称呼就盖过了洵溪，并一直保留至今。

　　在清代乾隆年间的文学家涂登留下来的诗文中也写到一座亭。这座亭，他自称"望坟亭"。

过山亭伐木诗

　　过山亭前，日岫、马鞍、仙居、廪峰在焉。右隔树木蒙蔽，余癸巳自凤山迁蟠山，搆此亭，未见此诸峰也。癸卯冬，偶命邻人伐去数十株，峰峦尽立目前，其日岫之腰，则吾始祖团练公葬处，廪峰阴又吾五世支祖松隐公墓，喜而赋之：

　　　　伐木重伐木，耶陵变若谷。

　　　　远峰突如来，十里忽然缩。

又

> 共此山川胜，隐见却有时。
>
> 不施柯斧力，谁信山可移。

又

> 明明我初祖，四传只一穀。
>
> 五世大其昌，千亿枝盈匊。

又

> 保业镇杉关，高蹈隐乌陵。
>
> 身后六百载，犹有望坟亭。

这是涂登在祖坟山凤山后附近购得一块山地，因山形盘曲，取名为"蟠山"。有一天，涂登发觉伐去山顶树木后，赫然可以看见西边两处祖先坟茔所在的日峰山、廪山，心中喜悦，写下四首诗。诗前有小引：说自己当初建造亭子时候并没有看到这些山，请人砍去木头后，方觉峰峦尽立目前，其中日峰山是黎川涂氏始祖团练公安葬地，廪山阴（北面）则有五世支祖松隐公墓。砍去木头后，视野一下子就开阔起来，远峰清晰如在眼前，十多里的距离好像一下子就缩短了。如果不是柯斧的功劳，谁能相信山是可以"移动"的呢？

后面两首诗涂登写到了始祖团练公。江西黎川涂氏始迁祖涂百一公自宋绍兴年间，为新城团练使，镇守杉关（闽赣两省交界处，光泽县与黎川县边界上重要关隘），遂居新城。从绍兴年间至涂登所在的乾隆时期，刚好六百年左右光景。于是，涂登感叹"身后六百载，犹有望坟亭"。

"望坟"只是一种写实的说法。当初涂登父亲去世后，涂登购得蟠山，在此开荒，"造庐守墓"，一来是为了敬奉祖先，二来也是为了孤心守志，研究"陆学"（陆九渊之学）。他在蟠山造亭子，建书室、学舍，逐渐有了园林之胜。"蟠山学舍"的美名不胫而走，慕名前来读拜访的人络绎不绝。后来成为桐城古文派领军人物的鲁九皋、陈用光都到蟠山拜访过。

以至于后来涂登自己感叹即便躲在此处还是受声名之累，影响了自己的学识的精进。"车马纷至，不如凤山岑寂。旧学又稍荒。缘动静为进退。于陆学终隔万重山也"。涂登还写有《蟠龙开荒诗》，曰：

从高腾望印，转伏似蟠龙。

斩棘看鳞路，穿泉听水淙。

近春朝入谷，远古暮来峰。

古木何年种，新营此日重。

（隔峰有凤山有故庐）

方隅随势力，墙壁倚檐封。

屋狭书千卷，田绕穀数钟。

人嫌黄壤薄，我爱碧云浓。

孤寂无须惜，群游有鹿踪。

那么这个蟠山究竟在哪呢？

从诗中可以看出，蟠山山顶可以看见日峰山、马鞍山、仙居山以及廪山（点山），且与这几座山不过十来里路。日峰山、马鞍山、仙居山在县城西面黎河西岸，廪山在县城北约十里。在现在日峰镇点山村有一个地方叫凤（风）山头，经涂氏族人介绍，正是涂氏祖茔凤山一带。蟠山位于凤山后附近，结合众多因素判断，当在县城东北十来里，与凤山头相隔不远的地方。

恰在此时，户外朋友提供了一个线索，说凤山头附近有一个地方名叫"长亭"，在地图上有标识，位于县城东北十几里处，目前是白茶基地的工区所在。长亭的西面山丘，正是凤山头。朋友在地图上找到了凤山，并勾勒出了大致形状，恰如一只凤鸟。

周日约好前往长亭进行田野调查，车行十几分钟到了长亭。只见古樟郁郁，水田盈盈，村落早已颓败，只剩半栋砖瓦房，门楣上还钉着"长亭四号"门牌。四周的草丛里散落了一些石础、石柱以及长石板石阶。

古樟有五六棵，沿着小路有规则地分布。最大的胸径达到两米，主干半边已经没有了，还剩半边撑起了一片浓荫，林业部门立的牌子写着树龄在三百年以上。其他多在两百年左右。还有一棵苦楮树，树龄也达到一百五十年。

顺着古樟下的小道往稻田边走，发现一块残碑，扒开覆盖的泥土，只见上下部分均已缺失，当为一块碑的中间部分，碑宽八十厘米左右，高度无法预测。碑上有"林涂"两个楷体大字，每字约莫二十七厘米见方。林字上面还能看出极少的一些笔画，由此可以推断原碑上面还有字。考虑到林姓在黎川分布极少，且涂姓在黎川明代以来就是世家望族，这个"林"字应该不是作为姓氏刻在碑上，或为"儒林涂××××××"之类。

往上三百来米到山顶，只见山形弯曲盘绕，类似螺蛳壳那种盘旋形状。究竟是不是蟠山，还得看能不能与涂登诗文所写的"日岫、马鞍、仙居、廪峰在焉"相符合。数百年过去，当年树木遮蔽的山上，如今都是尺把高的小茶树，山顶有白茶基地修的景观亭，站在亭子里，西南十来里的地方是日峰山、马鞍山，西北有廪山，果然诸峰都在眼前。近处西部丘陵就是凤山。

访问世居于此的白茶基地工人说，以前该处就叫长亭，新中国成立后，不知什么原因，曾被人叫作了长兴。查阅八七版《黎川县地名志》，"长亭"赫然登记在此，记录的却是咸丰年间才开始有人居住于此。但从古樟树龄推算，有人居住应该大大早于咸丰年间。

根据地名来由的规律推测，"长亭"的来由应该是有亭，民众惯于以一个地标来指代某地，久而久之，就把这地方叫成了"长亭"。至于长亭所在的山头是不是就是当初涂登的蟠山，还需要更多的信息来验证。比如涂登自书的《墓志铭》提到在蟠山有井，我们在现场实地没有找到井。

三百多年过去，山川或许依旧，屋舍已成尘烟。如若能撩开时间的迷雾，于蛛丝马迹的印痕中寻得一星半点历史的光芒，那是多么有趣的事情。

梦里家山远，秋雨夜如年

在黎川古代的名人中，他不是最有名气的那一个，但绝对是最坎坷的一个。三岁而孤，九岁随寡母入京依附舅家，十二岁就能作诗，十七岁即成为舅父陈希曾的得力助手，二十岁成家自立门户，婚后五年娇妻即因病过世，四十二岁中年得子，五十五岁又老年丧子。他才学过人却屡试不中，为了养家只得弃考谋求出仕，带着母亲和家眷辗转于各个府衙做一名幕僚。他经历过平定新疆张格尔余党叛乱的血腥战争，也经历过鸦片战争的流离颠沛。他的性子刚直，不善于谄媚攀附，只靠着自己的才学和能力，时常触怒上官。从一名秘府的抄写官到县令，从西部的风沙暴雪到东部的海防重镇，三十年间的宦海沉浮，最后被委以杭州城的防守重任。咸丰十一年（1861）十一月二十八，因太平军攻城，杭州城陷，他也守城殉职。

他就是杨炳（1795—1861），字子萱，号蔚生，清嘉庆年间文学家，江西新城（今江西黎川樟溪乡）人。古代黎川世家望族樟村杨家与中田陈家联姻的后代。杨家是官宦世家，也是文学世家，中田陈氏家族陈道的夫人就来自杨家。明清黎川杨氏家族中进士一共有十二人，举人八人，深受黎川各世家的推崇。

杨炳的曾祖母为中田陈道的长女，之后陈杨家族又互相联姻。杨炳母亲即陈道长子长孙陈元的四女儿，陈希祖、陈希曾最小的妹妹。杨炳三岁时父亲杨向荣即去世，父亲去世后，母亲陈氏苦苦支撑。因为外祖母黄太夫人早几年就被舅父接到了京师居住，不忍杨炳孤儿寡母在乡间受苦，一八〇四年，九岁的杨炳随母亲被舅父陈希祖带到京城，依附舅家，这一住就住了九年。陈用光文集《从兄子钟溪侍郎墓志铭》里写道："女弟二人同居京邸，诸甥皆赖提携。"女弟二人即指三妹陈德卿、四妹杨炳之母。陈用光的文集中记载"……德卿随母来京师居数岁，庚申（1800）予至京师，德卿从予学诗。"（见《席姬墓志铭》）可见陈德卿携子寓居京师要早于杨炳母子数年。

杨炳随着两个舅舅读书，非常聪明。"幼耽韵语，长而泛览百家，汉魏六朝唐宋元明诸作。"自嘉庆九年（1804）至十八年（1813）的九年间，杨炳侨居外家，此时一同读书的有陈希祖长子陈延恩（登之），陈希曾长子陈晋恩（福兹）、二子陈孚恩，陈德卿子（郭子鸿）。众多表兄弟在一起读书，乐趣无穷。从才学来说，杨炳要比众兄弟突出，他十二岁就能作诗，深得舅父的喜欢。长大后，为增加杨炳的阅历，陈希曾外出总喜欢带着他。嘉庆十八年（1813）六月，陈希曾放江苏学政，随带杨炳同行。因江苏督学驻江阴，为此杨炳有"极一时人才之选，名士纷纷过江来"之语，盛赞舅父不拘一格，善选人才。

此时杨炳还未能考取任何功名。一八一四年，十九岁的杨炳娶妻成家，妻子是河南固始王氏，相信这是舅父们为他精挑细选的对象。从杨炳诗文中可以看出，王氏并未有过生育，至少没有生下儿子。成亲后，杨炳携母亲和妻子搬出住了九年的舅父家，移居懒眠巷（今北京西城区烂漫胡同）。此处距陶然亭和法源寺都不远，因此他常与表兄弟们在这两处悠游，诗文唱和。也是这一年，小舅陈希孟去世，外祖母黄太夫人深受打击，身体每况愈下。婚后一年，杨炳陪王氏回了一趟固始省亲。一八一六年，杨炳在实录馆任誊录师，赚取银钱养家糊口。是年十一月，陈希曾因劳累过度，旧病复发，病逝于任上。

嘉庆二十三年（1818）九月，杨炳以太学生身份参加顺天府乡试不中。天子脚下，人才济济。一次考试落第并不算什么，下回再考就是了。相信此时的杨炳血气方刚，自是踌躇满志，一次失利并没有影响到他什么。一八一九年，结婚才五年的王氏因病去世，灵柩暂厝在一处叫"观音阁"的地方。一八二〇年，以"乞养归"的大舅陈希祖在回乡的途中，去世于杭州。

一八二二年，壬午科乡试，杨炳再考，却以策语过直，被黜撤棘。就是说写得过激了，触碰到了某些上层官员的逆鳞，就连试卷都被撤了，更别说名次了。一八二三年四月，杨炳递补为誊录官。延续着他抄抄写写的书生生涯。两次考试的失利，依然没有改变他刚直的性格。多位好友曾劝他要"以心直口快为戒"。一八二五年，三十岁的杨炳再考，第三次下第。怀才不遇加上愤懑不已，他一口气写下《述怀》十八首诗。不仅回顾了自己读书的艰辛，母亲抚育的艰难以及舅家的提携之恩，还有兄弟一起读书的场景。如今自己家已成，业未立，负了慈母的殷切期望。其二曰：

> 漫诩才名动一时，年华三十竟如斯。
>
> 锦衣夜月成妖梦，金线东风是苦词。
>
> 白纻难抛长已矣，青灯有味亦奚为。
>
> 不堪笔砚都焚却，课读寒宵负母慈。

此次落第杨炳决心不再赴考，谋求出仕养家糊口。当时的姚镜塘先生读到杨炳诗文后对杨炳的才学非常欣赏，说他不是寻常人，有待时日定当以文名世。杨炳再次落第，他大为可惜。得知杨炳将谋出仕，以后不再应考，极力劝阻，说下一科考后再做计划。但杨炳此时已经新娶丁善仪，还有母亲要供养，一家子人要靠着他生活，誊录官那点微薄的补贴自然不够，哪里还能再等三年。

姚镜塘，即姚学塽（1766—1826），字晋堂，一字镜塘，归安（今湖州）人。清嘉庆元年（1796）进士，官内阁中书，时和珅为大学士，按清例，内阁中书要对大学士行弟子礼，学塽耻于以和珅为师，弃职归家，和珅事败才入京供职。后转兵部主事。一生耿直清廉，不附权贵。能被他如此称许，可见杨炳才学并不一般，或者是性格过于刚直，实在是适应不了"八股文"的科举取士之路。

放弃举子业之后，杨炳先后在保定、平谷等地为幕僚。并与方廷瑚（方廷瑚，字铁珊，号幼樗，浙江石门人。嘉庆戊辰举人，官平谷知县，有《幼樗吟稿》）成为一生知己。

一八三〇年十月，已经被平定的新疆张格尔余党又兴起作乱，杨炳被选中前去肃州（今酒泉）协助督抚办理军务，冰天雪地中，朔风西北吹，异常艰苦。在前往肃州途中，经过甘肃平凉，他遇到了在那里做官的内兄丁念艿，他乡遇亲人，热泪流两行。

一八三四年，因忤上官，杨炳称病回了京城。一八三五年，杨炳授予知县职，补用云南通海知县。这年秋天，他带着母亲和妻子辗转前往通海赴任。十一月从保定启程，一八三六年正月初一，停船汉口。在去赴任的路上，他的大儿子骧儿在黔阳（今湖南怀化洪江市黔阳古城）茅家渡呱呱降生。四十得子自然欣喜若狂，但是杨炳内心却希望儿子长大后不要出仕做官，而是安心于学问之间。"公卿有命非吾愿，长大惟期寻砚田"。五月，到了通海。在云南期间，杨炳在通海县任职约两年，又去了河阳县，与蒙自县令丁楚玉（字子琳，道光十六年县令，江苏泰州人）结成莫逆之交。

道光十二年（1832），陈希祖长子陈延恩（登之）分发江苏，署苏州总运管粮分府，钦加同知衔。道光十八年（1838），署江苏常州府江阴县知县。任职期间，政绩卓著，当地官民反响良好。远在云南的杨炳得知消息后，想起当年随舅父陈希曾在江阴随办学政的往事，如今三位舅父都早已作古，不禁唏嘘不已。

一八四二年，杨炳母亲去世于云南，享年七十有一。杨炳要奉母灵柩回乡安葬。因山高路远，儿子才七岁，于是将家眷留在了云南，与丁楚玉家眷比邻而居。

从云南到江西，高山险阻，千里迢迢。走了陆路又过水路，加上带着灵柩，自是艰难。除夕，抵达遵义湄潭，借住在县令官衙。杨炳作诗云：故人握手不成欢，衙鼓咚咚玉漏阑。计日征途行未已（于新年三月方能抵里），望云古寺梦难安（慈灵已先至镇远，暂厝庙中）。荒城爆竹迎年少，客馆灯花向曙残。惆怅他乡同此夜，银荷烛泪话辛酸。一路东行，重过汉口，回想起六年前去云南带母亲经过此地的场景，不由万分凄绝："梦里家山四十年，陆居无屋种无田。乡人问讯嗟游宦，老我归来益枉然。"（《舟行绝句》之七）

一路颠簸，又是历经六个月，杨炳方才护送母亲灵柩到了家乡，此前，表兄郭子鸿已经帮他选好了一块吉地用以安葬母亲。

三年守孝，妻儿寓居于滇不得相见。守孝期满，杨炳拣发浙江补镇海知县。临行前，他前往母亲的坟茔拜别。在镇海因督办海运辛劳及功绩，咸丰十年（1860），奉命提任乍浦（今嘉兴平湖）同知。因主持平湖钱粮收缴工作，圆满完成任务，被授以知府职升用。杨炳为政持平，俱有政声，不畏强御，深受百姓称许。但又因性格刚直，总被上司不喜，因此升迁缓慢，总在浙东沿海几个县兜兜转转。

咸丰十一年（1861）九月，太平军忠王李秀成率大军二十五万再次包围杭州。巡抚王有龄委任杨炳负责杭州城防守。杨炳家眷寓居永嘉，姜张氏随行侍候，守城清军与太平军苦战，"都统杰果敏所西湖水军，无日不与贼战于六桥、三竺间，屡有斩获"。"协领杰纯札勒坚图赛沙奋率兵排次开营鏖战，贼乘间附营。将登，营兵拒守，妇女成立垛间，燃枪刺之，贼多坠死"。

无奈杭州外无援兵，内无粮草，士兵逐渐被消耗，苦守两个月之后，十一月二十八，城陷，杨炳之姜张氏服药自尽，杨炳出城迎战被杀。

杨炳之妻丁善仪，字芝仙，江苏无锡人。书法、绘画都有才名，于诗文也比较精通，为清中晚期的才女。父家无锡丁氏，也为一方望族。她嫁给杨炳之后随宦滇南赵北，尤其是杨炳奉母回乡之时，她和一家大小寓居滇南，此时正是鸦片战争时期，清政府风雨飘摇，每况愈下，她与丈夫东西两处千里相隔，自是万分不易。直到杨炳拣发镇海，一家大小方才重新团聚。杨炳殉难时，大部分家人寓居永嘉得以周全。此后丁善仪自浙右避地闽中，游历几千里。著有《双清馆诗稿》《双桂轩尺牍》《艺林听秋声馆词语》。《国朝闺秀诗柳絮集》收录有丁善仪诗二首。其《春夜集选云楼同杨佩贞大妹作》曰："小阁坐春色，凉生雨后天。多情一林月，流影满琴弦。新茗碧浮玉，初花红破烟。共枕清夜水，得句肇琼笺。"

在黎川岩泉的深山里有一栋古宅，这栋宅子为王氏所建，至今依然居住着王氏后人。宅子的上厅屋檐下横梁处挂了一块"坤髦延庆"匾，红底金字，俱为阳刻，保存完好。匾长近两米，高约八十厘米。此匾为道光三十年（1850）仲秋杨炳送给姻亲王府吴老孺人九十寿诞所赠。匾上有杨炳两枚印章，印文清晰，上为"杨炳之印"，下为"蔚生"。

杨炳题匾

杨炳的大部分诗作在他任职嘉兴的时候，就由大儿子杨骥誊抄成册，一八四九年八月，十四岁的杨骥突发疾病去世。白发人送黑发人，给杨炳很大的打击。一八五〇年除夕前二日，杨炳为自己的诗集《惜味轩诗》作自序，说"鬓发半白，老怀郁结，念亡儿之所请，留此数卷志事，实亦日记之类耳，既非问世又何关于观群怨也。雕工将竣，书数语之识之"。

《惜味轩诗》共十四卷，收录了杨炳十二岁至五十五岁之间的诗作近一千五百首。有怀才不遇、抱负不展的愤懑之作；感怀故人、宦游四处的伤感之作；也有吟咏风景、把酒临风的豪迈之作；更多的是对时局的感慨以及对列强入侵的愤怒之作。比如道光十八年（1838），杨炳尚在云南任职，闻听英军进占宁波，在给蒙自县令丁楚玉的诗中就写道："意欲从军去，四明（指宁波）正用兵。廷臣能主战，夷匪自输诚。星陨天垂象（戊戌年十月十九连日星大陨），火攻海吼鲸（英匪以火器制胜）。闻鸡中夜起，勃勃荡心旌。"道光二十年（1840）农历六月，英军攻占定海，城破，知县姚怀祥、典史全福投海死。杨炳在《病中杂咏》（之二）写道："鸦片严中土，狼烟起内洋。空拳犹巷战，毅破与城亡。竟尔飞天堑，何时靖海疆。风涛诸将习，出险靠舻艎。（六月，英吉利攻占定海，城破，知县姚怀祥、典史全福投海死）"忧国忧民情怀跃然诗中。

杨炳自述一生最喜欢方廷瑚的"明月满天霜满地，秋虫如雨夜如年"诗句。而他的一生，历经坎坷，在那段风雨飘摇的时期，也正像一只秋虫，度夜如年。在凄冷的寒风中，用尽自己的力气，也只能发出微弱的鸣叫。

近年来，在黎川新发现了杨炳的墓碑，立于光绪庚辰年（1880）仲夏。碑文刻着：

> 大清光绪庚辰六年仲夏月下浣吉旦
>
> 诰授朝议大夫邮赠中议大夫显考杨公子萱府君
>
> 晋封恭人晋封淑人显妣杨母王丁太孺人墓
>
> 男希震将三希铭希晋孙锡祉祺等祀

根据墓碑记载，杨炳应有四个儿子，皆为丁善仪所生。此碑应为后人在光绪六年（1880）为三人所重立。根据古代墓碑落款规矩，希震应为大儿子骥的大名。恭人是王氏的封号，淑人是丁善仪的封号。

忻州古书院，黎川鲁公建

在山西省忻州市的忻府区秀容街有一座秀容书院，被称为山西最大的书院，也是目前山西省唯一一处保存完好且仍具有教育功能的书院。这座书院位于忻州古城内，坐北向南，总占地面积四十五亩左右。它维系着忻州的文化血脉，历来为忻州读书人所景仰。时至今日，仍然不断有各种文史爱好者前来观瞻拜访。

遥远的三晋大地上的一座书院，和黎川有什么关系呢？

原来，这座书院的创建者为江西新城人鲁潢。鲁潢（1727—1782），字守原，号纬躔，一号渭川，黎川中田人。鲁潢的岳父是王家人，常在京城经商，见多识广。鲁潢随岳父游历京城，留居在北京琉璃厂一带。他做事果决有条理，平素喜欢鉴赏和收藏古字画及玉石古董，因此稍有积蓄。他在京城做书商，与众多士大夫有交游，尤其是与在京任职的同乡人陈守诚（陈用光伯父）及蒋士铨[①]等人交往甚密。当时的大臣裘曰修[②]因为母丧需要回乡办理丧事，京城中各种事宜要一个人帮着处理。陈守诚便向裘曰修推荐了鲁潢。果然不过几天，鲁潢就将各种事情办得井井有条。裘曰修因此而大为赏识。后来在多位朋友推荐下，鲁潢得捐授山西知州职务，先后任霍州（今霍州市）、浑源（今隶属于大同市）两处知州，后再擢升忻州直隶州知州。

---

① 江西铅山人，清代文学家、戏曲家。

② 江西新建人，清代名臣、文学家、水利专家。

在浑源为官时，有位习武生员喝醉酒后砸坏了一佛寺房舍。鲁潢不大相信一个醉汉怎么能砸毁寺庙，以冷水将醉汉泼醒后，问其此举缘由，教育一番后予以释放。后来该生成了一名善士。在忻州任知州时，有一户人家，公公杀死了儿媳及孙女，他的儿子为了不让家丑外扬，谎称是自己杀死了妻子替父顶罪。鲁潢厘清案情加以辨明，将真正的杀人凶手绳之以法。州里百姓都夸他断案神明，还将这情节写成戏曲到处传唱。

忻州城从东汉建安二十年（215），曹操驱塞下流民于此，建立新兴郡和九原县，到北魏永兴二年（410），境内又置秀容郡和秀容县。明朝弘治五年（1492）以前，忻州儒学和文庙都在城西南九龙岗上，所谓"有学必有庙，庙以崇奉孔子，学以长育人才，俾学孔子之道也。"《忻州直隶州志·学校》云：忻州儒学"旧在治西南九龙岗上。后晋天福二年（937）建"。明弘治五年，王轩任忻州知州时，文庙连同儒学，由九龙岗迁徙到学道街。九龙岗旧儒学与文庙俱废。

鲁潢提任忻州知州，见这里"幅员辽阔，民户殷繁，家有盖藏，人丰囊橐，讴吟弦诵之声不绝于耳，独书院至今缺"。（鲁潢《新建秀容书院碑记》）虽然他自己不以科举功名出仕，来自中田鲁氏家族的他，却深知读书的重要性。他在《新建秀容书院碑记》开篇就写着"司牧之责，养与教其大端矣。养寓于农，而教存乎学"。正因为如此，他决心要在忻州创建一所书院。

鲁潢《新建秀容书院碑记》

既然秀容为忻州的别称，鲁潢倡建的书院起名秀容书院便再合适不过。于是在旧儒学和旧文庙废了二百八十三年后，鲁潢看中了这块地方。此时忻州在鲁潢的三年治理下，各项事务已经得心应手，老百姓之间的诉讼也渐渐稀少，他得以抽身来专心修建书院这件大事。"历三年，部署颇悉，狱讼较稀，始锐意于此，而思创为之"。也就是说他是在乾隆三十七年（1772）任忻州知州，三年后的乾隆四十年（1775）创立秀容书院。

书院名和地址都已确定，最关键的是经费问题。鲁潢召集忻州有名的绅商于文庙明伦堂开会，劝募绅商主动捐资兴办书院。到会绅商当即拥护，踊跃认捐并竭力宣传，带动忻州民间有识之士都来捐资，自己率先捐出俸禄，共筹集银四千余两。除解决了兴办书院和文昌寺添建房屋、制修器物外，还有剩余。"余金发交典行，量取薄息，以资永图"。余款存入典当行生息，资金滚动，利润日增，并且"每年山长束脩，生童膏火奖赏，皆由生息项下发给"。同时鲁潢又在西高村划拨给书院公地十七亩，收成归书院所有。解决了教师的工资、学生的资助问题，为办好书院奠定了基础。

秀容书院从启动到建成历时两年，于乾隆四十年（1775）建成开学。书院依地形而建，中轴线上依次建有乐楼、过厅和正房，院西侧顺阶而上，有四角亭、六角亭、八角亭，南北一线。这里居高临下，俯瞰全城，尽收眼底，是难得的风水宝地。秀容书院第一任山长是忻州曹村的崔嶫（1715—1781）。崔嶫，字云峰，号乙轩，一七三五年中举人，一七三七年中乾隆恩科进士。曾任河南淇县知县、郑州知州、大理寺右评事、礼部仪制司主事、郎中、会试提调等职，在忻州德高望重。崔嶫从京城任职致仕归乡后，被当时的忻州知州鲁潢聘请为秀容书院首任山长。

在秀容书院创建之前，也即忻州儒学存在之时，儒学生员的名额有严格限制。据州志记载，雍正二年前，每年入学额十五名，二年增加五名，为每年二十名。而且身份也有限制，一般贫寒之家的子弟不可能入学。秀容书院创建后，入学名额大大增加。突破了儒学对生员名额的严格限制，使更多的生员有机会进入书院就学。

秀容书院的创建对忻州教育事业的发展起了非常重要的促进作用。明显的标志是科举中额成倍增加，幅度陡升。据《忻州直隶州志》（光绪八年版）记载：忻州明代共有进士二十二人，而清代则三十九人。其中秀容书院建成之后的乾隆戊戌科（1778）至光绪庚辰科（1880）一百年间就有进士二十人，举人等更是大幅度增加。出现了"文跻九原，雅出秀容"的盛况。

鲁潢为官正直清廉，嫉恶如仇。"朱文正^①时为布政使，独器之。"陈用光《忻州知州鲁公家传》说他"居山西十余年，所任事无不辨性明决"。鲁潢在山西为官时曾将父母接到山西同住，后来两老都回了家乡中田。一直在外居官的鲁潢思念远在江西的母亲，于是上书请求回乡。朱珪再三挽留，他不肯。他的顶头上司素来就很看重他，问他离开后谁能接他的手。有一位官员曾以八千两白银奉送，求鲁潢推荐，被鲁拒绝，而推荐另外一位州官，说这人家境清贫，但为人正直、谨慎。

鲁潢卸任将回老家之际，忻州缙绅为其立有生祠，具酒馔以饯行，还送白银两千为路费。鲁潢不客气地收下来，转身就全部赞助了秀容书院的"膏火费"。可以说秀容书院的创建与发展都离不开鲁潢。其当时和对后世产生的影响都成为秀容书院文化得以传承的文化背景与文脉支撑。

秀容书院建成后，又经历任知州的维修与扩建，使书院亭阁错落，花木扶疏，别具风韵。嘉庆十七年（1812），知州邱鸣泰"又劝捐重修，添建屋宇、牌楼"，使书院焕然一新。咸丰二年（1852），知州"谕令绅士续捐，并自行捐兼，发商生息，酌定章程"。同治八年（1869），知州戈济荣对书院进行了最后一次修缮。他"改定章程，膏火奖赏，以每次甲乙为断，另添课诗赋一次"。

光绪二十八年（1902），在巡抚岑春煊的授意下，秀容书院改为新兴中学堂。这是山西书院改学堂之首例，开创了近代教育的先河。忻州新兴中学堂的第一任堂长是米毓瑞，书院废后，他继任堂长，时称学堂总教。光绪二十九年（1903），清政府谕令府及直隶州书院改办中学堂，并公布了癸卯学制。这时忻州秀容书院已率先改制一年，走在了全省前列。从乾隆四十年（1775）秀容书院创建到光绪二十八年（1902）改为新兴中学堂，秀容书院在忻州历史上共存在了一百二十七年。

鲁潢初娶王氏，生一子枚，还在京师时，枚便已早逝，名下有继子盛煊。继娶李氏，生有二子宗泰、宗岱及一女。鲁潢归乡后，经两个家族长辈议定，李氏所生长女嫁给了陈用光。鲁氏大陈用光三岁，两个人孩童时期就认识，

---

① 朱珪（1769—1771），任山西布政使，嘉庆帝之师。

妾生的两个女儿分别嫁给陈玘（陈守中第十一子，陈用光堂弟），蒋知重（蒋士铨第六子）。

任官期间，鲁潢曾多次寄钱回家购置祭田、学田，并委托族侄仕骥（即鲁九皋）代为办理义仓、公祭、助学、赈济等事务。在《鲁山木文集》中，收录有鲁九皋写给鲁潢的信《寄忻州叔书》数篇。信中说：

> ……义谷承酌增二百，今岁族中亦尚有增输，或可广至千石也。

> 一家叔伯兄弟比日多蒙同邮，不独身受者生感，即闻者无不歌颂大德。

> 范文正公高风复见于今矣。

卸任归乡时，鲁潢将所积攒的微薄俸禄分给了并不富裕的几个兄弟，而给自己儿子的产业不过三千余金，没有田产。

鲁潢回乡后，进一步扩大了家乡公益事业，并邀其堂兄弟协助分管。他奉父母至孝，对宗族乡里宽仁慈善。在家乡威望很高，家族和乡里重大事情都会征求他的意见，请他决断；他所作出的决定，大家都信服。陈用光娶鲁氏不到一年，鲁潢就因病去世，时年五十六岁。

两百多年过去，经过历次修整的秀容书院建筑群，已经成为忻州旅游必到的打卡之地，也成了忻州文化脉络的记录者。除了记录在发黄的志书上的几段记载，不知有多少人还能记得这座书院曾经的创建者——鲁潢。

兴废并举坠，治行有彰美

历史上有着"小苏州"美誉的黎川中田古村，曾经舟楫往来，船帆蔽日。睿智而博学的中田人从这里走向四面八方，或经商，或从政，或行游四海，开启着新天地的新生活。在他们之中，还有人远赴宝岛台湾，施展自己的经世之才。

故事先从一栋宅子说起。在中田村棋路坑小组通往河滩的巷子边，联袂矗立着两栋宅子，靠东的是"金马银台"，为陈道故居，靠西的为"燮堂公祠"。燮堂公，名鲁鼎梅，中田鲁氏第十六世。他先后担任福建德化县令和台湾县县令，任职期间不仅政务清明，还给两个县修了两部县志，为后人留下了一笔宝贵的精神财富。

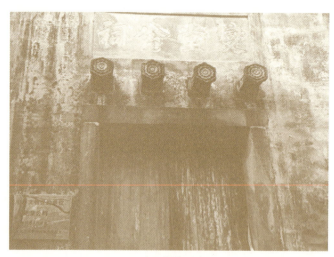

中田燮堂公祠

所谓人活一世，草木一秋，人生在世，倥偬不过百年，在浩瀚的时间原野里，他的一生不过是雪泥上的鸿爪，天际边的流星，细细咀嚼，依然隽永。

鲁鼎梅（1708—1771），字调元，号燮堂。乾隆元年（1736）中乡举，乾隆七年（1742）成进士。第二年，授任福建泉州德化县知县。鲁鼎梅在德化任职六年，由于精于政、善于导，对德化的农业、教育、律典以及修筑城垣、桥梁等事业都采取了有力的措施，卓有成效，深受德化人民的赞赏和上司的褒扬。

德化气候温暖湿润，适合水稻生长。然而当时德化的水田普遍只种一季稻谷，自初秋至春皆闲旷。鲁鼎梅到任后，连续三年谕告全县人民，利用闲田，添种大小麦及油菜，并提出有力的奖惩措施，成效显著。第一次《谕种二麦示》提出："……尔等要知坐食山空，若不更加力作，将来恐三餐难继。现正禾权收成，闲田都可种麦，不宜种麦之田亦可栽种油菜，尽足充用。"第二年又谕百姓云："旧年令尔等栽种油菜二麦，如高卿、瑶市、良太、东西里、下涌各社收成颇多，甚为有利益。至于远乡仍然栽种稀少，深为可惜。此皆懒惰之人倡言土冷，自甘废业，殊不知北方最寒之地尚广种二麦，赖以足食。况此地温暖，有种自然有收。何妨用力试种一年，可信本县之言不谬。"

鲁令连续三年倡导栽种大小麦并油菜，甚有成效，但阻力亦不少。因此，在每次谕示中均提出有力的奖惩措施。如第一次告谕中提出："倘有常惰之民不翻犁栽种，一经本县查出定行重责三十，断不姑宽。各地保务宜督率众人，限本月内（农历十月）尽行栽种，如该社抛荒熟田，即将该地保一体治罪，毋得玩忽。"第二年的《谕示》总结了前年的经验，听取民意后，再次提出"栽种大小麦、油菜等项随其所宜，种后加工培植，明年自然丰收。尔等农民要知此一番收成，国家既不加课，田主又不加租，一升一合都归尔等自己，何乐不种……"第三年的《谕示》要求："各该地保按方巡查，谆切劝谕，倘本县因公下乡，目视二麦遍野，当必从优奖励。如敢故违，定将惰民责儆，并将劝谕不力之地保惩处。"

他特别热心振兴文化教育事业，创建书院，广集当地生员受学于其中，强化训练，使踊跃参加省里乡试者越来越多，全县学风大振。乾隆九年（1744）捐俸修建图南书院，建中堂一座，堂房八间，左右舍十间，仪门一座。扩建考场，场内设置固定的课桌椅，又设置学校的膏火银、油火田。他在公暇亲赴书院讲学，对学习好的生童，自己捐俸给以奖励。还将诸生所作文章汇集成册，加上批点刊印出版，由德化进士王必昌编刻《图南课艺》为教材，乾隆十一年（1746）又捐俸鼎建瑶台书院，中立讲堂，旁为肄业之室，又旁为茶烟之所，为生童提供了学习之方便。自此，德化全县读书之风大振，斯文鼎盛。

在此期间，他做的另一件大事是乾隆十二年（1747）组织了本县进士王必昌，举人林昱、李志昱，岁贡陈如璋、廪生周维新等二十五人纂修了《德化县志》为德化县史志作出了重大贡献。

抵任德化后，从各方面了解到执行律典存在的问题，如斗殴杀人、教唆词讼、争谋风水、赌博偷窃等。于乾隆九年（1744）制定了《劝谕十条》的法规。简略摘要如下：

一、凡人切不可打架。律载：斗殴杀人者绞，故杀者斩，致笃疾者流，废疾者徒，若持凶器及聚殴者充军。

二、不可结会。律载：歃血订盟者绞，聚众生事者斩。

三、不可结讼。查律载：诬告加三等，越诉笞五十。

四、不要霸占他人田产。律载：盗买卖及侵占他人田宅一亩一问以下笞五十，多者杖徒；强占者流；私毁文契者充军；重复典卖准窃盗，价俱入官。

五、不可争谋风水。发塚掘棺，人人都晓得罪重，查律载：术士妄言祸福杖一百，平墓杖一百，毁房准窃盗。

六、不许忤逆父母。从来律法最厌不孝，言语触撞就要问绞，若不能奉养，不听教训得罪父母便是十恶不赦。

七、不可卖妻溺女。律载：典护妻女杖八十，娶者及媒妁问罪；溺女比故杀子孙问徒。

八、不可教唆害人，查律载：教唆词讼与诬告同罪。

九、不可重利车剥。有无相通乡里常情，邑风往往加利四、五犹为不足，违禁取利，律有明条。

十、不可习为赌窃。查律载：聚赌枷、杖，再犯者流、窝赌者徒，造卖赌具充军，窃盗计赃徒流，三犯者绞。

他不满足于制定法规，更重视于劝导百姓自觉遵守，亲拟劝词。如不可打架约法中他劝导说："尔等百姓不过因一时气愤，忍耐不住，动手打人便至后悔。无及要免后悔却有一法，当你气愤时，你就让人一分，他人见你肯让也就不来打你。若说你让了人，人将来就欺负你，你看那如狼似虎的人有几个好结果，忠厚的人到底有好日子过。"

为了这些法令深入人心，达到家喻户晓，人人明白。特提出："今酌取数条明白晓示，无非使尔百姓晓得律法森严，凡事可以情恕理遣。尔等通文理的可讲解与众人知道，识字的可读与不识字的听着，务期人人尽该悔悟。尔等习气不好处，对症下药，若能互相讲习，有事时便想律法森严。尔等须去恶从善，自此安居乐业。"

鲁鼎梅经常深入民间问疾苦知冷暖，修桥梁办实事。从八年到十二年间，先后组织重建或者修了凤鸣桥、缨溪桥、信茭双桥、建梁桥、下涌桥、西城拱桥、山茶桥等桥梁。德化监生叶乘龙在《信茭桥序》中写道："鲁公于乾隆甲子（乾隆九年公元1744年）春劝农经此，见秃毁过半，遂捐俸重修。"

《德化县志》收录的鲁鼎梅《劝捐山茶桥序》中写着："余受事四载，次平治中间溪河险阻，独山茶一桥犹有待，非姑缓也，以其岸高而涧阔，中流之柱无所施梁，必以石工斯大矣。且前有为之者，旋兴而复废，任事者出于再举，故未能勇肩。爰因奉例巡行，亲历其地，进左近之绅士陈时夏、苏殿安、凌青云、陈殿元等而切计……"

这段话说的是，他来到德化四年了，依次治理了多条溪河，修复了桥梁。唯独山茶有一座桥还没有修好，不是拖着不修，而是因为两岸地势太高而山涧太宽，中间的桥柱建造非常难。他多次亲临该地，与乡绅等商量，终于想方设法寻求到能工巧匠，又劝捐和自己主动捐出俸禄，终于建成了山茶桥。山茶桥建成后，成为德化通往葛坑以及闽中地区的三明等地的交通要道。后来此桥遭受水毁，于民国三十七年（1948）复建。目前形制为木拱廊桥，不用钉铆，却坚固异常，被称"闽南独丁"。

在他的治理下，六年间，德化社会平稳，百姓生活安定，诉讼大为减少。人人争赞鲁公。叶乘龙《信茭桥序》："乾隆癸亥贤侯鲁公来莅斯士，百废俱兴。"福建布政使高山，褒扬鲁县令云："鲁令尹者，廉以率物，礼以止暴，勤宣政教。"乾隆丁卯年，福建学政吴嗣爵评价："鲁君燮堂以名进士，来莅兹土，下车三年，政平讼理，百废俱修。"同年，兴泉道高景蕃巡察德化时赞其治行云"鲁君兴废举坠，治行彰美，城邑之建置，田野之垦辟，津梁沟洫之修整，皆井井有条"。

德化有一座水府庙，纪念的是德化宋末组织义军抗元的著名将领苏十万。其祖世代仕宋，五世簪缨，幼承庭训勤学经史，长习骑射，熟谙武略。性慷慨豪爽，毅然以高标自恃，名义为重。平生忠肝义胆，诚以待客，温恤贫困乡邻甚多，人皆乐与交游。鲁鼎梅谒庙凭吊并题诗，为迄今为止发现的鲁鼎梅唯一一首诗作，诗曰：

> 十万横磨剑气吞，英雄成败未须论。
>
> 一拳石染生前血，几笔乩游死后魂。

乾隆十四年（1749），鲁鼎梅任满荣调任台湾府台湾县知县。当时的台湾县管辖约今台湾南部之嘉义县、嘉义市、台南县、市全境及高雄县部分区域，面积约四千五百平方公里，也是清廷统治时期台湾岛之汉人集中所在地。莅任后，他精心调解属地中较粗野原始与稍趋进化的少数民族居民之间、混杂聚居的主籍客籍之间的关系，促进他们和谐相安。因此，他的才能、人品和政声更加彰显。

台湾县旧有崇文书院和海东书院。崇文书院始建于康熙四十三年（1704），海东书院始建于康熙五十九年（1720）建立，是台湾首批规模完善的书院，对于台湾文化教育有重大影响。到任后，鲁鼎梅了解到台湾的文化发展状况，积极鼓励设立书院，同时为使书院布局更合理，"改建县署于赤崁楼之右，移（海东）书院于东安坊旧县署，而以海东旧址为崇文书院"。

公务之余，鲁鼎梅常赴书院讲学。在此期间，他又着手重修《台湾县志》。"邑有志犹国之有史也。台湾孤悬海外，名公巨卿文人学士踪迹罕到。所见异辞所闻异辞所传闻又异辞。不加以核其定将何以信之？"乾隆十七年（1752），"辛未冬，集二三寅好暨邑之绅士耆硕，聚而商之"，众议修志。他将德化的王必昌请到台湾主纂。台湾府学教授谢家树、台湾府学训导林起述任总理，陈辉、方达圣、卢和围参修。王必昌到台湾后，慎重其责，总结《德化县志》修纂经验，组织采访人员深入广征博采，会同协修人员共同努力其事，仅八个月修纂告成付梓。全志共十五卷，详细记载其疆域、山川、建置、赋役、学校、祠宇、礼仪、武卫、职官、选举、人物、风土、艺文、杂记等方面内容，并绘有《台湾县境图》《城池图》《澎湖舆图》以及《台湾八胜景图》，为研究台湾历史、地理、人文与政治、经济、文化等留下极其丰富珍贵的资料，堪称现存历代所修诸版之善本，为台湾留下珍贵的历史文献与文化财富。

在这部县志卷二《山水》之《风信附》中，对于我们惯常称呼的"台风"有一段阐述："所云台者，乃土人见飓风挟雨四面环至，空中旋舞如筛，因曰风筛，谓飓风筛雨，未尝曰飚风也，台音筛同台，加风作飚，诸书承误，今删之。"由此可见，我们所称呼的"台风"由繁体字"飚"简化而来。所以台风并不是说由于风从台湾而来，而是因为台湾一带将飓风称为"风筛"，而台湾方言"筛""台"同音，至今闽南语称台风仍为风台。

乾隆十五年（1750）十二月，鲁鼎梅以台湾知县兼台湾海防同知一职至乾隆十六年（1751）十月，乾隆十七年（1752）四月，再次兼任海防同知。从地方治理到兼任海上防务，也说明了他的能力突出而被委以重任。

鲁鼎梅有四个儿子，光岐、卓、嶭，光岖。其中二儿子卓先后任福建归化、清流、永定县令，后升为汀州府同知。

乾隆二十二年（1757），鲁鼎梅在台湾鹿门同知任上以母老告养还乡。鲁鼎梅仿效朱熹储粮放粮之法，在家乡购置田产，设置义仓，施行助学救困赈饥和修桥铺路等公益事业。为中田后来的乡村社会治理打下了基础。后来，他的族侄鲁九皋接替和扩展了这些事业，对家乡发展发挥了重要作用。

落魄汪鱼亭，魂兮归中田

乾隆四十二年（1777），分宜的林有席、铅山的蒋士铨，两个当时的文坛大佬相约来到中田拜访陈守诒，居住时间长达数月。这数月之间，林有席在陈守诒、鲁九皋、陈有光（陈守诒长子陈煦）、吴起濂的帮助下，完成了《重订古文雅正》的编选。蒋士铨则留下了众多关于中田的诗文①。在此期间，他们两个还与陈守诒、鲁九皋共同完成了一件大事，就是安葬挚友汪轫，并把他生前诗文结集刊印。

汪轫（1711—1767），字辇云，一字迁行，号鱼亭，武宁人。乾隆优贡生，官吉水训导，乾隆时期的"豫章四子"之一，与蒋士铨齐名的诗人。

在清代同治《新城县志》卷之十《寓贤》里，清代只收录了一个人物，就是汪轫。介绍也是寥寥几句："汪轫，字辇云，武宁人，工诗，与蒋太史士铨齐名。寓居中田，不事生产，家日落，陈恕堂观察守诚为置田百亩又为入资得学博以终其身，著有诗集若干卷。"

不是中田人的汪轫，又怎么会安葬在中田呢？原来这里面有着一段曲折又感人的"人生得一知己足矣，斯世当以同怀视之"的故事。

当年陈道的父亲陈世爵为了维持家业，以城市居住耗费巨大，不得已迁居中田，放弃读书而经商。因为经营有方，事业蒸蒸日上，家财也日渐丰厚。但是陈家祖祖辈辈却是以读书为荣，因此陈世爵对儿子陈道寄予了深切希望。

---

① 见《忠雅堂诗集》卷二十三。

情愿把长孙陈守诚带在身边跟着自己做买卖，也要让儿子陈道去攻读科举功名。彼时省城豫章书院名师云集、藏书丰厚，为当时全国闻名遐迩的大型书院之一。陈老爷子不惜耗费，将陈道送往豫章书院读书。在省城，陈道结识了一大批的文人朋友，包括蒋士铨、汪轫、同里的王槐植等人。

汪轫的父亲汪维型，一名澜，也是个写诗的人，著有《浣花居集》。汪轫幼年时父亲去世，寄居舅父余蕴夫家，下面还有两个弟弟。少年汪轫师从武宁名师盛谟。盛谟在家乡建"字云巢"书楼讲学，远近从学者甚众。铅山蒋士铨、南丰赵由仪（山南）曾经游读于此，而南昌杨垕和武宁汪轫则出于盛谟门下。此四人后被称为豫章四子。汪轫在盛谟门下学成后，前往豫章书院继续攻读，借住在叶氏家中。叶家有寡居的母亲，很欣赏汪轫的才华，汪轫生病的时候，叶母亲手煎煮汤药给他调理，后来还将女儿嫁给他。当时的省城按察使司凌畴，布政史司彭家屏都很欣赏汪轫的才华，学使金德瑛选拔他为庠生第一名。汪轫新婚的那天，三位大官都派下属去道贺和帮忙，为当时的人所艳羡。

一众朋友中，陈道对贫困的汪轫惺惺相惜。可惜汪轫一生命运多舛，纵有满腹才华，科举却一直不顺。在豫章书院读书的好友纷纷中第，仕宦而去之后，他还在为一个功名不得不埋头苦读。可是，在他的心中，对于这举子业又是万般厌弃的。乾隆十二年（1747），当年乡举，汪轫榜上无名，于是到处行游。乾隆十三年（1748），陈道中得进士誉满回乡，并未出仕，而是回乡教育子孙和治学，从事乡村公益事业。于是把汪轫请到自己家乡和儿子们一起读书，因此汪轫又和陈守诚、陈守诒及鲁九皋等人成为忘年交。

汪轫性情耿直，平生以妻子、友朋为性命。因此与汪轫相交的好友，都是性命之交，视为知己，情同兄弟，没有一个肯负他的。"其平生笃于友，诸什寄托尤深。盖其情所独至也。情者，诗之本。喜怒忧悲怀思蕴于中不得已而形见于诗。曲折旁通以申其意，固不知其诗之工。而诗乃弥至此三百篇之征旨也。汪君有之矣"。[①] 情，是诗的根本。正是这种情性，因此汪轫诗作也尤其感人。

---

① 陈道《鱼亭诗序》。

乾隆十九年（1754），汪轫家中失火，他在大火中多次将妻子儿女救出来，而自己两手被烈焰烧灼，几乎死去。一个多月以后才有好转，十指短秃如椎，勉强能握笔作诗。他视朋友如手足，与南丰的赵由仪（1725—1747）最相契。赵由仪十七岁就中举，二十三岁即去世。汪轫伤心欲绝，痛苦不已。他一生浪游四方，游迹所至，山水胜景，必极流连咏歌之致，悲凉低回，读之悲悯。汪轫曾经跟随雷鋐①视学浙中，当时幕僚虽多，雷鋐独独欣赏汪轫及鲁仕骥，说，这两个人的志气和才学，不是当时一般的贤才可比的。

陈道对汪轫的诗作评价颇高，《凝斋遗集》收录的《鱼亭诗序》中说：

> 汪君辇云以诗名二十余年，世不乏能诗之士，然或矜奇炫、博工偶语，以饰听闻耳。汪君独上沂汉魏，追寻古风人之意。顾其诗一出，如牺象雷，尊人皆知，为三代法物，实而贵之。远近能诗之士愿得缔交为快。辇云亦乐为之下。每当名流聚会宴饮投赠，兴益豪，诗益超妙，莫可端倪。

蒋士铨少年时期，随父亲游历山西一带，二十岁的时候，蒋父率全家南下回老家铅山。正值殿撰金德瑛督学江西，来铅山，他读到蒋士铨诗卷，深以为奇，拔补他为弟子员。此后，士铨便从学于金师，一年中他随金师游历了抚州、建昌、吉安、赣州、南安、瑞州等地，广结江西名士，学识大长，诗名渐著。也因杨垕而认识了汪轫。三人如兄弟般出入与偕，虽然有时候会因各自见解不同而争论，却胸无芥蒂，坦荡相待。蒋士铨二十二岁中举，二十三岁开始北上求仕，却并非一帆风顺。到中进士的十多年间，汪轫总是相随劝慰。

乾隆二十一年夏（1756），蒋士铨与汪轫在南昌城南的清泰寺读书，以准备秋八月的考试和来年的会试。四十天中，蒋士铨日夜督促汪轫同读，不让他有一刻松懈。汪轫不想应付考试，常常发脾气。蒋士铨百般劝解，哭着说：君怠将终蹶矣。意思是，你这样下去又要考不上了。汪轫也是泣下不止。这年秋闱，汪轫自然又没有考上。九月，因蒋士铨即将赴京备考第二年的科考，汪轫将生平的千余首诗交与挚友请他修订。为此，蒋士铨写有《鱼

---

① 雷鋐，字贯一，号翠庭，宁化人。雍正癸丑进士，改庶吉士，历官左副都御史。康乾时期名臣，文学家。

亭诗序》，序中写道：

> 余与辇云十年为兄弟交。同人中，辇云才最高，遇最塞。不及辇云者，皆稍稍有以自存，而辇云益抑塞磊砢不能立。今年夏（1756年夏），辇云偕予读书城南清泰寺，凡四十日，一灯对榻，遂得馨年来所欲语而卒未能语者。夜半钟磬寂然，两人唏嘘欲绝。金刚不见不闻，其身蠢蠢焉……

短短数语，将一个迫于命运不得不将前途寄托于科举功名，却又总是不能如愿的落拓寒士形象勾勒出来。今天读来，仍是为之唏嘘长叹。根据邵海清校、李梦生笺的《忠雅堂集校笺》对此文的"按"，汪轫诗生前并未付梓刊行，蒋士铨、陈道所写的两篇《鱼亭诗序》当为对友人诗作的点评和评论之文，或许也是对友人诗集可能刊行的一种先行题序。

乾隆二十二年（1757），蒋士铨中得进士，入庶常馆为庶吉士，三年后授翰林院编修。一七六〇年，陈守诚助汪轫凑资入京赴太学就读，应京兆试，仍没考中。这当中，陈道于一七六〇年八月去世。一七六三年，陈守诒赴京任职兵部武选司员外郎，带汪轫入京。两游京师，汪轫与蒋士铨同榻而眠，共进出。在京的故人都怜悯汪轫穷困如昨，言语不免有轻视嘲讽之意，汪轫愤懑抑郁不能排解于是借酒浇愁，酒醉骂座，与人争辩不已。"抵案碎壶不肯屈，已而痛哭，呼死友赵山南不止，客不能堪，皆避去"。①

陈道去世后，几个儿子都视汪轫如父兄一般尊敬有加。长子陈守诚帮他买了田，让他能够维持家中所用。陈守诚去世，陈守诒继续照顾着这位父亲的挚友。当汪轫屡试不中后，陈守诒助他捐资谋得了吉水县训导之职。可惜汪轫赴任不到三个月，就去世于任上。留下四个孩子，均幼小无依。灵柩暂厝老家南昌柘林村②。陈守诒将其妻子儿女接到中田赡养安居。五年后，叶孺人在中田去世。因儿子尚年幼，陈守诒抚恤诸孤，让他们各自能有谋生的技能。又过五年，汪轫儿子均已长大。林有席、蒋士铨来到中田，陈守诒出资委托鲁九皋在中田选中墓地，将汪轫灵柩从柘林迁到中田，

---

① 事见《汪鱼亭学博传》《忠雅堂文集》卷四。
② 今武宁柘林，见蒋士铨《汪鱼亭学博传》。

与夫人合葬。当年汪轫病重时，将自己诗稿寄给林有席并附有手书说："平生精血，尽是。"委托林有席选择百数十篇存下来。这封信和诗稿到林有席处的时候，汪轫的讣告也随之而至。十年后，林有席选定汪轫遗诗二百余首，经与鲁九皋商议后，交汪轫儿子敦淑编为上下两卷，题曰《鱼亭诗选》，又经陈守诒、蒋士铨修正后雕版行世。①

鲁九皋作《汪鱼亭墓志铭》讲述了汪轫为何会葬于中田的经过：

> 陈君约堂（即陈守诒）伤之，取其孥以来抚恤之。越十年，其孤稍克成立矣，于是铅山蒋士铨、分宜林有席来访约堂。相与商定选定其遗诗，约堂遂刻之。约堂又为买山以葬其夫妇。君之卒，其旅榇寄于南康柘林，寄其孥来新城，五年，而其配叶孺人卒，遂浅厝兹土，至是将迎其灵柩合葬。盖俾其子孙得安居于此也。

当年陈道说："一时同游诸友后先取科第仕宦京国，而辇云独困牖下，岂所谓诗人多穷耶。"汪轫一生是不幸的，怀才不遇，屡试不中，穷困潦倒，命运多蹇，魂归异乡。但他又是幸运的，孩子得以长大成人，夫妻得以同穴安葬，一生诗文得以流传下来。蒋士铨为之感叹：交游什百，能全其家，封其墓而存其诗，陈守诒、鲁仕骥、林有席三人而已。其实，还应该加上蒋士铨自己，是四个人。

注：关于汪轫去世时候暂厝地点：鲁九皋《汪鱼亭墓志铭》写"其旅榇寄于南康柘林"，蒋士铨《汪鱼亭学博传》写"载榇寄厝南昌柘林村"。柘林处于武宁和永修的交界地，今柘林湖水库所在。历史上武宁属于南昌府，永修属于南康府。清史稿及蒋士铨传记，均写明"武宁汪轫""汪轫，系出新安，先世迁江西武宁，遂为武宁人。"

---

① 《汪鱼亭诗序》，见林有席《平园杂著内编》卷六。

才俊若星辰，悲歌叹元资

在光绪八年的《澎湖厅志》的《名宦传》中收录了康熙至道光年间十二名职官事迹。其中有一位"代理澎湖厅事"的通判，"折狱务得下情而听断平允"，并评价他"卓著循声、举止方雅"。这个人就是来自江西新城黎河南津邓氏家族的邓元资。

邓元资（1803—1858），字虹孕，号姚生，为父亲六十岁时所生。他十岁的时候，父亲就去世了，生母叶氏靠纺纱织布换取微薄收入抚养他和弟弟，日子过得非常辛苦，供不起他上学读书。元资知道母亲教养辛苦，跟着伯父日夜读书不辍。十九岁以古学补博士弟子员，读书就有了官府给的补贴。他为文沉思隽永，脍炙一时，被周边学人所称道。邓元资于道光十七年（1837）丁酉科中举，道光二十一年（1841）辛丑恩科龙启瑞榜进士。后分发福建，任代理台防同知即用知县，道光二十四年（1844）八月，代理澎湖通判。

邓元资为官清廉守正。在台湾任职期间，注重文化教育，每月都要亲自考察童生的学业。为了解决童生岁科考试的盘缠，自己带头捐助，共劝捐二千余缗，为童生岁科试盘缠，作为"小宾兴公项"，即"帮助童生读书考试的专款"。邓元资断案能听取下情，处罚公正。澎湖民众彪悍，多有诉讼纷争。前任官员受贿枉法断案，多有冤狱，元资一一厘清平反。民间称其为"真父母"。道光二十五年（1845）七月补授福建永福（今福建永泰县）知县。还未到任，生母叶氏于道光二十六年（1846）正月病故，邓元资丁忧卸任。回乡服孝期满后，应台湾知府邀请任台湾海东书院掌教。当时前往海东书院跟随邓元资读书的学子后来多成为台湾地区的名士。《澎湖厅志》主修林豪评论他"两袖萧然，性格温厚，造士劝民，一时之良吏也"。海东书院为台湾著名的书院，在更早的乾隆十五年（1750），同样是来自江西新城的知县鲁鼎梅对海东书院进行了大规模的迁移改建，成为台湾岛内教育事业的基石。

后来邓元资辞教返乡时，台湾士子、民众、军队官兵纷纷前来相送，海岸堤边挤满送别的人群。回乡后，他居住在城外十余里的邓氏祖坟山所在的长山寨（今潭溪乡长洋村），维修历代先祖墓，周济家族中的贫困者，教育家族子弟。因为少年时跟着伯父读书，邓元资对伯父一家感情深厚。伯父的儿子伯畴年长邓元资二十多岁且老病无子，邓元资就把他接到自己家来照顾，端茶送饭，友爱备至。

咸丰六年（1856）三月，太平军百余人由东门攻进县城，家人劝邓元资一同逃离到更偏远的乡下。邓元资说，死是我的本分，逃什么。不久太平军撤离县城。七月二十三，太平军将领杨国宗率大军又至，在县城内烧杀三日，城内死难者两千余人。所幸并未祸及县城近郊乡下。

咸丰八年（1858）三月，太平军又至新城，先后攻破周边乡镇，长山寨为通往东部乡镇的必经之地，更是首当其冲。因伯兄八十六岁高龄，久病卧床，全家无法及时逃离，只能固守长山寨老屋。面对进门抢劫的太平军，邓元资大骂不已，为首之人愤然想当场杀害他。又得知邓元资在民众中威望极大，想召为己用。劝说不成便将邓元资捆绑欲强行带走。邓元资说，要我走可以，把我松绑了，我去和伯兄告别一下。首领信以为真，给邓元资松绑，跟着邓元资进了屋。邓元资拜别伯兄后朝北再拜，趁机吞金而死。首领大怒，将他两个儿子掳去，并将邓元资尸身伪装成未死的样子一同带走，以此蒙蔽周边群众。

邓元资死难后不到五个月，伯兄即去世。两个儿子被放回，长子金铨早殇，二子金铣三十几岁也早逝。家谱上未见有后辈记载，实属可叹。

黎川南津邓家从宋代开始即为名门望族。北宋邓润甫四兄弟、明代理学家邓元锡、文学家邓澄、邓渼均为当时名士。整个家族文风蔚然、家风清正，明清以来通过科举致仕的数不胜数，以才学闻名的名儒也灿若星辰。邓元资的曾祖父、祖父及父亲便都是饱学之人，且都为举人。其中曾祖父邓洪才、父亲邓兆勋、叔父邓兆豫均名列县志《人物卷·文苑》，祖父邓士辙名列《人物卷·善士》，堂兄邓寅春名列《人物卷·宦业》，邓元资本人名列《人物卷·忠义》。

邓洪才（1682—1758），字沛苍，号雨亭，元资曾祖父。乾隆元年（1736）乡试中举。他生性光明磊落，胸负奇气，到处闯荡，足迹几乎遍及半个中国。曾经顶着狂风强渡乌龙江，惊涛骇浪，同船的人们都大惊失色，唯他掀髯言笑，毫无惧色。年轻时，游历豫章（今江西南昌）与周学健[①]、帅念祖[②]等人文笔相交。又与同郡张江、潘起凤、邓镇云等文友相互切磋。因此，他的文章既博大恣纵，又含蓄深奥。年过古稀后，才稍倦远游意兴，留在家乡督教孙辈们读书。但每天还坚持撰写诗文，并亲手誊写抄录。他离世后，铅山蒋士铨为其撰写了墓表。生前所著有《来复园定稿》《塞外草》《枞阳草》《龙浔草》《杭州草》《虔南草》以及《安福居闲吟》《东岩偶笔》《辽阳日记》《德化行程记》等多部。可惜都已散失。邓洪才有两个儿子，长子士轼，幼子士辙。

邓士辙（1716—1775），字次苏，号慕凝，晚年自号知兔，元资祖父。乾隆十二年（1747）丁卯科举人。家贫而守正持身，县令看中他的才能请他做幕僚被拒绝，一心教书育人四十余年，同邑知名人士多出于他门下。鲁九皋为之写墓表，称赞他"叩其学，其胸中深博无涯；试其文，日可万余言，纵横上下，无不如意也。与之论事理，古今治术隆污，人物臧否、盛衰屈伸之数，或指画文章利病、授徒讲业，矻矻然累日夜不休也"。邓士辙有五个儿子，兆丰、兆勋、兆鹏（后改名兆豫）、兆鹤、兆熊。其中兆勋即为邓元资父亲。

邓兆勋（1744—1813），字石笏，号松乔，元资父。邓兆勋自幼聪颖，读书过目不忘。黎川书院的倡建人黄祐[③]对他非常欣赏。清乾隆三十六年中乡举，乾隆五十年（1785）至嘉庆七年（1802）任乐平教谕十八年。乐平的诸多名士都出自他的门下，其中有嘉庆元年（1796）的榜眼、官至礼部尚书的

---

① 清代名臣，江西新建人。

② 字宗德，号兰皋。江西奉新人。工诗、善绘，雍正元年进士。

③ 雍正元年进士、曾任翰林院编修、福建学政等职。

汪守和（1764—1836），嘉庆六年（1801）辛酉科顾皋榜探花、历任监察御史、礼部给事中的邹家燮（1766—1811）。邓兆勳后升临江府教授，1813年，因母亲潘孺人去世丁忧回乡，旋即去世。

邓兆勳的弟弟邓兆豫（1746—1795），字位思，号耦山，元资三叔父。他读书不拘泥训诂，诗文清超拔俗，曾在自家门上书：燕雀安知鸿鹄志，箪瓢可悟圣贤心。邓兆豫乡试屡荐不遇。五十岁那年正月，早上起来喝茶看书，端坐而逝。兆豫娶中田鲁九皋之女为妻。鲁九皋大儿子鲁肇熊曾受业于邓兆豫门下，为他写了墓志铭。二儿子鲁嗣光作《姊丈邓君哀辞》收录于《下南津邓氏家谱》。

邓兆豫的长子邓寅春为嘉庆十九年（1814）甲戌科龙汝言榜进士。初任广东临高县令，因政绩突出，官声清廉，后提升为崖州知州。

潺湲九曲水，诚笃王毅堂

黎川西北的中田因与南城交界，古时候为通往府郡的必经之地，加之有西川龙安河的便利，于是商贾繁荣，科举兴旺，成为县邑的一块钟灵毓秀之地。因地形而得名的"中田"，一度被"钟贤"这寓意美好的衍化之名所替代。

中田乡西面与南丰东坪乡交界处有个鹤源村，名字来历也有点浪漫。世居于此的鹤源王家人说，鹤源原名巷源，呈双龙抱珠的风水格局。宋徽宗末期，鹤源王氏先祖十万公养晦林下，不求仕进，加上宋金连年战火，于是携家自抚州青泥迁至黎川。途经巷源见山水盘曲，有鹤从西南飞来，停在水口附近的山岭上，戛然长鸣，先祖大喜说："闻昔乔公乘鹤而仙，今鹤来鸣系祖灵默示吾后将蕃大于斯。"从此定居巷源，并改巷源为"鹤源"。自此人烟繁盛，逐渐成为一方大姓。至明清时期，与县邑各家望族来往密切，尤与同在中田的陈家、鲁家有紧密的姻亲关系。村中古宅古建颇多，虽大部分已经破败凋零，但仍可窥见旧时的格局和风貌，可以想见当年的繁荣与热闹。

乾隆十五至二十三年期间（1750—1758），一本薄薄的《豫章草》诗集在诸多诗人之间流转，诗钞的作者为鹤源王氏第二十四世王槐植。当时文人纷纷为此写序作跋。包括新建裘曰修、

《毅堂诗钞》封面

铅山蒋士铨，以及广昌的饶学曙、江宁的王金英、武宁的汪轫、金溪的黄师图、同邑县城的黄祐和中田的陈道等等。此后，诗集经饶学曙、蒋士铨、汪轫、王金英等校订于乾隆二十三年刊刻，名为（豫章草）《毅堂诗钞》。目前，这本诗钞原本藏于复旦大学图书馆，被收录在《四库禁毁书丛刊补编》第八十三册中。

王槐植（1693—1764），字毅堂。鹤源王氏谱载："槐植，胜培公长子，字殿邦，号毅堂。生于康熙癸酉六月二十六日申时。例贡生。好古力学，风晨月夕，唱和有自得，著有《毅堂诗钞》。卒于乾隆甲申。"

王槐植与陈道曾在南城"盱江书院"一同受业。乾隆十三年（1748），陈道中进士后居乡养亲。乾隆十八年，不差钱的陈道为盱江书院大手笔捐银二千两，轰动一时，王槐植特赋诗以纪之：

姚郡伯创立盱江书院进士陈凝斋捐资置田为诸生膏火作诗纪之

> 学校师儒守官职，谁与诸生共晨夕。
>
> 业精于勤古所训，岂可无堂开讲席。
>
> 教之不易养之难，孰适士馆授士餐。
>
> 咏歌焉可赋城阙，谋道未免忧饥寒。
>
> 大贤守郡垂教泽，清俸先输二千石。
>
> 遂令平地为广厦，堂庑轩楹俱奕奕。
>
> 春来座上和风生，绿满窗前芳草积。
>
> 闲乘五马来授经，更礼经师有专责。
>
> 万卷琳琅聚一堂，多士咿唔研六籍。
>
> 学不至毅无田畴，东家赖有陈太邱。
>
> 买取膏腴则土壤，要令学殖都有秋。
>
> 五谷登场贱稂稗，两歧秀麦闻歌讴。

后王毅堂出《毅堂诗钞》，陈道自称同学弟作序，盛赞王毅堂"性行肫笃，善为诗歌以自娱。遇名贤胜迹兴能诗之，士辄相与流连唱和，得佳句而后快。名公巨卿咸称爱之"。

鲁九皋的《鲁山木文集》中收有《王毅堂七十序》：

> 余邑王毅堂君生有异禀，处烦剧而其中不乱。挹其貌温温若处子，

听其言呐然如不出诸口。独好为诗，虽复激昂慷慨之作而不失其和平之音。居豫章城数十年，未尝忤于人。四方人士群相仰慕。

王槐植并未有任何功名，年岁又比作序题词的这些文人长一大截，他的诗钞又为何能得如此众多年轻一辈欣然为之代言呢？这还要从更早的雍正时期说起。武宁的文人汪轫舅父余蕴夫在雍正四、五（1726—1727）年间与王槐植因诗文结为兄弟之交。余蕴夫常常把王槐植的诗带回家中日夜吟咏不绝，此时汪轫还是懵懂少年，却也已经明白这些诗都是好诗，也常常熟背在心。将近二十年后的乾隆九年，汪轫才得以见到王槐植并结为忘年之交，由此朋友圈就愈来愈大。

世间奇妙的事总是有因缘的。当年少时，汪轫就熟读王槐植诗作，后来更成为忘年之交。他一定想不到，在他去世后，却魂归王槐植的家乡中田，与中田结下不解之缘。

王槐植寓居豫章数十年，性情温和，年岁居长却毫无倚老卖老姿态。座上谈笑有鸿儒，往来无白丁。一传十，十传百，诗歌被人称颂就成了必然。今天我们重新翻阅这本诗钞，会发现为之作序做跋的才子后来绝大部分成为乾嘉两朝重臣、名臣和著名文学家。但并不妨碍他们与白衣老丈王槐植的友情往来。可以想见在那个时代，文人之间蔚然成风的惺惺相惜美德是何等的令人钦羡。

裘曰修[①]，乾隆四年（1739）进士。裘曰修于乾隆十六年（1751）为《毅堂诗钞》题词曰：

> ……五言七字丽如黼黻相宣，短咏长叹响若笙篁竞奏。餐同秀色，真可疗饥。玩比传葩，端今起舞……

此时裘曰修已经在朝廷崭露头角，后来更是成为清代名臣、文学家、水利专家。

同邑进士黄祐（县城人，雍正元年进士）与陈道亦是亲密好友，两个人创建黎川书院居功至伟。黄祐为诗钞作序说：

> 上舍肆力于诗已数十年，顷示予一编，则皆客居南州（指南昌）与诸名士酬赠之作，其情思绵绵，恺恻可歌可咏。诸能诗者莫得而疵焉。昔年天子召试鸿博之士，山林能诗者率应是举。而上舍以当路无援，边

---

① 裘曰修（1712—1773），字叔度，一字漫士，江西新建人。

不获与，支颐抱膝，唱叹于荒乡寂寞之滨，而须发则已尽白矣。

与裘曰修同为新建人的曹秀先[①]则从清初的大名家王渔洋先生说起，因渔阳先生为山东新城人，王毅堂先生为江西新城人。曹秀先说"毅堂性沉而气静，故所作皆安雅无嚣杂之音。毅堂其益务之以挽其才以企吾乡先达。晋宋三唐之调即江西宗派可俯臂而接。或不必为新城派且又可异北地而子树新城一派也"。如此称许可见他对王槐植诗作的肯定。

清代文学家、乾隆十六年（1751）榜眼、广昌人饶学曙则与王槐植有中表亲戚关系，饶学曙在序文中自称"表侄"。序文称赞表叔"才思精敏，雅不屑为章句之学。做书记论洋洋洒洒，常数千百言，而事理之曲折窈会皆婉转相赴"。

乾隆十五年（1750）冬，饶学曙赴京与王槐植在南昌告别。临别时，王槐植将一卷诗稿给饶学曙，并对他说："吾生无他好，惟嗜此耳。昔白香山做吏浔阳，自写其诗藏之东林僧舍，是亦杜武库刻石岘山沈碑汉水之意，名心不化。吾未敢以此议古人也。"饶学曙将诗稿带至京城后，因忙于考试等，并未有时间细读。十六年孟冬，饶学曙已是榜眼殊荣在身。北地早寒，灯下独坐，再要如昔日一般围炉夜话，已是了不可得。于是抽出王槐植书稿读之，发出"天末伊人"之感慨。不仅如此，饶学曙还搬出唐代的王维来恭维自己这位"独好诗"的表叔，说"每念王摩诘居辋川别墅泛舟夜月，步仄径、临清流，其丰致标格迥出尘外。君为诗得右臣（指王维）家法，每中夜不寐，焚香独坐消遣，世虑意象仿佛"。序末，饶榜眼如曹先秀一般联想到并不久远的王渔洋先生，说"（山东）新城王渔洋先生以诗名当代，王槐植为江西之新城人后起而追步之。鬓鬓未老，所学已等埒古人，百尺竿头且日进而没有止境"。

正是在乾隆十五年，蒋士铨因饶学曙和汪轫的关系结交了王槐植，"丈家新城，居东岩照碧之间，故庐俯仰其乐何如。乃久居会城，小斋十笏，左图右书，日与骚人相往还，唱和不辍。殆欲使东湖风光尽归豪竹哀诗、妙墨名酒间。何寄兴不浅，好学弗衰耶。"此后两人亦结为忘年之交。后来，蒋

---

① 曹秀先（1708—1784），字恒听，又字芝田、冰持，号地山，清朝翰林，政治人物，文学家，书法家。为《四库全书》馆总裁。

士铨于乾隆二十二年（1757）中进士，王槐植写有《贺新进士蒋君心余》一诗。
诗曰：

> 风流追李杜，声价重连城。
>
> 石鼓探先辈，骚坛作主盟。
>
> 江云千嶂雨，燕树一峰晴。
>
> 此日传新命，宫花杏苑明。

乾隆二十九年（1764）五月，七十二岁的王毅堂病逝家乡，听闻消息的
蒋士铨悲痛不已，写下《哭新城王毅堂丈》二诗。诗曰：

> 邻春不相巷歌停，长者沦亡失典型。
>
> 刻木漫题居士像，骑箕定作老人星。
>
> 暮年学道身多病，古义论交事可铭。
>
> 毕竟香帏兰梦杳，莫将常理叩青冥。
>
>
> 蔼若春温善气融，熟谙时事妙包笼。
>
> 友朋胶漆危堪恃，书牍情文久益恭。
>
> 谁为寓公存小传？每看遗草哭秋风。
>
> 故人寂寞诗人死，十载离忧一恸中。

除了这两首悼亡诗，蒋士铨的《忠雅堂文集》还收录了他之前与王槐植
唱和的《寄王毅堂丈》《王毅堂七十序》两首诗作。

乾隆二十三年（1758）六月，以书法出名的南昌人闵鉴（乾隆十九年进
士、书法家）则题词：

> 风高角里，客来黎水之滨。派衍方平，人毓姑山之秀。慕樊川之胜迹，
> 探奇遇帝子楼头。继白社之芳踪，傫屋近聘，君亭北方。袍筇竹飘然，
> 陆地行仙。绣口锦心，卓尔文坛，飞将不闻，斫地浪发狂歌，颇似乐天
> 任人图画。意气与晴岚竞奕，襟怀共秋月交辉。薇露顿觉眼明，他年远
> 播鸡林，定然纸贵。

《毅堂诗钞》后来有没有使豫章纸贵，今人已不得而知。但能得名家如
此绮丽评价题词，想必王老丈必定开心得畅怀不已。

王金英（字澹人，江宁人，文学家）也是通过饶氏兄弟结识的王槐植：

"言及与饶氏昆季唱和往事，方知先生固一诗坛老将，敛而不露，故人亦莫得而测其端倪也。既而与余校订湖山九牧堂二集告竣，始出古体诗相示，则大气磅礴，精彩粲然，识力过人远甚。"

金溪黄师图则称颂："吾江风雅盛自渊明，继以余祖山谷（指黄庭坚）公，各以抒写性灵皆得人情物理之极致，绝不规傲古人以欺后世。我友王君殿邦得其意，所以为诗独求高淡清澈、奥折盘硬不趋俗好。君学淹贯酷嗜为诗，凡名山大川游历登眺，吊古怀人感叹流连而不能已，非不失其性灵透彻于人情物理者能如此乎。"

《毅堂诗钞》中收有一首诗名为《九曲水》，写的即今天的龙安河。龙安河古称西川。由南到北纵贯黎川西境。按照流经区域，又衍生出很多的名字。比如樟溪段的桃溪、宏村镇段的贤溪、丁路村段的冰壶水，到了下游中田段，因水流曲折，被叫作九曲水。

九 曲 水

曲水名来胜迹传，波流展转自潺湲。

一泓清映黎川月，千里源通李岭泉。

浣砚应教腾雾出，化龙还许抱云眠。

楼台烟火前村满，静听鸣珂落九天。

中田河

诗引云："新城县治有二水，分派流行，一名九曲，一名黎川。其九曲水发源于闽省泰宁县李岭山下。"诗作清新，通俗易懂；有景有声，自然流畅。难怪蒋士铨称他的诗作"清远闲适，志气和腴，无愤世嫉俗肮脏不平之声"。

王槐植交游非常广泛，乐平《儒林汪氏宗谱》收有王槐植为汪薰写的《春夜喜晤锡老年先生》诗："坐对山更月皎皎，一声雁过出芦蓼。年来何处寄相思，云树重重霄汉表。"汪薰，字锡介，为乐平汪守和叔祖。汪守和，嘉庆元年（1796）的榜眼，官至礼部尚书。

诗钞还有南丰饶安绪、金溪唐尧阶、县邑黄鹏南、岭海欧阳二酉等人或序或跋，或称赞诗作，或颂其为人，都为这本诗钞增色不少。奇怪的是，在同治九年《新城县志》人物卷中，并没有找到王槐植的传记，各种缘由已不能知。而这本《毅堂诗钞》能流传下来，对于鹤源王家，甚至黎川古代文学渊薮来说，意义已是重大。

新城与南城，"陶淑"是为谁

晚清以来的很多文史资料里，都记载有一位女词人陶淑。而且大多归纳为江西新城人。少数资料也只写新城人。

我们看到的基本是这样的简介：陶淑，清代女词人，字梦琴，新城人。清道光年间（1821—1850）在世。卓亭司马第四女，宁阳周炳如室。工诗，有《绿云楼诗存》。

陶淑自幼聪颖好学，多思善感。长成后，更常以吟咏发其心声。其诗"皆清婉可诵"，其词用词质朴，词清境幽，耐人寻味，在清后期词坛占有一席之地。著作有《绿云楼（一作绿雪楼）诗存》一卷、《菊篱词》一卷。其词作《清平乐·菊》《临江仙·苔》《醉太平·柳景》《点绛唇·柳影》等篇已录入《全清词钞》。《清代闺阁诗人征略》《历代妇女著作考》均对其有评述。《江西历代文学艺术家大全》、学者王天晴的《临川文化名人指要》也都将陶淑列为江西新城人。

陶淑作品多咏物寄情，笔触生动，情感细腻，颇为感人。如

临江仙·苔

满地蒙蒙铺未遍，望来非雾非烟。几行惟借屐痕添，绿凭分细草，青不上疏帘。　　几日东风寒又重，奈它亭下台边。采桑时节落花天，不关春长养，惟爱雨廉纤。

那陶淑真的是江西新城人吗？

在古代，闺阁女子若是才情过人，一定有一个同样文风蔚然的家族，或

是父族，或是夫族。有名的如汉代的卓文君、宋代的李清照，清代女词人如杨蕊渊、李晨兰，黎川中田陈氏家族的女诗人陈德卿无不如此。

因此去检索了一下黎川各种资料中收录的历朝历代名人传志，陶姓屈指可数，寥若晨星。只有宋代嘉定二年进士陶述尧，明代例贡陶复真、陶应祖三个人名。

各种资料均记载陶淑为卓亭司马之女，那这个姓陶的"卓亭司马"究竟是谁呢？在清代多种资料里面查找，找到了"陶卓亭"的记载：陶履中（1700—1765），字叔和，号卓亭，清无锡人，有《养真诗草》集。陶履中父亲是陶乾，有孝义之名，工画善诗，有《东篱遗草》。

光绪《无锡金匮县志》记载，陶履中，字叔和，工为诗。陶履中从兄陶正中是雍正元年（1723）癸卯科进士，官翰林院编修，外转至山西布政使。兄弟俩均有诗词传世。

如此，陶淑若是从父家，应为无锡人。陶淑夫家为山东宁阳周家，从夫家为山东宁阳人。南京大学徐雁平老师写的《清代文学世家姻亲谱系》[①]，则将陶淑归为山东新城人：陶卓亭女陶淑（山东新城），有《绿云楼诗存》《菊篱词》。适周炳如（山东宁阳）。

清代全国有六个新城县，当时的山东确实有个新城县，即今桓台县，桓台至宁阳两百多公里，历史上建制并未有过交集。凡此种种，互相矛盾。究竟是为什么呢？

百思不得其解中，有资深学者和我说，建昌府南城县好像有一个进士也叫陶淑。于是又埋头进故纸堆。南城县历朝历代的历史名人太多了，既然有移花接木的嫌疑，只要查清代就行。果然在同治《南城县志》卷七之二《进士》一节里查到：陶淑，乾隆二十二年（1757）丁丑科蔡以台榜进士，并在卷八之二《宦业》一节里专门有传。

原来这个进士陶淑也不是个寂寂无名之辈。

陶淑，男，字韦苍，号秋山，江西南城人。清乾隆十八年中乡试，乾隆二十二年考取丁丑科二甲第二十九名进士。虽名列等次靠前，因种种原因，

---

① 徐雁平：《清代文学世家姻亲谱系》，凤凰传媒集团凤凰出版社出版，2010年12月版。

未能进入翰林馆选的名额，而是选授了卢龙县令，迁临榆知县，后调任衡水知县，五年后升任保安知州，后补枣强县令任职数年。陶淑在官场中为官清廉，尽职尽责，并且精通文墨，深受上司赏识，又补官陕西麟游县令等。前后服官共计四十余年，任职内曾主管撰修《衡水县志》《保安州志》《枣强县志》等，著书刊印了《秋山诗集》一书。这个男陶淑的性格奔放豁达，颇爱吟诗高歌。任职内每逢公暇时间经常与他的下属官吏们在一起对歌唱和，从不摆官架子，僚属们非常愿意与其合作，同时也是一位受县民欢迎的父母官。

乾隆二十八年，陶淑赴任衡水（今河北衡水市）知县。他刚刚到任即发现，建在县衙东临的桃城书院校舍简陋，院内荒芜，师生寥寥，呈颓落之势。陶淑认为："天下州县更立书院，以广教育，彰文治。以达亦邑之后幸也夫。"县衙库内财政空虚，陶淑决意捐出俸禄，重创桃城书院。便召集县城贤达志士杜子谦、柳如松、石斯泌、王子炜等诸君商议兴学之事，大家皆崇尚新知县的义举，积极献策，齐心协助改变书院的落后面貌。于是，聘工匠师傅大兴土木。院中央的正房大厅修缮为讲堂，东西六楹厢房为书舍，最后面的楼房改建为"敬业轩"，前后大小曲廊数间，是供师生乘凉、避雨、读书、辩论探讨之场所。重新修缮好的南大门，高大敞亮，由陶淑亲笔书写的"桃城书院"巨大匾额，高挂门首。书院修葺一新，陶淑即聘请县城德高望重的举人江先生为主讲席，多位贤士为助讲。同时在全县选拔优秀的学员入书院进修。新的桃城书院，环境清幽，校风儒雅，师生拔萃，书声琅琅，典籍充栋，名副其实地成为全县最高之学府。从此以后，书院人才辈出，诸学员皆备科举以及公卿大夫执事之选，优化了县城之文风达百年之久。

陶淑自上任知县开始就成立县志编写局，亲自组织进士高世伦，县谕王希曾以及张凤祥、侯允文、王济盛等三十名秀才，重修了《衡水县志》，为后人留下了宝贵的历史资料。陶淑的《衡水县志》，为古代衡水县最完整的文献，今存衡水市桃城区档案局，衡水市档案局存有影印本，全国各大图书馆皆有收藏。

陶淑于乾隆二十八年任职衡水知县，二十九年捐出俸禄重创桃城书院成；三十年修建老龙闸成；三十一年兴建安济桥成；三十二年衡水县城墙改建成；任职五年之中重修衡水县志成。修书院、修石桥、建城、编志，陶淑在任六年，在衡水做成了六件大事，其业绩在过去的时代可以说前无古人后无来者。使衡水县"至今日，而教导得其地，道路得其平，水旱得其备，防卫得其守。邑之大政，靡不具举。一邑之人，士歌于学，农歌于亩，商旅歌于途"（陶淑语）。乾隆三十三年（1768），陶淑离衡赴保安州府上任时，衡水县民沿街跪拜，拦轿挽留。

作为南城人的陶淑，诗文少不了写南城山水的，清代《南城县志》里收录了他写从姑山的诗：

游从姑山归后有感，用姑山吟一篇为山灵解嘲

仙山在我画图里，昨日始见真仙子。

可惜山石曰从姑，屈作麻姑为媵婢。

麻姑势如龙蛇盘，兹山耸若骛鹤峙。

一峰劈开作两峰，突兀峥嵘拔地起。

屹然孤撑不觉同，怪绝凌空无傍倚。

规模气象自雄尊，肯与群峰争妍美。

千年壁立双江隈，乃是中流一柱砥。

若使米颠到此山，见之不但拜且跪。

明德先生榜飞鳌，其势庶与山相似。

天柱峰与一线天，后人名之空靡靡。

何人更具青眼看，兹山一任人誉毁。

我今醉作姑山吟，愿与仙山雪此耻。

至此，似乎可以得出一个不是结论的结论。男陶淑名声在前，女陶淑才名在后，相隔也不过数十年，由于各种信息之间的不畅通，加之乾嘉时期建昌府新城县涌现的才子众多，名声太过响亮，光是桐城古文学派的文学家就有三十多人之众，以至于后世各种研究便将新城县南城县混为一谈，男陶淑女陶淑张冠李戴，也就衍生出女词人陶淑为江西新城人或者山东新城人的各种版本，而无锡直接被无视了。

或许也算是一桩历史文化趣事吧。

心有琴书癖，云山自在身

在江右的古籍圈，以及江西省图书馆的馆藏古籍里经常可以看到钤有"江西汪石琴藏手收书籍""江西汪石琴家藏本"两方长方形藏书印的古籍，其中不乏珍本。二〇一九年，中国秋季嘉德拍卖会有一套《资治通鉴外纪十卷目录五卷八册纸本》[①]钤有多家藏书印，包括"荣氏读未见书斋珍藏""汉阳刘氏文房"等，其中就有"江西汪石琴家藏本、江西汪石琴藏手收书籍"两印。

各种信息说明，汪石琴藏书数量众多，品类丰富。但是诸多书友却对这位藏书家的家乘、源流，甚至所处的时代不明所以。二〇一七年出版的《近代江西藏书三十家》(毛静著，学苑出版社) 并未有此藏书家介绍。庚子立秋，有幸鉴赏到部分清代古籍，全部钤有"江西汪石琴家藏本、江西汪石琴藏手收书籍"藏书印，部分还加盖"荣氏读未见书斋珍藏"印。另有数本小楷手抄集《石琴文集》《猗蕖园古文集》《名文读本》，钤有"石琴""琴癖书癫""汪琴之章""濬源图章"等印。根据文集中所撰文章，抽丝剥茧，由此揭开了这位享誉江右的藏书家"汪石琴"的神秘面纱。

《石琴文集》为宣纸手抄本，通本均用小楷书成，首页右侧上书"石琴文集"，落款为"新城汪源撰"，下方钤印"琴癖书癫""石琴"。文中有作者汪源的高祖至父亲的四代行状，以及作者本人为涂纫苏先生文集所写的

[①] 清嘉庆十六年吴郡山渊堂刻本，刘恕编。

序，后附作者本人所写的古诗若干。

　　根据文中家世行状，可知汪源号石琴，清代新城县中站人（今黎川熊村镇中站村）。中站位于熊村镇去极高村的途中，黎滩河支流熊村河的上游，与福建省邵武市之间仅一山之隔，由极高隘和毛家隘可以通行，有古驿道至今仍存。极高村在宋代曾经设极高巡检司，可见当时此地便常有群众来往。同治县志在介绍"极高巡检司"时称：

《石琴文集》书影

　　《宋志》，石陂寨在礼教乡长义堡，境接七闽盐盗之所出没。熙宁法行，乃建捕盗使臣于此，兵五十人。十年，盐盗再起，江西转运使提刑铃辖司相与上言，改为巡检，增兵倍其旧。绍兴元年，士兵叛，尽燔其营舍，迁县北七里妙智寺。七年迁长义溪西。九年复迁溪东。元至正末，巡检江赐禄迁二十九都极高岭下，改名极高巡检司。

汪石琴家乘

　　在笔者前往中站村寻访的过程中，收获中站汪氏《黎川汪氏十修族谱》。这套谱共有二十四卷，为二十世纪九十年代末期第十修，对于中站汪氏的源流记载得非常详尽，谱系世代传承也井井有条，谱中汪源家族世系以及先祖传记和《石琴文集》所载完全吻合。诸多人物事迹在清代同治《新城县志》之《人物卷》中也有列传。

　　中站汪氏，祖上为隋文帝时期的越国公，历代为官为侯。其中一个后代汪文秀中进士在徽州绩溪为官，他第六个儿子汪道安在婺源为县令，此为婺源汪氏始祖。宋祥符辛亥年间，山寇暴乱，婺源守军守不住城，这一支的后人汪叔献带家人迁移到豫章抚州临川八十二都乌顿（今临川腾桥乌顿）安家落户。叔献的孙子辈出了一个文人汪革，汪革（1071—1117），字信民，号青溪，江西临川腾桥人。宋绍圣四年（1097）进士，北宋诗人，"江西诗派临川四才子"之一，著有《菜根谈》。汪革生了六个儿子，长子名澄，字伯奇，奉诏为翰林院侍读。汪澄生了五个儿子，长子名友直，字仲举，号承务，为黎川汪氏之始祖。

仲举公爱好医学，发愿以医济世。他从乌顿出来游历，经过多处，来到了黎水三十九都胆源（现荷源乡胆源），在此安家，以行医为生，行事端方，正直慷慨。疑难杂症无不悉心治疗，有穷困者鼎力相助不图回报。根据宗谱记载，第十世耀宗公于明初迁居中站。此为中站汪家的源流世系之大概。

宗谱记载，汪源，又名鸣珂，字韵珊，号石琴，中站汪氏第二十四世。生于道光乙酉五年（1825）九月十八，卒于光绪乙未二十一年（1895）正月十二，享年七十有一。家谱中收录的《黎川汪氏世德传》一文中说"新城之中站有隐君子，名学海（县志上记为汪积久），字汇珍，……今历四世矣，里之人犹乐道其孙之懿行而颂先生家法足永世焉"，这里的"隐"为"隐士"的意思。该文由邵武王臣鹄所撰，在这篇传里，从汪积久开始，依次介绍了汪敏、汪家藻、汪声雯，均为汪源的父祖辈。《汪氏族谱》及《石琴文集》里收录有汪源撰写的《先考行述》记载：

> 吾族迁新城二十余世，皆以诗礼嗣家，纯斋公著文集二十卷，筠庄公工于诗，为贫累，贾于闽，有隐德，集资万金，著《筠庄地理》十卷。

汪源能有大量的藏书，需要有雄厚的资金支撑以及一个高质量的朋友圈的交游，还与他父祖辈在世时就喜欢广交天下读书人有关。同治《新城县志》卷十之《人物志·善士》记载的中站汪家四位人物，恰恰都是汪源的先人。

诗礼传家，行善积德。明清时期的中站是一个相对比较繁华的山村，汪氏家族为商者众，为学者也多，不乏侠义忠勇之士。中站虽然位于黎滩河支流熊村河的上游，但是因为水道崎岖狭窄，并没有水运之便，但是却有往来闽赣的山路之捷，因此造就了汪家的商贾经营之道，造就了一种豪侠仗义超然不群的风气。在中站形成一个天然的磁力场，吸引了众多的文人侠士经由中站往来，各种书籍这里汇聚、交流、品鉴。

汪善弼，字际臣，号质君，汪源太高祖。际臣公少年即开始读书，却总是考不上功名，于是就去到处游历经商，日渐富裕。十多年后回到家乡，念及耀宗公在中站开基至今十代想建祠堂却总是没有实现，于是他就开始倡议，并率先捐助大部分银两用于修建宗祠，终于得到家族的支持，没几个月，汪氏家庙就建起来了。

汪积久，又名学海，字汇珍，号纯斋，汪善弼次子，汪源高祖。他襟怀潇洒，少年开始攻读举子业却屡试不中。于是潜心研学，不再热心考取功名。平生好为善行，家存仅百石粮，仍在青黄不接时候悉数碾成米平抑物价。壮年丧妻不再娶，他的岳父母都劝他续弦，他顾念夫妻情深，坚不肯从，艰苦抚育两个儿子长大，乡邻皆赞其忠义。名字列入了县志"忠孝"之列。他曾著有文集二十卷，惜已不传。

汪敏，又名发敏，字登岸，号筠庄，汪积久的幼子，汪源曾祖。汪敏从小丧母，家境并不富裕，却为人洒脱豪放。他不善于农耕，喜欢结交朋友，听说客人来访，鞋子都来不及穿就飞奔出去迎接。《汪氏宗谱》上这样形容他"丰姿卓莹、器宇渊深，究心文艺、报志青云"，他善于钻研古文，精通书法，游历武夷名胜留下多处题咏。当时他往来福建与一个姓吴的茶商做生意，各自赚了三千两银子。有个名叫颜奇璋的广东人，也在福建做生意亏损，彼时翻过山岭，来到中站，觉得无颜回去，万念俱灰，就找了一扇窗户上吊。那会儿正好是夏天的晚上，汪敏在院子中赏月，听到有喘息声，循声而至，把他解救下来，问清楚了缘由，将自己的三千两银子悉数给了对方，以抵他的亏损，嘱他一路小心回家，好好经营。过了几年，颜时璋带着六千两银子千里奔波回到中站酬谢汪敏。

汪家藻，字尚毓，号凝轩，汪敏长子，汪源祖父。道光甲午十四年（1834）涨大水，导致粮食绝收，一斗米涨至六百文。汪家藻拿出两千石谷子[①]平抑市价，并开设粥棚日夜施粥，周边的灾民活下来的不计其数。虽然以经商为业，家藻却性怡情花卉，尤其喜爱兰菊，在宅子的四周都种上了兰花菊花，超然不拘。

---

① 古时一石等于十斗。

汪声雯，字凤林，号梧冈，汪家藻独子，汪源之父。汪声雯小小年纪就很有勇气。祖父因为祭田事情和人家起了纠纷，告到官府，官府三次不受理，他都帮着祖父把诉状呈上去，后来终于解决了纠纷。才十六岁，就被父亲派去苏杭做生意，风传带去的数千两银子折损殆尽，汪家藻闻讯亲自赶去，结果是已经获利三倍以上。他擅长武术，以此护卫邻里安全。中站靠福建边境很近，多有匪盗，一个晚上盗七八家，挖人家的砖墙盗取金帛扬长而去。汪声雯闻讯操起木棍去驱赶，强盗持刀砍他，他面无惧色把一个强盗追得走投无路只有跳河，其他的都吓得丢下东西跑了。就这样，汪声雯一个人把被抢的东西夺了回来。后来强盗不甘心，又先后三次到村里偷盗，汪声雯率乡亲直捣匪穴，抓住了强盗头子扭送官府，土匪头子后来死于狱中。至此中站这地方就鲜有偷盗事件。他往来福建做生意，家产渐渐丰厚，生性仗义疏财，每年饥荒时期都碾米平抑物价数十年。他堂弟臣书欠了詹姓人家七百两银子，他如数帮他偿还。有个叫黄宇模的乡邻去世，家道中落，汪声雯置备家产帮他抚养遗属。他遇到一个叫涂鸿翔的人，穷困潦倒，送他五百两银子让他好好经营。邵武郡修考试的贡院，汪声雯也捐助了不少银子，郡守奖了一块"润及风檐"的匾额以彰显他的精神。看见乡里没有义仓，就带头倡议捐款捐物修建起来。平生最愧惜的就是自幼读书不多而喜欢结交读书人，很多读书人听说后都来到中站结交他而成了朋友。

同治《新城县志》之《人物卷》上并没有汪源的传，家谱中也不见后人为他列传，只有世系中的一段简略生平记载。《石琴文集》中《伯兄洪墓志》记载，汪源在家中排行老二，老大汪洪八岁即早夭。汪洪年少异常聪颖，父亲和祖父都对他寄予厚望，可惜造化弄人，不遂人愿。汪洪病亡时，祖父命全家人皆缟素致哀，以成人礼安葬并在祠庙中立牌。多年以后汪源第二个儿子出生，父亲汪声雯做主将之记在了汪洪名下。

汪石琴交游

与汪石琴有交游的县邑文人目前可见确切记载的有涂氏家族的涂茂荃。涂茂荃（1820—1872），字纫荪，号觉庵，晚号㠛隐，清邑庠生，附贡，

以军功保举奉旨俟先即补训导。涂茂荃父亲涂鸿仪是为嘉庆十九年甲戌科
（1814）进士，授四川遂宁县（今遂宁市）正堂兼南川县知县，充己卯（1819）
科四川同考官，敕封文林郎。涂茂荃作有《七月三日夜与石琴小饮剧谈，因
成二律，时石琴将有武夷之游泣以送别》[①]。彼时汪石琴将前往邵武拜访老
师王莘夫，又逢战乱期间，好友一别不知何时能再把酒言欢。诗曰：

园野清秋一夜回，初凉对雨别筵催。

百年功业惭书剑，万事因循付酒杯。

汉上柳悲年少种，柴桑花又战场开。

寻师此去详参问，银甓何时出草来。

（石琴将便道邵武谒令师王莘夫先生）

离怀暗淡酒千巡，话到知交倍有神。

争战不知何日定，杯盘能得几回亲。

莫谈尘世难平事，且息云山自在身。

寻得文公读书处，相期筑室避嚣尘。

汪源还写有一篇《涂纫荪诗钞序》，见于《石琴文集》，同时也被《涂
氏家谱卷十〈艺文序〉》收录。序中写自己的好友为了治学甘于在老屋中清
淡度日："城南有破屋一区，风嘘雨濡，兄弟丛处其中，妻号儿啼，恒日中不
见炊影；朝夕研经史，累年月寒暑，不少休力。以古昔贤人君子自勖，视世
之嗜美逐华者，孑然深鄙而悯其人之不幸也。由是不合于世，而遇益穷。年甫
三十，两鬓苍白。"落款是：咸丰乙卯（1855）九月三十日友人石琴汪源序。

汪源的老师王莘夫所写的《黎川汪氏世德传》，同时被汪源收于手抄的
《猗猗园古文集》，集中还收有归有光、梅曾亮及本地文人陈溥、陈学受等
古文名家的文章。在另一本汪源手抄的《名文读本》中，收有王莘夫所写的
《答汪生鸣珂书》。

王莘夫，名臣鹄，福建邵武人。少补弟子员，好读书，不屑于举子业，
喜欢研究经史，力追先辈。他还喜欢研究医学，家中除了药罐茶铛，到处堆
满了书。王莘夫交往的都是邵武光泽一带的名士，所写的文章诗赋被大家所

---

① 见新城涂氏宗谱十六修卷十《艺文志》。

推崇。清代《邵武府志》①列有王莘夫的传。

汪石琴藏书

汪石琴藏书究竟有多少？至今已成谜题。笔者所见有海宁查克弘、钱塘凌绍乾编《晚唐诗钞》②；福建光泽高澍然编《韩文故》③；广东始兴林明伦《穆菴先生遗文》④；湖北黄梅喻文鏊《考田诗话》⑤。这些古籍品相完好，除了汪石琴自己的藏书印外，同时钤有多家藏书印。《晚唐诗钞》就钤有"程瑞祊印""姬田""荣氏读未见书斋珍藏"三印。程瑞祊，字姬田。清康熙三十年（1691）岁贡生。淹贯经史，文有奇气，诗特浑雅。不求仕进，唯以访胜读书，刻画山水，搜辑文献为务。所著有《麟经集义》八卷。

《石琴文集》中有汪源的一段《悟言》：

> 汪氏年少轻诺，受宵人累，遽致万金资倾，遣索者日踵至。汪子曰：嘻，是吾诺也，无多言，悉易产授之去。所存田二百亩，万卷书，千幅画耳。

由此可知，汪源年轻时被小人所陷和拖累，不仅家产尽失，且负债累累，最后万贯家产仅留下二百亩田和万卷书、千幅画。

石琴，即磬，敲击后的回音如天籁。鸣珂是马上的玉饰，行之有声。王昌龄《朝来曲》有诗句"月昃鸣珂动，花连绣户春"。柳永的《临江仙》中有"鸣珂碎撼都门晓，旌幢拥下天人"之句。石琴有回音，鸣珂有余韵。今天我们能读到一些珍贵的古籍，能于时光的隧道中寻求历史文化的光芒，要感谢众多如汪源一般的藏书家，他们对于文化的延续立下了不朽之功。也要感谢一个个乡村家族的美德传承，这是一笔无形的精神财富，不可丢弃。

---

① 光绪二十四年修，卷二十一《人物·文苑》。

② 康熙四十二年，栖凤阁藏版。

③ 道光丙申季镌，抑快轩藏版。

④ 乾隆四十二年，新城陈守誉续刻。

⑤ 道光四年，蕲水王容生校刊。

德政如清风，铭刻碑与坊

　　在四川省富顺县老县城西门外的望神坡，古富顺县通往自流井的要道上，矗立着一座德政碑和一座德政坊。碑坊相距离仅十余米，经历百年风云，世事沧桑，部分字迹已然风化斑驳。石头不说话，但是它所承载的故事，却在蜀地广泛流传。

　　这两座碑坊修建时间前后相距十四年，由富顺县民众自发筹资建成，彰显的却是同一个人。一个先后三任富顺县知县的江西新城县人。这个人叫陈锡鬯，中田陈氏第十九世。

　　陈锡鬯，字洛君，监生出身，清代大臣陈孚恩的族侄，生于道光庚子年（1840），自幼过继给伯父陈凤昌为子。父亲陈凤昌，曾任铜仁、玉屏、修文等县县令。本生父陈溥，晚清知名文学家、学者。祖父陈兰祥，桐城古文派新城学派的领军人物之一。陈锡鬯的岳父是曾任陕西省巡抚的刘蓉。因此，陈锡鬯与曾国藩的儿子曾纪泽是连襟。

　　新城古文名家从乾隆年间的陈道开始，至鲁九皋、陈用光、陈兰祥逐渐成为桐城古文派新城学派的领军人物，此后鲁嗣光、鲁缤、陈学受（陈艺叔）、陈溥（陈广敷）等人逐渐接棒，时有"海内言桐城者，必并举新城"的说法。一直到民国时期的两百年间，新城有三十多人为古文名家，而陈学受、陈溥与当时同为古文家的刘蓉及一批湖南学者交好，所以为陈锡鬯的婚姻打下了基础。据费行简著《近代名人小传·刘蓉》载："（刘蓉）好才爱士，赣人陈锡鬯，方贫困，一见许其贤，招入幕，且以女妻之。"郭嵩焘《陕西巡抚刘公墓志铭》也载："（刘蓉）女四人，长适世袭一等义勇侯曾纪泽，次适四川候补知县陈锡鬯，馀未字（许配）"等记述。

虽然家世显赫，姻亲关系也是一般人所不能及，但从小受过良好教育的陈锡鬯并不张扬。日本汉学家竹添进一郎的《栈云峡雨日记》中，有一长段反映其身世的文字记载。光绪二年（1876），时任驻华外交官的竹添进一郎游历巴蜀，恰巧在成都与陈锡鬯相遇。从未谋面的两个人似有一见如故之感，瞬间"肝胆相投，事辄咨询"，竹添进一郎称陈锡鬯为"西道主人"，他在七月四日的日记中写道："（陈锡鬯）风采蔼然，君子人也。其父光叔先生于书无所不窥，所著有《经义》若干卷。"这段记载中的"父光叔"或许是"叔父艺叔"的笔写之误。竹添进一郎离开成都时，陈锡鬯还一路陪送至重庆，分手时两人"相揖而祝曰'一路平安'"，末了竹添进一郎还留下"别离已异域，音信若为通"的感叹。

清代职官实行严格的回避制，因族叔陈孚恩在朝中官越做越大，系如此显赫的家世和家族姻亲关系于一身的陈锡鬯，只能终身在四川多地任县令，历新繁、峨眉、犍为、富顺、成都、涪州、达县、泸州等地，累官至知州，尝尽官场的酸甜苦辣。

在任新繁知县期间，陈锡鬯留下不少德政，竹添进一郎称赞他："锡鬯同治十二年（1873）署新繁知县，勤恤民隐，兴利除害，不遗余力。去冬交卸，士民联名请留任者数矣。格于令甲不获，回辕之日，争设红幄数十里以饯之，一时传为美谈。"

光绪元年（1875），陈锡鬯补授峨眉知县。光绪三年（1877），到任犍为。民国二十六年《犍为县志·职官志》里有一行其任知县的简介："陈锡鬯，（字）洛君，（籍贯）江西新城县，监生，光绪三年（1877年任）。"在犍为任职仅有一年，短暂的任职经历让他在犍为县难有作为。在陈锡鬯的学生刘光第（后为"戊戌六君子"之一）于光绪二十年（1894）年底写给自流井盐商刘庆堂的信中说："成都及犍为人均多言其好者，而新繁之人尤为尸祝（崇拜）……其善政之留人心如此。"以此可见，陈锡鬯在犍为的短暂任职经历还是颇为老百姓认可。

至今在达县（今达川区，下同）有一个农历正月初九登高的风俗，即由陈锡鬯而来。光绪二十二年（1896），陈锡鬯获开复补达县知县。在达县，他延续了以往的勤政作风。陈锡鬯任达县知县的时候，他首先废除了地方上很多苛捐杂税；同时，鼓励耕织，发展生产。他办事认真，清正廉明，执法如山，因此他的下属官僚们都不敢营私舞弊、欺压百姓。又由于他治理有方，达县一带原先闹得很凶的匪患也得到消除。老百姓有吃有穿，安居乐业，《达县志》称他为"干吏"。光绪二十七年（1901），陈锡鬯调任万县（今万州区），农历正月初九这一天，陈锡鬯要离开达县了，百姓争相前往县城高处的翠屏山相送陈知县。此后每年农历正月初九这天，老百姓都要扶老携幼、成群结队，带着酒菜登翠屏山，表达对陈知县的怀念之情，久而久之，就成了当地的登高风俗了。

光绪四年（1878）四月，陈锡鬯始任富顺知县。陈锡鬯到任后，在县衙常设机构之外又创立了"三费局"，其目的就是为打官司的老百姓减轻负担。所谓"三费"，即相验费、夫马费[①]和招解费，以前须由原告、被告承担，"扰民尤甚"。三费局成立后，由绅民和粮户捐钱投入，设立基金账户，专项开支。也就是说，设立三费局之后，老百姓打官司的钱，主要由有钱人捐纳，自然是减轻了原告、被告的负担。

陈锡鬯十分重视民生疾苦。在任期间，还创办了育婴局、恤嫠局（救济贫苦寡妇的慈善机构）。他曾捐银两四千三百两置买公积堂产业，每年收租谷十担，在枯月的时候放米赈济饥饿灾民。光绪十年（1884），富顺大旱，全县城乡共一百保，他向每保捐出薪俸一百串钱。在陈锡鬯的带动下，当地富绅们纷纷响应，共募捐到一万多两银子，使大旱之年的富顺民众渡过了难关。这年十月，四川总督丁宝桢具折上奏朝廷，保举"四川盐茶道崧蕃、川东道彭名渼、候补道夏旹、雅州知府崔志道、富顺知县陈锡鬯、候补直隶州州判李盛卿、候选同知曾昭吉、四川候补巡检高启文"等八人"以备任使"，获光绪帝于十月二十八日下谕令"均著交军机处存记"予以准奏。在这八位被举荐的官员中，陈锡鬯是其中唯一的七品县官。

光绪十四年，陈锡鬯调成都县（今成都市）任知县，百姓万分不舍，牵

---

① 指役夫与车马等。清代官员阵亡及在任在差病故者，均给夫马费，专供其雇夫役和车马之用。

富顺县陈锡鬯德政碑

衣相送，并集资在路边修建了一座德政碑。

德政碑坐西南朝东北，至今保存完好。碑身主体由两块石板拼接而成，正面竖写"绩厎和平"四个大字，碑左写有"县公陈君德政公名锡鬯字洛君江西新城人"，碑右为"光绪十四年岁在戊子春正月阖县士民公颂"。

光绪十五年（1889），陈锡鬯二任富顺知县，为了改变贫困家庭孩子读不起书买不起灯油的现状，做出了一个大胆的决定，"捐羡余创办学田"。所谓"羡余"，就是每年官府从民间征集的各种杂税，除了上交朝廷之后的结余部分，这部分资金，地方政府可以自行支配。从此以后，富顺的书院便有了自己可用于经营的固定资产（学田），从而保证了士子读书的开支有了来源。又裁减随征浮粮银一千余两，民困因以得纾解。

光绪十九年（1893），陈锡鬯获提拔任涪州知州。就在这一年，以刚正敢言著称的晚清御史钟德祥奏"四川吏治蠹蚀污浊"，说什么"四川总督刘秉璋信用候选道徐春荣、署提督钱玉兴二人招摇纳贿，知县陈锡鬯等声名狼藉"，并请查办。朝廷立即调派湖北巡抚、谭嗣同的父亲谭继洵为钦差大员"驰驿前往四川确切查办"。其实，这类言官参劾是封建官场上常有的事，哪怕仅仅是坊间风闻，皇帝也要降旨究办。被参者若确系冤抑，据情回奏之后就没事了。经谭继洵核查，陈锡鬯并无贪赃实据，只是以"请补涪州知州、富顺县知县陈锡鬯习气太深、钻营最巧"上奏朝廷。后被"革职留任"，而那个御史钟德祥呢？却因被人反告以参告胁人索贿而遭革职流放。

出身于书香门第的陈锡鬯非常重视教育。陈锡鬯到任富顺之后，县境有县城的江阳书院（又名学易书院）、自流井的炳文书院（又名东新书院）

和赵化镇的文昌书院等有名教育机构。陈锡鬯还以知县身份兼任教习，亲自到书院讲课，为全县培育了大量士子。据民国《富顺县志》记载，光绪七年（1881），陈锡鬯为江阳书院"拨前令吴鼎立发当商生息本利钱一千串，光绪十年（1884），又自捐钱一千串，均生息为院生堂课膏火，又添购书籍"。光绪十八年（1892），陈锡鬯聘任在家守制的名儒卢庆家为炳文书院山长，先后有百余人中秀才，十余人中举人、进士，培养出如谢奉琦、雷铁崖、李宗吾、张光厚等一大批近现代名人。尤其是慧眼识珠，选拔出刘光第这样优秀的弟子。

光绪四年（1878），十九岁的刘光第首次参加富顺县试，此次县试的主持人是到任不久的县令陈锡鬯。因为刘光第父亲是手艺人，考试成绩优异的刘光第被同场考生攻讦，说他没有资格参加科举考试。陈锡鬯将这些闹事的考生传唤到县衙，对他们训话，要他们拿出手艺人之子不能参加考试的条文。经陈锡鬯软中带硬的一席训责，他们诚惶诚恐，只好作罢。五场完毕，陈氏阅罢所有考卷，特别欣赏刘光第的文卷，将刘光第拔为县试第一名。事后，刘光第带着感激的心情到县署谢恩，并写了一副明志联：陶士行多宾客遇；范希文作秀才时。把陈比作东晋时的陶侃，勉励人们爱惜光阴，又以北宋范仲淹自勉——先天下之忧而忧，后天下之乐而乐，刘光第亲切地称陈锡鬯为洛师（陈锡鬯字洛君）。

因为刘光第家中贫寒时，陈锡鬯不仅自己每年出资一百两白银，还积极联系自流井盐商刘举臣每年出资二百两白银，共同资助刘光第赴京考试，在朝做官，极力帮助他去实现"振刷"朝纲、变法图强的梦想。刘光第日后曾回忆此事，用感激的文字写道："刘光第，先生县试首拔士，谬蒙期推，以训以养。"（《送陈洛君先生序》）

一八八三年，刘光第中进士，授刑部主事。在即将赴京上任，陈锡鬯内心喜忧交加：喜的是光第能面陈天子，一展抱负；忧的是官僚体制下京师的弊病和腐败更甚，光第如此耿直之人，难免痛心疾首。在刘光第前来辞行的那天晚上，陈锡鬯勉励他："为官先为人，持正守节，断不可失人之本色。汝之京师，万事小心。"陈锡鬯把刘光第视为爱徒，希望他可以有更广阔的舞台施展抱负，于是利用自己的关系，多方举荐刘光第，为刘光第的仕途牵线搭桥。比如湖南巡抚陈宝箴，陈锡鬯就曾向陈宝箴大力举荐刘光第，陈宝箴以"器识宏远，廉正有为"，向光绪帝保荐刘光第。

光绪二十八年（1902），陈锡鬯第三次任富顺知县。在短暂的第三次任富顺县知县的时间里，正逢随着洋务运动的兴起和甲午海战的失利，发展新学培养新型人才成为最迫切的需要。清廷从光绪二十九年（1903）开始，先后参照日本及欧美各国教育制度拟订《钦定学堂章程》（壬寅学制）和《奏定学堂章程》（癸卯学制）。富顺县也开启了废书院、办新学的改革之路，县内各书院分别改建为官立高等小学或初等小学堂。县志记载："（富顺县）官立中学一堂，清光绪二十九年知县陈锡鬯奉文，委绅陈庆文、郭昌翰等于城北三里十字岭创修，三十年开办，专设中学未准。三十二始升中学。"文中所述"官立中学一堂"，即今天的富顺二中。这是陈锡鬯在富顺任知县的最后一年为富顺教育办的一件大事。其间，他还捐银四千三百两置买公积堂产业，每年约收租谷百石，于年终放米赈济贫民。

光绪二十九年（1903）六月，在第三次任富顺知县后，陈锡鬯被护理四川总督、布政使陈璚奏请补授泸州直隶州知州。光绪三十年（1904），陈锡鬯在泸州知州任上病逝。

第三次卸任后，富顺百姓又在十四年前的德政碑附近，修了一座德政坊来纪念这位给富顺留下无数德政的好县令。德政坊为四柱三间五楼式石牌坊，与德政碑遥相呼应，东西两面柱子上镌刻着两副对联，体现了陈锡鬯的为官之本。联曰：

能用猛仍能用宽，抚字勤劳，仁者襟怀儒者度；
善筹饷犹善筹兵，干戚固守，文臣经济武臣风。

才毋逞，智毋矜，是西汉循良，五载共钦廉吏；
境致安，民致富，看川南冠冕，双旌遥想能臣。

世家望族

"修短有定数",人生不强求。无论是名人还是凡人,古人还是今人,一生都在不停地遇见与告别。那些并不久远的往事,翻开来,就像一幕幕无声的话剧跃然于纸上,向今天的我们讲述着一个个家族的悲欢离合。

公村寻公子，唐相后人居

黎川中田乡有个公村，古称"公子村""公村营"。明代正德《新城县志》卷八《丘墓·郑侍郎墓》记载：

> 在县北三十里旌善乡栖云山（即栖灵山），山之下有郑府君庙，乃侍郎墓。旧志云：地名黎源，今一乡皆姓郑，以其有卿侯葬此，俗呼"公子村"。侍郎父名畋，官至宰相，卒葬凤翔西冈。或谓唐宰相郑畋墓，非也。

正德《新城县志》卷六《祠庙》记载：

> 郑府君庙在县西北三十里。旧志云：栖灵山南高峰上有此庙，故老相传云，山之下乃邑之旌善乡地，有唐丞相郑畋子户部侍郎凝绩之墓在此。庙盖侍郎墓庵也。

这两段记载前段意思是公村因为有达官显贵埋葬在此，所以称为"公子村"，但应该不是唐代丞相郑畋的墓。后一段则说栖灵山下有郑畋之子户部侍郎郑凝绩的墓。不管是郑畋之墓还是他儿子之墓，可以说从一定程度上解读了"公村"名字的来历。

在正德《新城县志》卷八《名臣》中也收录了郑畋的名条：

> （唐朝）郑畋，邑之旌善乡集贤里人。唐咸通中，由翰林学士出为梧州刺史，政暇游览，多所题咏。官至宰相，谥文昭。子凝绩，户部侍郎。

郑畋（825—884），字台文，《新唐书》《旧唐书》《资治通鉴》等都明确记载为荥阳人。唐朝一代名相、诗人，三次入相，晚唐时平黄巢叛乱，又延唐命三十年。宋人洪迈称晚唐宰相中只有郑畋入"一时名相"之列。那么，郑畋怎么会记载成古黎川的人呢？

明代正德《新城县志》，正德十年（1515）起修，十一年（1516）刻本，共十三卷，为黎川县第一部官修方志。掌修黄文鹭，福建省莆田县人，举人出身，正德八年七月任新城县知县。纂修李泰，新城人，进士，曾任工部员外郎；何厘，新城人，进士，官至工部郎中；陈衮，新城人，举人，官至汀州府同知。虽然相去六百余年，但是明代县志作为黎川县第一部官修方志，还是把郑畋作为黎川出身的名臣、首位乡贤收录在了县志中，这总不会是空穴来风。

史载，郑畋之父亚公唐宣宗大中二年贬为循州刺史①。抚州《湖田郑氏宗谱》及黎川《湖岭郑氏宗谱》记载，亚公被贬之后自福建长乐徙居新城公子村，后来葬十八都戈坊冷水坑，夫人崔氏葬南丰二十四都鹅卵窠，二夫人李氏葬新城十六都塔水桥；子二，畋、畯。郑畋为亚公长子，唐僖宗中和四年（884）甲辰二月葬右山岭上窠内，子二：凝缵、凝绩。凝缵官拜荣禄大夫，世居郑家山。凝绩于懿宗咸通庚辰年（860）为户部侍郎，光化壬戌（902）卒于凤翔，归葬新城旌善乡十八都栖灵山赤脚寺，今之公村营。南高峰上有郑侍郎庵。夫人饶氏葬十八都邓坑，子绍余。

《郑氏族谱》收录了一篇陆九渊所作序言，落款为"淳熙四年（1177）青田陆氏九渊撰"。在序中陆九渊写道：郑畋曾祖郑少邻过江入闽，自闽迁新城旌善乡集贤里②，畋相平黄巢乱卒于官，敕葬黎源东坑。后有曰通、曰达、曰述者，自新城迁居抚州。这里写了郑畋的敕葬地在黎源东坑，今中田湖岭郑氏就是世居在黎源东坑。

朱熹为《荥阳郑氏族谱》写的序言中也写到郑畋来黎川。绍熙元年（1190）十一月，朱熹曾为长乐《福湖郑氏宗谱》写过序，还应邀到长乐郑氏祠堂参观，写有瞻仰祠堂诗。南宋庆元二年朱熹去职回建阳考亭讲学。晚年曾游历江右，避居宋之新城县福山，筑室讲学，并留下《题福山》诗。

朱熹在序中写道：

昭宗畋复相僖宗平黄巢乱卒于蜀，奉敕归葬新城北三十里公村赤

———————

① 今广东惠州、河源、梅州一带。

② 后人呼为公子村。

脚寺前。子凝绩俸禄大夫户部侍郎，绩子通于同光三年（925）赘于青泥余氏……庆元五年岁次己未七月既望晦庵朱熹撰。

家谱是一个家族的世系传承。虽有后人根据口述记载偏差的可能，但如此众多名人为此作序，且有县志等相关记载相为映衬，或有蛛丝马迹可循。

明末黄端伯为郑家山过氏一支族谱序言中也有记述。黄端伯（1585—1645），一作元功，字元公，号迎祥，生平好佛，尝镌私印曰"海岸道人"，建昌新城人。明末抗清名重一时的烈汉和散文家、诗人。《过氏族谱旧序》一文中记载："郑畋子事唐僖宗以功进司空仪同三司事（世）居建昌黎川西北三十里郑山……"落款为"海岸道人黄端伯撰"。这是其中一支改姓的，但谱载明为黎川郑畋的子孙，郡望依然为荥阳郡，以不忘本不欺祖，也同样明述郑畋来黎川的事实，另外也可以看出其子孙繁衍的情况。

同治建昌府志中有何文渊作《新城先贤祠堂记》：

> ……邑有先贤祠堂，在文昌阁之东偏，以祀其乡之先达，唐丞相郑公畋、宋崇政殿说书李公泰伯、尚书左丞邓公温伯……

明确"唐丞相郑公畋"为新城（黎川）先贤。

《钦定四库全书》收入的元朝吴澄写的《吴文正集》卷八十二中《故临川郑君宏叔墓志铭》里有这样的一段记载：

> 唐仆射郑畋之子户部侍郎凝绩葬建昌新城县北三十里子孙因家焉今为郑氏族临川之杨塘清泥池头浮田四派……

郑畋十八岁进士及第，二十二岁吏部调选奏为宣武推官，又以书判拔萃，授渭南尉、直史馆事。然后直至中和四年年底或中和五年年初病逝，后人奉丧还葬回旌善乡黎源东坑，其子侍郎郑凝绩[1]葬西北三十里的公子村栖灵山，那里应当在宋朝左右建有郑府君庙。

浙江大学郑修诚在他二〇〇六年的硕士论文《郑畋丛考》中可知大中二年（848）郑畋的父亲病故，九月葬回故里，根据抚州蓝田郑氏等的族谱记载，郑亚也是葬回公子村附近。通过《晚唐宰相郑畋生卒年月考》可以知道，在

---

[1] 后官至兵部尚书、京兆少尹等等。

郑畋的履历中，大中元年受李党牵连开始不仕，公元八六四年[①]四十岁，方始登朝，入为刑部员外郎。大中元年（847）父亚病，畋随侍左右，大中二年郑亚病故后到公元八六四年，这期间就应当有时间待在故里，并依照唐制，也要在家守孝三年。郑畋之后子孙奉葬跟着回到公子村，其子郑凝绩和郑凝缵，郑凝绩在相关史料中都有记载，史载郑畋死后不久凝绩亦卒。郑凝绩官至尚书，后又入选京兆少尹。郑凝绩生子绍余，绍余生子迪、通、达、述。长子留居公子村，通入赘抚州青泥，达、述也相继迁往抚州各地。

时间已过千年，中田当地人依然在传："金打头，银打腰"的郑侍郎葬在公村一带，岁月久远，反无定论。另有一传："郑侍郎，在祖地公子村至郑家山山脉中一共有十八墓。"郑畋所居之邑，后被呼为公子村，由于郑畋以公卿之名葬此地，其公子郑凝绩迁居此地得名公子村。后来有贼乱营兵，所以又称为公村营、营市，时至今日依旧叫着公村。公村作为千年古村，与当时水系优势、经济发展也有着必要的关系。

公村对面港前有叫郑家段的地方，在新城县西北十七都集贤里，乃唐丞相畋公置田产后，因其姓称之。《江西通志卷十》记载有隐泉。隐泉在新城县西北四十里，井有铜底，水性较寒，世传唐相郑畋所凿，又称铜底井。

郑凝缵在谱中记载是为唐户部侍郎、金紫光禄大夫。二〇一七年夏，郑氏后裔在中田郑氏祖山的最顶端找到了一座空墓，在深浅不同的墓土里找到两块不同年代、由不同世代裔孙重修的墓碑，碑石上均书："唐故祖户部侍郎、金紫光禄大夫郑公凝缵之墓"。

在中田，曾有种"郑氏改姓"的说法，也和郑畋有关。郑畋主要功绩在于平黄巢叛乱，后黄巢部将朱温夺得天下，诛杀朝官及后人。在这种情形下，为了避祸，郑畋支的郑氏宗族更是要隐匿下来，因此外迁路上遇到人问就说过路的改为过氏，有结伴而行的就改为潘氏[②]。种种传说与记载，也为公村的来历，增添了神秘的色彩。

---

① 唐懿宗咸通五年。

② 方言中"伴"同"潘"音。

欲择纯良婿，须求才学儿

庚子年春四月，一部历史正剧《清平乐》大热，让国人重温了一次中国历史和古代文学。这部剧中很多细节被观众津津乐道。比如进士榜下抢佳婿，姐妹先后同嫁一夫等等。

经典的诗词名篇，课本上耳熟能详的历史人物，加上精心制作的剧情，一时间，晏殊、欧阳修、范仲淹等等北宋文学家的作品又冲上了热搜。

剧中喻恩泰饰演的晏殊，也得到了一致好评。晏殊字同叔，抚州临川人，北宋著名文学家、政治家。今天抚州城区有一条"同叔路"就是纪念晏殊的。晏家和丰城李家有姻亲关系，其中晏殊的姐姐和妹妹都分别嫁给了丰城李从的两个孙子。

李从，字伯顺，新塘里筱塘人[1]。乐善好施，博学多才，勤于讲学，有众多门生，为当时的大儒。李从有三个儿子，老大李珪、老二李琮、老三李珝。老大李珪的儿子娶晏殊的姐姐为妻，生李冕和弟茂元。因晏殊举奏茂元补太庙斋郎，李冕跟从，调崇安簿，和蔡襄、王安石同为僚属。老二李琮的一个儿子李秉景祐五年进士，与司马光、范仲淹是同年；另一个儿子娶晏殊的妹妹为妻，生李亢，以舅晏殊恩试将作主簿，为泉州户曹。

李冕和李亢是姨表兄弟，作为晏殊的外甥，自然得到各方的诸多关照。晏殊倒也"内举不避亲"，说"是甥有才，当自显，何赖吾言言之"。李亢

---

[1] 今江西丰城市段潭乡湖荄李村。

先为泉州户曹，后为临川丞，摄南丰县事，数月以病归卒。李冕与弟弟茂元先补太庙斋郎，后调崇安簿。两个外甥倒也没有辜负晏殊的期望，在任内均受百姓好评。

北宋文学家、建昌军南城县上五乡①石城吕南公《灌园集》卷二十，有分别为李冕、李亢写的墓志铭。其中《故袁州李君墓志铭》曰：

> 君娶南城危氏，有一子曰孚为进士。四女当君弃世时皆未许嫁。

盖葬后十有若干年，孚用相地即说改葬君于某所之原，而南公为之序志其略亦铭之。

吕南公为什么会给丰城李家两个晏相的外甥写墓志铭呢？这在他写的另一篇《傅夫人墓志铭》里可以找到答案。

《傅夫人墓志铭》中记载：

> 余妻之母危，危母傅氏。两家皆业儒术。子侄以俊秀游友其乡。是故世有姻好。维南城之危起家始拱辰（危拱辰），实淳化三年进士，终屯田员外郎赠光禄卿。傅氏始容（傅容），庆历六年丙科以鄱阳尉谢病归遂不出。然两家之仕者自是不绝。夫人容之娣②，而拱辰之第三男妇（三儿媳）也。年二十而归，归三十六年而嫠（守寡），嫠二十六年而卒……有二子一女，长之武嘉祐二年礼部试不中死汴京，次之郇今为惠州河源县③主簿，女适袁州军事推官丰城李冕。凡夫人之女孙外女孙皆以予名士为慊……

这段文章涉及北宋时期今黎川地域的傅氏家族和危氏家族。沙溪傅氏傅容于庆历六年丙戌科中进士开傅家科举之先河，后世代以科举为盛。危氏家族危全讽为抚州城的奠基者，危拱辰是危全讽的曾孙，淳化三年进士。傅容的妹妹傅氏嫁给了危拱辰的第三个儿子，生有二子一女。女儿危氏嫁给了丰城李冕，即为晏殊的外甥媳妇。危氏嫁李冕后生了一个儿子四个女儿，其中一个女儿为吕南公的妻子。

也就是说，穷困潦倒的吕南公和世家望族傅家、危家、丰城李家都有着

---

① 今黎川地域。

② 古人对妹妹的称呼。

③ 今河源市。

密切的关系。傅家是吕南公祖母改嫁后的夫家，危家是吕南公妻子的外婆家，李家是吕南公的岳父家。傅夫人是丰城李冕的丈母娘，吕南公妻子的外婆。而晏相，吕南公要随夫人一方称呼为舅公，当然，吕南公娶李氏为妻的时候，晏殊及岳父李冕均已去世多年了。

北宋世家大族基本上以门第相当作为男婚女嫁的前提，这在当时建昌军上五乡地域的几个大家族中联姻中也得到了印证。除前面说的傅家、危家联姻，还有刘家、何家、邓家、王家都有联姻。

当年吕南公祖父去世，祖母带着褓褓中的小儿子①为了生存改嫁傅家。吕南公父亲长大后自立门户迁居石城西村，却不精耕种，只管督促吕南公读书，以致家贫如洗。吕南公空有满腹才学，熙宁二年（1069）会试不第。此后再未应试，只管埋头读书写作，著作等身，去世后儿子吕郁集父亲诗文编成《灌园集》三十卷，后部分散佚。清代乾隆年间根据《永乐大典》所载辑为二十卷，编入《四库全书》。

饶是如此，李家能将女儿许嫁，完全是以才择婿的缘故。以才择婿，是宋代世家大族择偶的另一个重要标准。

在科举选官制度完全确立的宋代，个人能力的大小决定着家族的富贵贫贱，而衡量个人才能的唯一标准，就是看其人能否科举及第。饱受寒窗之苦的士人们一旦金榜题名，也就取得了一张踏进仕途的通行证。世家大族正是看到了士人们身上具备这种现实的或潜在的利益，纷纷把择婿的眼光集中到士人身上，甚至集中到那些才学卓异的寒士们身上。还出现诸多"姐姐去世，妹妹续嫁"的联姻现象。

北宋天圣八年（1030），朝廷大比，自命不凡的欧阳修以为自己稳中状元，去做了件新袍子，只等高中头魁后穿。结果因锋芒太露，状元反被王拱辰所得。当朝副宰相薛奎把三女儿嫁给了状元王拱辰。欧阳修先后娶胥偃、杨大雅的女儿为妻，都是不几年就早逝，最后娶了薛奎的四女儿。王拱辰婚后时间不长薛氏也病故了，薛奎又把五女儿嫁给了王拱辰。欧阳修因此还写了一句"旧女婿做新女婿，大姨夫变小姨夫"的诗来打趣王拱辰。皇祐元年

---

① 吕南公之父。

（1049）的状元郎冯京也先后娶了富弼的两个女儿为妻。大文豪苏轼的前两任妻子王弗、王闰之则是堂姐妹关系。

"欲择纯良婿，须求才学儿。"因此，那是一个可以凭才华刷脸的时代。既然以才学作为选婿的标准，那么，士子的出身和家境也就不需要过于计较了。不仅如此，还有不少家族专门挑选那些具有真才实学且家境贫寒的士人作为东床佳婿。

比如建昌军上五乡的王无咎，家境贫寒。在未中进士前，就因才华卓越得到曾巩的欣赏，曾巩还将自己的二妹许配给他。二妹病逝后，又将七妹许给王无咎。王安石入京后也力荐王无咎，在王无咎去世后，还亲笔为他撰写了墓志铭，给予高度评价。铭曰："所谓质真好义，不为利疚于回而学不厌者，予独知君而已。安时所难，学以为已。于呼鲜哉，可谓君子。"王无咎后来也作为建昌军十贤之一，与吕南公同祀于麻姑山十贤堂。

北宋政府继承了唐代开科取士的基本精神，并通过对唐代科举制度存在的种种弊端进行改革，真正做到考试面前人人平等。由此形成了"万般皆下品，唯有读书高"的价值取向。电视剧《清平乐》中也较好地通过剧情演绎了这种科举的盛况。重视个人才学，依靠个人奋斗而出人头地，成为当时人们普遍的心态。

宋哲宗元祐元年（1086）七月，皇帝赵煦听从司马光建议立十科取士法，为科举不第的才子又开通了一条新的进取通道。翰林学士陈绎以"文章典丽，可备著述科"向朝廷推荐吕南公入仕，中书舍人曾肇以"德行纯固，可谓师表科"荐之，曾巩称赞他"读书为文，不事俗学，安贫守道，志希古人"，苏轼等诸名公都在宫中商议要取吕南公为官。可惜吕南公恰恰在这年去世，年仅三十九岁。某种程度上来说，也等于是辜负了李家对他的殷切期望。

做人当如竹，劲节不可撼

　　古黎川县城望族比比皆是，民间有"东涂南邓西江北郭"之说。当然，这只是一种比较狭隘的说法，县城黄家、刘家、潘家也都是大姓望族，还有琚家、许家也是官宦之家。他们与古黎川城相依相偎，演绎出一幕幕精彩的历史长剧。

　　改造后的南津街临河景观带有一座人物群雕，纪念的是涂氏家族明代晚期的涂国鼎、涂伯昌与涂世名。涂国鼎和涂伯昌为同族从兄弟，两人均是当时比较有名的文学家，分别有《性余堂》《涂子一杯水》文集传世。涂世名，天启年间举人，任职福建龙溪①县令。这座群雕解说是"三人在商议抗清"大计，当然这是一种艺术化处理的需要，但三个人确实都是因为抗清殉国，留下了忠义之名。

　　涂国鼎（1571—1646），字牧之，号谿如，明末江西新城县东坊人。明神宗万历三十五年（1607）中进士，历任太仆卿、刑部侍郎、南京吏部尚书等职。世称"太宰"或"冢宰"，故黎川人历来称其为"涂冢宰"。

　　涂国鼎性格宽厚，孝顺有加。史书记载："国鼎姿度端凝，德量宽厚。"用现在的话说，就是一个美目俊朗、风度翩翩的儿郎。他心胸大气，坦荡开朗。中进士后，涂国鼎一开始任职"大行人"，七年间，办事干练，任劳任怨。万历四十四年（1616），按例应该任职乡试主官，正好有同仁也觊觎这

---

　　① 今漳州市芗城区漳州古城。

一职务，国鼎找了一个借口把这个职务让给了同仁而自己另任他职。时任宰相欣赏他的退让胸怀，万历四十六年（1618），又晋升他去主管官员的考核选任。失之东隅，收之桑榆，涂国鼎在这个职位上，重大局，识大体，一心为朝廷选任良才。此时，其父涂朝敬已年逾古稀，他请假回家乡探望。不久，父病故，他守孝三年服满后回京。明熹宗天启年间宦官魏忠贤擅政，在朝者多巴结魏忠贤占据各种要职。因不攀附权贵，天启四年（1624），涂国鼎退处南太常寺卿闲职。崇祯皇帝登基后大力铲除阉党，识人善用，把涂国鼎晋为太仆卿。涂国鼎不仅把积弊多年的马政管得井井有条，还多次向皇帝进奏各种方策，深得崇祯皇帝信任，赏他侍御前讲席，后来又任刑部左侍郎。他清廉不阿，执法有度，宽严相济，并将之前的许多冤案平反。崇祯中期，涂国鼎以母亲江太淑人年迈体衰、无人照料为由奏请回家奉养，获准后返乡闲居九年。崇祯十二年（1639），爱才的崇祯皇帝又重新起用涂国鼎任职吏部尚书。崇祯十五年（1642），涂国鼎已年届古稀，仍日理万机，以致积劳成疾，"日下血数升"。母亲又年近百龄，自己未在身边照顾，故多次上疏恳求辞官，获准回籍。在回乡的这段时间里，他发起乡人加固黎川县城围墙，历时二年，建成长九百三十八丈，高二丈一尺，厚一丈二尺的古城墙。崇祯十七年（1644），李自成攻破北京。涂国鼎家忧国恤交填胸臆，悲愤不已。

南明隆武二年，即清顺治三年（1646），朝廷加封他"太子少保"，命他"加意调理，痊日起用"。这年初，清军攻破抚州，接着攻打建昌，将要进取新城。涂国鼎让两个儿子带着家人先行疏散，自己只留下两个忠仆陪伴。涂国鼎主动筹措军需协助地方官李翔、张家玉抗清。黎川城破涂国鼎被俘后，遭受烙刑，拒不降服。清军将他带往郡府南城，遇到降清的旧时明将王得仁，王得仁闻报急忙下令释放他。仆从雇船载他回家，回家后，愤懑积郁，拒医绝食于二月初二而死，著有《性余堂集》。

早在顺治二年（1645）八月，势如破竹的清军南下攻打福州，刚刚经历了丧子之痛的福建巡抚吴之屏（曾任新城县、南城县县令）为保福州黎民百姓，不忍"扬州十日"惨剧再演，便宣布率全省军民归降。顺治三年（1646）九月，漳州已经被清军攻陷。龙溪县令涂世名率兵抵抗清军，拒不投降，与长子大常（字常吉）一同慷慨就死，两个孙子也被清军掳走关押。《江西通志》记载：

"龙溪知县涂世名，新城人，令龙溪。大师入漳，被执，死焉。子常吉同死，仆黄薛、黄扬、王亨、蒋山殉之。"《漳州府志》[①]为之列传，记曰"世名伟干修髯善饮，谈古今事慷慨激烈。居官清介自持。父老称说姓名有泣下者。多惠政"。

涂世名（1595—1646），字仲嘉，素有文采，江西新城人。天启七年（1627）中乡举，后于崇祯末年任龙溪县令。有二子大常、大山。大常与父亲同时罹难，当时大山才一岁多。涂世名未做官之前，在县城南郊建有读书的啸园，与叔父涂伯昌的赤溪小馆均为文人们喜欢邀聚的场所。杨思本有诗《垂翅归里饮涂仲嘉啸园》曰：

> 微名在都门，三年迟未得。
>
> 菊花如故人，依然好颜色。
>
> 洒酒问东篱，人世真鸡肋。
>
> 我醉自陶然，此乡真彭泽。

涂世名死后，刚上任的清第一任漳州府知府、兼署监军漳泉道祝登元和同僚推官李毓秀、龙溪知县徐国章被涂世名的忠义、气节感动，为他哀悼。祝登元捐出六十两银子赎出涂世名的两个孙子，又捐出三十两以助涂世名妻儿护灵柩归葬，并对她说："路途遥远费用不够，我没有办法独自承担。"因资费远远不够，祝登元亲自写了一篇《疏》，向公众募捐，其疏文真挚富有感染力：

> 今天下所称识时达变，不激不挠，以自成其节者，盖见之前龙溪令涂公云。公讳世名，字仲嘉，江西新城县人。中天启丁卯乡试。大兵入闽，七郡风靡，公独不肯出降，遂被执，父子同日并命。呜呼！桀犬吠尧，未识天命有归；而邻妇詈人，彼诚各为其主。夫孤竹傲周，犹曰义士，余阙祠庙，褒以忠臣。今天子肇造区夏，轶驾前主，岂此罪眚，不逢浩荡？兹者白旐牵风，灵辀戒路，爰与理刑李，漳邑徐，各致赙金，更为募疏徧告绅士。情维念旧，资不择多。至于经过所在，或戒彼封人护其归榇，或锡以橡笔表其贞懿，则温序之魂可返，叔夜之男不孤，是

---

① 光绪三年修，卷二十五。

所望于君子矣。

漳州民众不到十天就募捐了三百多两,涂世名的灵柩才得以归葬家乡。后来,清初散文家魏禧正是依据祝登元的这篇《疏》,写成《明知龙溪县涂公家传》,见于《魏叔子文集》卷十七,让涂世名的事迹流传。

四年以后,涂伯昌死守宁都城不降,自缢殉国。

涂伯昌(1589—1650),字子期,黎川县城人。明末清初文学家。涂伯昌的父亲与涂世名的祖父为亲兄弟,与涂世名为三代以内的叔侄关系。伯昌长世名六岁,名为叔侄,情同兄弟。在《涂子一杯水》文集中,收有涂伯昌为涂世名的文集所作的《侄仲嘉啸园续草序》《侄仲嘉文集序》《侄仲嘉公车草序》。

涂伯昌自幼聪颖敏慧,勤奋好学。曾涉历江浙一带,寻师访友,从钱塘黄汝亨游,又读书于著述颇丰的文学家郭子章家中,深得其指点。他家境十分贫困,有时和妻子整天吃不上东西,或同吃一枚瓜,喝几杯白开水度日;寒冬腊月,妻子还穿着苎布破衣裳。他平生气节清高,专心苦读。明万历四十六年,黄汝亨司江西学政,考试结束后,邀他去相见,他婉言谢绝。有人问他:"过去你拜他为师,千里迢迢不嫌远;如今只隔一重门,为什么人家邀你还不去?"他回道:"过去不远千里是为了寻师求教,不是去拜督学啊!"

涂伯昌和涂世名多次结伴一起去赴乡试,后来,涂世名先于涂伯昌中举。崇祯三年(1630),涂伯昌举乡试。后来,他多次赴京参加会试,均未得中,于是闭门隐居于县城南郊赤溪,构馆而居,潜心写作。所著《涂子一杯水》五卷,著名文学家陈继儒为之作序,后收入《四库全书》集部别类集。他的诗作被陈允衡(江南名选家)选入《诗慰》。文学家、文艺评论家裘君弘在他的《江西诗话》一书中,称涂伯昌之诗作"工于造境,刻意为诗"。清顺治二年(1645),南明朝廷征授涂伯昌为兵部主事,升御史。随后,涂奉命从闽中返家招募散兵,抗击清军。他从黎川经广昌抵达宁都。清兵至,伯昌屯兵死守宁都孤城,竭力支持达两年之久。清顺治七年(1650)二月,宁都城陷,伯昌在墙上大书:"一生苦志,一刻流水,读圣贤书,但知守经死,不知达权生也。"随后自缢殉国。

翻开厚厚的史书，古黎川忠义气节之士比比皆是。头可断，节不可弃。烈汉黄端伯水草庵前慷慨赴死，玉环同知杨炳为护百姓守城而死，陈孚恩在伊犁抵抗沙俄入侵一家数口披难。或因国变，或因兵燹等等不胜枚举。在《涂子一杯水》文集中有一首涂伯昌的七古《咏竹寄仲嘉》，涂伯昌借竹抒发胸臆，而这首诗，也可以作为涂氏三忠义甚至是整个古代文人士大夫精神气节的诠释。

（诗前有引）：

赤溪湘竹数百竿，春笋方生。仲嘉（涂世名）同因之（杨思本）过草堂饮酒方酣，仲嘉云：竹生甚奇。尝闻种竹者云，中剖之可活，去其杪可活，惟以刀围其节而断之，则立薰。因之大赏其言，叹曰：此君节不可夺。

林塘时一望，西风箨粉香。

谁洒潇湘一点泪，烟雨溟濛千万行。

此君摇来多至性，寒冰烈日青琅琅。

琅玕斫破本根活，叶冷枝枯江汉长。

唯有劲节棱棱不可撼。

苍龙为骨凤为裳，以此孤清淡孤影，忆汝东山旧草堂。

古城后山湾，犹忆南山亭

　　黎川县城南门口，是黎川古城墙南门昌文门所在，为古时黎川县城通往县域东部南部的必经之路，因此商贾繁荣，整日里熙熙攘攘。即便是今日，南门口一带的繁华和热闹，依旧不逊色于其他新崛起的商业区。连接南门口与黎川老街的路为"人民路"，人民路进去不到百米，往北边的山冈岔出一条人民新路，到豆腐社又折转为东西走向，因与人民路平行而称为"人民新路"。沿路两侧都为二十世纪六十年代到八十年代为解决大批建设黎川的干部及家属安家需要，先后建设的干部宿舍区，手工业、轻工业工厂区及居民区。往东在七十年代还陆续修建了黎川二中、画眉新村居民区等。这片山岗即为清代《新城县志》上所写的枫山及扆山，"去城里许，二山之下居民繁密称南津街。弦诵科名埒于城中。后山中阜称仰天峰"。

　　枫山与扆山相连，山势呈东西走向，两山之间最高峰为仰天峰，居高临下俯瞰黎川老街。古时风水家言此山为县城龙脉所在。扆山包围的山湾，即今日黎川百姓所说的后山湾。龙脉之下的南津街，也呈东西走向，从后山湾一直延伸到新丰桥附近。这片区域，正如县志所记载的，"弦诵科名埒于城中"。涌现出无数的名家望族。

　　近年来，随着黎川老街的整修改造，原经老街进出东部乡镇的马路封闭成步行街，打通人民新路至后山湾东段，连接黎光马路，东外环畅通就指日可待。在这个过程中，一些早年经战乱兵燹损毁的建筑遗迹也逐渐显露出来。

其中发现一块烧制有"南山亭"的古砖。根据资料查证，同治《新城县志》记载，黎川一共有两个南山亭，其一在六都德胜关；其一在县城南关外仰天峰下，乾隆中期邑人倡建。古砖发现地址位于改造后的人民新路东头，与县志记载位置吻合，显然是南关外的南山亭砖无疑。走访中，村民说，现在的回上幼儿园就是曾经的潘家大厅。

在《新城县志人物卷》之《孝友》中，对南山亭及倡建者有更为详细的记载：潘尚煌，生卒年不详，清中期县城东坊人。他八岁时父亲早逝，彼时弟弟才半岁。潘尚煌长大后侍母至孝，处事公道正派，热心于公益事业。村中有故人之子，因遭父丧家贫无以为继，几乎弃学，潘尚煌极力襄助他完成学业。乾隆年间，为了方便民众进出村庄，潘尚煌为首捐资修建了风雨亭——南山亭于后山之阳（南面）。南山亭右挹日峰（山），前指大河（黎河），面对萧曲峰（县南福山萧曲峰）。烟云草树，四时美备，为黎川第一景。

除了南山亭，还有两个禁碑的故事。南津街关帝庙一带商铺公业的董事，贪占商家利益引起大家不满，导致诉讼。潘尚煌帮助大家厘清各项资金，并请县令下禁勒碑，诉讼遂慢慢减少。另一座禁碑则和潘尚煌儿子潘英略有关。潘英略，字钦崖，号剑津，善读书，为文雄宕有古气。与邑中邓国梁、武陵春、涂旭光齐名，纸贵一时，人称"四杰"。乾隆五十三年（1788）举于乡，会试屡考不中，后来在家中开馆授徒为生。潘英略秉承父亲慈善之风，将南津街一带贫病去世无人收敛的遗骸收集埋在后山。因村民在后山取土，造成遗骸暴露，潘英略又与宗族约定严禁在后山取土，并秉明县令勒碑禁取土以警示无知者。此举在南津一带传为佳话。

作为昔日的黎川第一景所在，后山湾后有厘山之屏障，前有从潭溪仙山脚下引来的一条溪流，相隔不远就是黎河。西边可见日峰耸峙，南边可见南屏展黛，确为一块风水宝地。黎川潘氏家族自宋末由南城迁入黎川，又先后分迁各地，至清代已成县邑望族。列入同治《新城县志》人物卷的儒林、文苑、宦业等有二十多人，均为清代人物。其中，中进士者三人，分别为潘大璘、潘中立、潘国镛。

在寻访潘氏家族的过程中，笔者先后接触到中田公子村潘氏家族、县城下桥桂家排潘氏家族、熊村联奎潘氏家族等地的散碎谱系记录。南城的朋友还发来南城严和五角口潘氏家族的相关资料。有意思的是，中田潘氏家族和桂家排潘氏家族的谱中，并没有见相关县志名人的记载。追根溯源，是因为中田潘家在宋代就已分迁，桂家排潘氏于明代分迁。而南城严和五角口潘氏家族源流记载由中田公子村潘氏分迁，但是在荣名录中，却又将新城县志诸位清代的潘氏名人记录在册。此中缘由，叫人不得而知，只能期待后续能有更多资料来解释这个谜题。

潘氏家族最早中进士的为潘大璘，字贞子，号竹峰，康熙二十四年（1685）进士。而他中进士后并未为官，而是回乡教子孙以终老。这是为什么呢？潘大璘中进士时，京城有达官贵人欲招揽至门下，并许诺说：到我门下，庶常吉士（翰林院的一种职位）一职唾手可得也。正直的潘大璘对这种拉拢夷然不屑，选择了归乡教子孙为生。并在自己书斋上题曰：澹园。澹，恬然安静的意思。这正表明了他淡泊高远的品性。归乡后，两任县令李璋、杨嗣汉都常前往造访，商谈治县之策多有收获。

潘大璘的族侄潘世嘉曾参与纂修国史，由贡生捐授光州通判，升任福建长汀、甘肃会宁及直隶承德、京县知县。任福建长汀令时，将潘大璘延至闽中，常常听取叔叔的意见建议。有时候世嘉召集僚友聚会，却因公事繁忙，大璘代为迎客，他谦逊大方也不以县令之叔自傲。有一日客人询问世嘉这人是谁，世嘉说，是自己叔叔。客人感叹道"行遍天下，没见过如此谦逊的"。于是要求再见潘大璘并与之订交。潘大璘常说："我辈不负君国即不负祖宗。"可惜没有来得及施展自己才华就去世了。

雍正十一年（1733），县城南津人潘中立终于考中进士。潘中立（1700—1743），字在田，号松溪，居城南望益门（今石莲巷一带），清雍正元年（1723）中乡举，授任内阁中书。雍正十一年成进士，升内阁侍读。因殿试名列前茅，奉命主持贵州乡试，升任刑部湖广司郎中。清乾隆七年（1742）病逝。他自幼天赋敏异，意气豪迈。起初，他撰写作文纵意繁冗，稍欠深刻厚重。后偕随族中长辈太史安礼公游历访察。他虚心学习，刻苦钻研，在学识和写作功底诸方面都打下了更坚实的基础，写作水平大有长进。他擅长书法，初仿效赵孟頫，到内阁任职后，见闻更广，临摹更精"颇得二王遗法"。潘中立的诗，结构精练，气势雄伟。他曾认为"诗不必盛唐即宋，元人皆有至处，顾其所造何如耳"。著有《松溪诗草》，《江西诗征》卷七十三收入他的诗《崇正书院》。《江西通志》载其生平介绍。

潘中立中进士要感谢同族的潘霞和潘廷梅父子。当年潘中立家贫无以继续读书，潘霞便鼎力培植，并让自己的儿子潘廷梅悉心教导。潘霞，字晴来，号赤城。以文行重于一时，深受民众尊重。对儿子潘廷梅教导尤其严格。潘廷梅，字抚民，号敬斋，岁贡生。颇有才华，远近的读书人纷纷上门求学。乾隆三十一年（1766）中进士的樟村人杨鈖都受过他的教导。潘廷梅终身居住在沈家坑（今回上村小组一带），附近有一口古井。先居住在此的一户人家私自将井围起来只供自家使用，潘廷梅担忧村人用池塘的水会中毒，于是不惜重金将这户人家的宅子买了下来，将古井重新供大家使用。县令方懋禄（乾隆 13—15 年任职）感动于他的大义，以乡饮正宾的荣誉厚待他。

乾隆年间，正是桐城古文派新城学派学者文人鹊起的时候。《新城云路启贤陈氏家谱》记载：陈元四女，长女嫁同邑钱塘知县候补同知潘安智长子内阁中书潘兰生。潘兰生，字磷士，号白芗，安智长子。少敏于学，受业于鲁九皋。工诗古文词。乾隆五十七年（1792）举乡试。会试屡考不中，于是发奋励志。后来报捐中书，于京城早逝。潘兰生的父亲潘安智，字晓窗，号守愚，清代例贡生。赋性高明，学通治术。初授浙江桐乡知县。当时正值叛匪滋扰，有邻县民众结队到天竺进香朝拜者，从桐乡路过，被兵勇指为匪徒，抓捕了八十余人关进狱中，这些人喊冤叫屈，官府承办此案者审而不能决。一年多后，上级下令命安智复审。他经过详细审讯，认定这些人实属无辜，便释放他们出狱。其中有的人生活无着落，安智便拿出自己的数百两银子分发给他们。这些人感激涕零，呼为再生父母。调秀水任知县后，也将该县治理得风清民乐，得到上级肯定，被升任湖州府同知。他不辞劳苦，发挥才干，将所承办事务处理得十分完满。乾隆四十五年（1780），高宗皇帝南巡，他受命承办天竺及西湖行宫差务，得到恩赏。后因病告假乞归。在家乡住宅旁筑"莳园"作学舍，督导子孙读书。遇乡里受灾闹饥荒，他带头捐米五百担以赈济灾民。

咸丰三年（1853），潘兰生的孙子潘国镛考中进士，官广西武缘县知县。也算是不辱门庭。

今天站在昔日南山亭的旧址上，眺望四周风景，依旧能品味到当年"黎川第一景"的遗韵。而无论是"澹园""莳园"以及"南山亭"，都是一个世德之家风骨的承载。所谓传承，大概就是如此吧。

善政传五邑，文载惠千秋

德胜镇黎明村有一个冯家湾村小组，冯氏明代由县城迁居已近四百年。黎明村还有一个冯家坪村小组，由冯家湾的后裔分迁而来。这两个村小组都离我老家丁家村不远，一在东南，一在西南，相隔也就数里。冯氏既为黎明村的世家家族，黎明村各个家族都与冯家有七拐八拐的姻亲关系。小时候也常听老家人说，冯家多有人才，曾经如何如何发达。幼时懵懂不以为意，数十年之后翻看志书，油然而生敬仰之心。

来自冯家湾的民国二十八年修的《冯氏家谱》记载，黎川冯氏始祖伯亮公世居楚地，寄籍浙江，元末宦游于闽，任福建邵武路教授，后从沙县迁居新城南市文笔街。家谱中收有十二世冯行所写的《人和里家庙记》，提到在古黎川县城原有冯氏家庙一座，原为明太仆（指太仆少卿冯渠）旧宅，后被族人改为家庙，位于文笔街。明末鼎革之变，冯家族人多分居各乡和他邑，家庙无人管护，又因各种原因，周边冯氏产业塌的塌，卖的卖，县城冯氏逐渐衰落，而分迁县南人和里（今冯家湾）的家族逐渐丰满壮大。康熙初期冯行祖父存庵公不忍县城祖庙破败，曾经倡议族人集资修建，收集到原址的部分基石柱础等，恢复了文笔街的冏卿公祠（冯渠公祠）。清代晚期的光绪年间，冯家族人又捐修过一次县城冯氏家庙。

这个文笔街在哪呢？

黎川古有文笔街，为县城南坊一带，在城墙之内。根据冯行所写，文笔街，由县治（县衙）东街南转光禄坊往儒学路尽称文笔街。东街南转，小路巷、儒学路，巷末亦冠文笔街。古黎川县衙大致在老黎川县委县政府的区域，今已成为宝德商住区。此处往东，要经过今十字街的南头，再往儒学（今孔庙），由此看来文笔街就是今日峰路的大概走向。

冯行还写道：此路之所以称文笔，"盖缘地狭，夹两路随路开渠，渠路总处地形尖如笔锋，在儒学西称文笔，故两路尽称文笔。然巷直小路，不若光禄坊为大路也，又尖处如犁头，俗称为犁头嘴。余少时见其地尖处广可十丈，尚为我冯氏业，今日鬻为他人矣。"

意思是这段路比较狭窄，路两侧又开了水渠，水渠和道路的汇聚处尖如笔锋。因此称为"文笔街"。县衙东街南转的小路巷，也比不上光禄坊那里都是大路。又因为尖如犁头，俗称为"犁头嘴。"可见文笔峰为雅称，犁头嘴为俗称，大雅大俗，各美其美。

这里说到的光禄坊，在清代康熙《新城县志》中有记录：两京光禄坊，在县治南，为赠光禄寺少卿冯希举、太宜人黄氏、万历癸未光禄少卿冯渠立。

这个冯渠，正是黎川冯氏第八世，冯行的高叔祖辈。在黎川历代仕宦人物中，冯渠是一个可圈可点的人物。同治新城县志卷十《人物志·名臣》，仅列有宋至明的七人，分别为邓润甫（宋）、邓义、张槚、冯渠、邓澄、邓渼、涂国鼎（皆为明代）。

冯渠（1537—1611），字仲达，一字汝达，又字达甫，号谦川。严格来说，冯渠应该是县城南市人。他在县城南市出生长大。父冯希举，曾从学于名儒罗汝芳，后因冯渠的官职也获赠光禄少卿，母黄氏后被封为太宜人。冯渠幼年时即聪慧异常，立志高远。刚入塾学时，老师和长辈们在书板上列写了状元、将相、圣贤等衔头，让他将自己的姓名填写在自己中意的项下，他不假思索，在"圣贤"项下写道："功名显于一时，圣贤垂芳万世。"在场和传闻得知者，无不咋舌称奇。冯渠少年时曾受学于理学名家邓元锡先生。嘉靖时期的县令汤建衡（1559—1563在任）对年轻的冯渠也非常欣赏，称他为"独鹤"，并赠诗：

赠独鹤生谦川公

冯京藻思旧曾闻，月殿秋风散桂芬。

浇漾繁星丽河汉，昂藏独鹤迥鸡群。

织图已就廻文锦，决胜谁当节制军。

黎水宫墙占象纬，三元家学焕人文。

诗中说早就听说过冯渠的才华，就像秋天的桂花一样散发芬芳，还说冯渠像独立于鸡群的鹤，卓尔不凡。诗中用了极其华丽的词句，几近"肉麻"。一方面可能是因为汤建衡与邓元锡交好，而冯渠又是邓元锡的弟子，夸弟子等于变相夸师傅，另一方面也是冯渠确实有才，值得一夸。明万历元年（1573），冯渠省城乡试中举，邓元锡非常开心，写诗赠他：

赠冯仲达

偶从燕烛拾随珠，愧尔才华我不如。

春水五湖吞八岛，秋风一骏失群驹。

槎浮斗汉天孙夕，阁瞰江沙帝子居。

霞鹜莫收天水合，墨花飞彩出东湖。

诗中的东湖是昔日江西乡试南昌贡院所在地。邓元锡不仅自谦不如冯渠，还多处用王勃《滕王阁序》中的典，赞美省城和称赞冯渠才华过人。

万历十一年（1583），冯渠考中进士。此后，冯渠先后在五个县任职，一直廉洁奉公，亲民惠民，不畏强暴，不徇私情，为民除害，政绩显著。初授江苏扬州泰兴县令，正遇贼寇犯境，他设计逮擒其头目，匪部自溃散，寇患得以平息。因不攀附相国申时行，秉公处事，关押了仗势为非作歹的申时行亲属而惹怒了申时行。被贬谪至边远的福建管理盐务。后来，才恢复为福建永安县令。此后又先后任广东海丰和番禺县任知县，无不兢兢业业。

因为秉性爽直刚毅倔强，不善逢迎，并多次直接与上级主官抵触抗命，十多年来虽劳累实干，德才兼备，却未得升迁晋职。后万历皇帝下旨在全国范围内挑选清廉尽职官吏以表彰褒奖，作为众官表率，地方共选上十一人，冯渠名列其中，职务最低，只是县令职。此后冯渠屡次升迁，先后任南京兵部职方司主事、北京尚宝司丞。万历二十三年（1595），升南京光禄寺少卿。次年，因父亲去世丁忧回籍。万历二十七年（1599），复补北京光禄寺少卿，代管全堂政务。在为益王世子授封时，益王按例具厚礼馈赠使节，他固谢不受。得到益王"敬慎威仪，清真鲠介"称许。并操办了皇太子举冠、婚礼燕享等典礼仪式，办理得非常圆满，得到皇上褒奖并赐御宴。万历三十一年（1603）

八月，被晋升为太仆寺少卿。

虽然先后担任过九个官位，但冯渠自己的生活极其节俭，可谓"豆腐买一块，柴炭论斤称"。廉直之声，广传四方。如此廉臣，却被一些权臣妒忌排挤，后来冯渠以母亲年迈需照料多次请求辞职回乡，未获批准。万历三十二年（1604）五月，再次上疏请辞，方得允许离职回归故里。

退职回乡后，他购置了一批义田，济助了无数饥民。他谆谆教诲儿孙辈，要崇尚雅正，摒弃浮夸。他认为，读圣贤书，所学即"忠贞报国，清白传家"。晚年，他自号"安巽子"。病逝于家乡，享年七十五岁。生前所著《进修录》六卷，所论述《六经》《论语》《孟子》，及诗文集十卷等目前无存。《冯氏家谱》卷首目录所载，其中第十八卷《家稿》即为冯氏家族历代文人所撰艺文，其中收有部分冯渠诗文，可惜目前还没寻访到该卷，为一遗憾。

冯渠去世后，县籍御史、文学家邓澄为其撰写了祭文及墓志铭。其铭曰：

于倬问卿直而清，有来夏翟公以生。耿介精刚自性成，采绘五色章虞廷。天玑星散则福星，强项岳岳惠我氓。有罹于罗终誉腾。公鼎含膏食五明，留枢起草尚玺丞。濯濯省月光二京，亮节縆以朱丝绳。清心寒在玉壶冰，时哉乘云返杳冥。南郭郁郁嗜佳城，方中石片谁则铭，万祀千秋轼有凭，吁嗟此阡为同卿。

明末鼎革之变，冯氏家族族众纷纷迁于乡村或者外迁。其中大部分南迁至七都"人和里"，这里位于黎水之南，福山之北，有河流，有平畴，为安居乐业的好地方。历史上，中川德胜河的上游曾经尧家港、冯家湾、卢家墩拐了一个大弯，沿着山脚下流往潭溪的三都。后来嘉庆七年夏，黎河涨大水，导致河水改道经杨家、丁家北上。于是造成了现在尧家港无港、冯家湾没湾、卢家墩也墩不住的趣谈。

康熙四十二年（1703），冯行出生，为家中第三子。冯行（1703—1786），字人也，号耻斋，清乾隆间著名学者，名列同治《新城县志》之《人物志·儒林》。

冯行为冯氏第十二世，按辈分为冯渠的元侄孙。他出生才十个月，父亲云及公去世，母亲涂孺人含辛茹苦抚育儿女。稍大后，就跟随伯父及舅父读书。冯行非常喜欢邓元锡的《函史》《五经绎》《潜学稿》，常常读之废寝忘食，并遗憾没能与邓元锡同时代而得跟随从学。他说：文者，言也。言为心声也。道得于心则文又谓之以达为要。冯行为人清高，性格淡泊，于富贵名利毫不介意，惟以读书著作自得。他清癯瘦削，双目炯炯有神，与人讨论引经据典，彻夜不休依旧神采奕奕。虽然家里贫困却不以为意，授徒束脩也只是菲薄收取，对朋友坦诚相待，胸无城府。

冯行一生不仅仅以"文"名闻乡里，还以热心乡村公益事业广为人所尊敬。他曾经在城郊赤溪（今篁竹街南端）教书授徒。赤溪古有赤溪陂，后淤塞无法灌溉。乾隆十一年（1746），县令王瑞决心照旧迹修复陂坝，冯行协助官府踏勘陂坝线路，修复陂坝。冯行还参与了由陈道、黄祐发起倡议的黎川书院的建设，并为之作《黎川书院祠记》云："新城开邑六百二十年，始建书院，曰黎川书院"，"书院经始己卯之秋，以明年秋落成，而祠之成就因焉。又明年，邑素堂黄公（黄祐）掌院教时，率弟子行礼祠中。"他还倡议族人在人和里修建冯氏家庙，倡修家谱。饥荒年份将家中藏粮拿出来赈济族人。

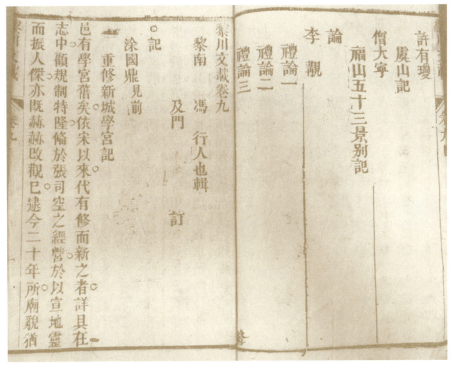

冯行《黎川文载》书影

因不忍家乡前人所遗诗文散佚湮没，冯行放弃科举学业，用十多年时间广搜博采，将家乡文人学者世代所藏，以及普通百姓家残碑破板，一一搜集拼凑，勘误修订，核对整理。编修了一部黎川古代文学的全集《黎川文载》二十四卷，于乾隆二十三年（1758）刊行问世。县籍理学家、文学家陈道为《黎川文载》作序，陈道的女婿、内阁中书杨尚宏作跋。

《黎川文载》收录了自宋以来黎川历代文人诗文，体裁包括序、记、论、策、制草、奏疏、表、露布、书、启、揭帖、檄文、原、说、议、志、传、墓志铭、墓表、文、题跋书读、杂著、铭箴颂赞、赋、诗、诗余、补编等近三十项。为黎川古代文学的传承做出了巨大的贡献。这套文集目前在江西省图书馆及黎川县图书馆均有收藏。

年过五十之后，冯行足迹罕出乡关。偶尔去县城住在友人的书塾，得到消息上门请教的生徒接踵而至。县邑名儒黄素、陈道、鲁九皋、涂瑞等都对他礼遇有加，殷殷相问。冯行晚年十指生疮，疼痛难忍，但仍每日书写不辍，作蝇头小楷至老不倦。年过八十还耳聪目明，步履矫健。清乾隆五十一年九月（1786）逝世于家乡，享年八十四岁。他辞世后，文学家鲁九皋为其撰写了墓志铭。他个人所著有《耻斋文钞》十二卷，并编有《与稽编》《与居编》《大学解》等，可惜今已散失。

冯行的儿子冯枢、冯机也颇有才学，与县邑文人之间相交深厚。邓裴、鄢郢、陈道、鲁瑗、潘大璘、潘中立、鲁九皋、杨元燮等县邑仕宦、文学家等名人均与冯家有密切往来。

有清以来，冯氏家族虽然未再有达官显贵出现，却一直传承着书香门第的家风。家族子孙多从事教书等行业，为邑人所敬重。两百多年过去，《黎川文载》现在依然是当代学者研究黎川古代文学的重要文献典籍，冯行居功至伟，令人崇敬。

斑驳旧公祠，沧桑几代事

在黎川古城，散落着很多老宅，几乎每一座都有着久远的故事。光是邓氏家族，就有大小五座公祠，为后世子孙纪念各自分支的祖先所建。比如商会巷里面的竹居民宿，就是利用原邓氏家族的小竺公祠改建。小竺公名邓镗，为明代御史、文学家邓渼的伯父。在张恨水广场北侧有一栋最大的邓氏家庙（祖庙），现除了一面当街的门墙外，内部已经坍塌颓废。这栋邓氏家庙遗址据考证为明代建筑，匾额由邓渼的堂兄、文学家邓澄所写。第二次国内革命战争时期，闽赣省领导机关曾经由湖坊迁驻此地办公。遗址东侧小巷进去十几米有一座规模较小的祠堂，额书"邓砥庵公享祠"，该祠保存完好，现已修整成闽赣革命根据地纪念馆。

二○二一年二月初，省城赣文化名家王令策先生匆匆造访黎川，因时间紧迫，并无详探，回去后发给我一张邓砥庵公享祠的图片，说气势蛮煊赫的，问我邓砥庵公的详细情况。虽然也曾参观过这座祠堂，却一直没有去详查祠堂来历，王老师的评价"煊赫"倒是激起了我的兴趣，于是埋头在资料中，有所收获。分享出来，以让更多的人看到这座祠堂后能明所以。

南津邓家自明代以来，在县城南津街逐步形成一个庞大的世家家族，为官者、为文学者、为隐者、为善士孝友者数不胜数。素来为邑人所景仰，世家联姻通婚之首选。南津邓家又分上南津和下南津，理学家邓元锡属上南津邓家，文学家邓澄、邓渼属下南津邓家。下南津邓氏家谱共七十六卷。其中六十二至七十六卷为资历、恩纶、荣名、善行、贞淑忠义节烈传志等卷。有传的人物数百人。谱志规模为黎川家族之首。

　　在庙祀记中，有邓氏家庙的绘图。家庙东侧标注有"砥庵公享祠厨房"，方位与现状与今相符。但并无对祠堂的详细记载。据邓氏后人反映，包括祖庙在内，县城五座下邓祠堂，砥庵公享祠即为其中之一。

邓砥庵公享祠

　　根据谱系查找，砥庵公，下南津邓氏第十四世，名淳成，字维集，号砥庵。生康熙丙午年（1666），卒于雍正乙巳年（1725），生有六个儿子。淳成公父亲名任，字恺，号青崖，因此后世也称青崖公。青崖公一共八兄弟，他排行第二。青崖公素来喜欢打抱不平，天性豪爽侠义。康熙年间耿精忠之变时，乱兵进入黎川，青崖公和乡邻制订了乡约联手保护家园和乡亲，深受族人敬重。老年后，在邑南赤溪的畅园一带构建别业，晨起啸咏花间，临池观鱼；回到房间则以读书当菜下酒，虽夜勿辍。人称"酒仙"，年六十六去世。

　　青崖公去世时，邓淳成三十三岁。因为家中独子，一直跟随父亲打理家业，并未去发奋学习考取功名。父亲去世后，其他族中兄弟常以邓淳成家中势单力薄而百般排挤，并且不让他从大院的正门出入。淳成不怒不恼，说：小门一样可以通行。话虽如此，但邓淳成还是迁出了祖居，在赤溪的畅园修葺房子，将家中内外打理得井井有条，家道日渐丰盈，并经常周济别人。有一个叔父因为家产的事情诬告淳成，县令马楠（1708—1713在任）明察秋毫，将处分他叔叔。邓淳成请求县令饶恕叔父，并仍旧对叔叔以礼相待。邓淳成常常教育自己的儿子们说："我少年时候遭家难，幸亏自己百般容忍，才熬出了头。你看那些族中兄弟今天有谁能超过我的（事载下南津邓氏家谱传志录《维集公传略》）。"

邓淳成生有六子，和永、星聚、和衷、士杞、和梅、和羹六个儿子都长成族中的才俊。尤其是第五子和梅公，因乐善好施而名列清代新城县志善士榜。

邓和梅（1715—1785），字梯云，号旭隐。他待人和气，一心以利救济人。世代居住在邑南赤溪里。赤溪溪水发源于三都，灌溉数千亩。前明邓元锡写有赤溪陂记，勒石。康熙五十二年（1713）大水漫延导致陂坝淤塞，良田无法灌溉，农民无收。此后由于各种原因，三十多年没有得到修复，农民苦不堪言。乾隆十一年（1746），县令王瑞到任，和梅呈请县令对赤溪陂一带重新勘定农田陂坝界限并带头捐资。乡贤冯行根据明代邓元锡所作《赤溪广记》记载协助官府踏线路，修复如初。县人对邓和梅、冯行二人万分感激。王瑞报请上司请优褒奖邓和梅，额曰：修濬功懋。

和梅公生有一子，名文华，字绚章，号爱溪。后以幼孙仕骥捐资县丞加布政司理，驰赠儒林郎。文华公生二子燮煌、仕骥。燮煌公，字应龙，号云从。国学生援例州同加二级。仕骥公，字德勋，号云卫。国学生援例授县丞加理监卫请封指分福建以劳绩保升知县，署泉州府南安知县。

根据世系梳理，从十四世邓淳成至十七世仕骥公，家族先单薄，再壮大，终成仕宦之家，子孙感念祖辈恩泽，于是修建了砥庵公享祠以为祭拜之所。

世代相扶携，开启新纪元

　　中国的科举制度始于隋朝，但每科分乡试、会试、殿试三级进行，却是定于明代。为此江西师大教授方志远先生专门有过考证（方志远《明朝的乡试、会试与殿试》）。

　　洪武三年（1370）五月，明太祖诏告天下，从当年开始，开科取士。鉴于天下初定，官员缺乏，各省连试三年，中式举人均免会试，赴京听选，并宣称："中外文臣皆由科举而进，非科举者毋得官。"话虽有些绝对，但大体上确立了明代选官制度的原则。但不久，明太祖又因科举所取多后生少年，缺乏实际办事经验，于是罢科举而行荐举。到洪武十七年，经过十来年的酝酿，公布"科举成式"，决定从十八年开始，重开科举。科举每三年举行一科，分乡试、会试、殿试三级进行。乡试又称"大比"，定在子、卯、午、酉年秋八月进行，故又称"秋闱"。乡试参试名额与中举名额大致为三十比一，即录取一名举人，参试者约为三十名。洪武三年乡试录取总额为五百一十人，万历元年则达一千一百九十五人。江西省洪武三年录取四十人，万历元年则达九十五人。

　　天启七年（1627），适逢大比。秋八月，来自江西各地的才子们聚集省城。放榜日，中式举人一百〇二名。其中新城县涂世名、过周谋、何士恺、鲁汝亨、张之奇五人中举。

　　涂世名任漳州府龙溪县县令，因抗清拒降，慷慨赴死。后在清政府地方官的襄助下，其夫人得以扶灵还乡。事迹见《江西通志》，入《钦定胜朝殉节诸臣录》一书。该书为乾隆皇帝念明季殉节诸臣各为其主，义烈可嘉，更冀以褒阐忠良，风示未来，遂命大学士九卿等集议，将明惠帝建文靖难及晚明殉节诸臣汇编而成。同为新城县明末忠义之臣的涂国鼎、涂伯昌、黄端伯及县令李翔都列书中。

过周谋于第二年的秋闱即崇祯元年（1628）与黄端伯一道中进士，历任宁国、昆山、仙居等县知县。政声颇佳。尤其是在宁国县，不仅查处了贪官污吏，清理积弊，还捐资修复枫树岭哨台，护卫一方安宁。后积劳成疾卒于仙居县令任上。

何士恺，字慈度，生平不详，县城北坊人。张之奇，县城东坊人。中举多年后才于崇祯十三年（1640）中进士，官翰林院检讨，归乡后卒。同治《新城县志》列传于《人物志·文苑》卷，张之奇侄子张士裕为清代知名文学家。

鲁汝亨（1582—1636），字嘉甫，号泠然，中田人。为官之前，鲁汝亨在家乡主持创修了《鲁氏家谱》，崇祯二年（1629）开始，历时一年修成。后鲁汝亨选任为南直隶省萧县（今安徽萧县）教谕。崇祯九年（1636），农民军攻打萧县，值知县因公外出，鲁汝亨率众拒守，城陷后伤重不治而亡。同治《新城县志》列传于《人物志·忠义》卷，按时间顺序，列于涂世名之前。

鲁汝亨，无疑是中田鲁氏家族值得大书的一个人物。不仅仅因为他是中田鲁氏第一个通过科举考试进入仕途的人，也不仅仅因为他创修了《鲁氏家谱》，更不仅仅因为他的忠义赴死，还因为他的小女儿是陈道的曾祖母。

南宋末年，中田鲁氏始祖鲁佐文在中田开基，开始了生生不息的延续。历经数百年的发展，至明代中晚期成为当地世家望族。后世在谈到中田时，多提及鲁氏，如"中田鲁氏，号称富盛，礼让自将，颇为美俗"；"中溪鲁氏，文学尤著"；"十九都峰峦耸秀，中有石坛，多灵迹焉。中溪后名钟贤，鲁姓文学尤著"。明末以前，鲁氏以"富盛"闻名乡里，而科举功名少有突出表现。

天启元年（1621），中田的鲁论（1588—1672）因才学优等，选为拔贡，后出任安徽颍州府（今安徽阜阳县）同知。曾暂代天长、霍邱二县县令，再升迁福建海防同知、福州府同知等。因时局动荡，他弃官归家隐居。鲁论晚年喜好著书立说，为明代知名学者。《江西通志》对其生平作了介绍。《明代

中田鲁氏世科第

三千遗民诗咏》及《江西诗征》载有其记事资料。康熙十一年（1672）他逝世于家乡，享年八十五岁。鲁汝亨的中举，打破了鲁氏科举功名上的沉默局面。此后到清代，鲁氏在科举上地位日益显要，并渐居于新城县首位，逐渐成为新城县的著姓、地方上的望族。

那么陈鲁联姻最早始于何时呢？

新城陈氏以北宋进士陈孔明为始祖，世居县城。《江西新城云路启贤陈氏五修家谱》（光绪丁酉五修）记载，第九世雪坡公陈体道（1553—1588）娶中田鲁康之女为妻，他们的长子启元公（陈惟俊）生于万历十四年（1586）。章民公（陈一翰）为启元公次子，生于天启四年（1624）。陈一翰以豪侠仗义著称，在明末鼎革之变时，隐居于大溪山。这个大溪山究竟在何处，目前不得而知。他娶了鲁汝亨的小女儿为妻。

鲁汝亨有四子三女。中举那年，他的小女儿出生。他死难的时候，小女儿才九岁。陈一翰比鲁氏大三岁，生有三子：仪一（以淑）、西耆（以汧）、玉川（以江）。西耆公陈以汧（1655—1708）娶河塘李家女子为妻。有两个儿子：宁侯（世馨）和立轩（世爵）。同治《新城县志》之《人物卷·隐士》对陈以汧有列传："父一翰，以侠行著，明末隐大溪山中，以汧其仲子也。"立轩公陈世爵（1682—1752）娶中田鲁正音之女为妻，也普遍被陈家人尊为中田陈氏始祖。只生有一子，即大名鼎鼎的陈道。

也就是说，从明代中晚期开始，陈道父祖辈九世雪坡公、十一世章民公、十三世立轩公均娶鲁家女为妻。

在陈道为父亲写的行状里提到：先王父（祖父陈以汧）性格孤僻，只一味埋头读书，不善于从事生产和经营。作为县学生员，三十来年，以设馆授徒维持生活，十分贫困。于是陈世爵只好废书谋生。陈以汧担心儿子在经营中被骗上当，就问他说做生意虽然很好，但是没有本钱有什么办法。陈世爵说，儿以信义为本。陈以汧变忧为喜，说，城里各种开支消耗都大，"析诸子异居"。陈世爵就选择了迁居钟溪。

卜居钟溪，陈世爵是经过了深思熟虑的。

首先，从地理位置上来说，钟溪位于龙安河下游，水运的便利对于经商货物运输是一个极其重要的因素。其次，钟溪母系家族的强大，是陈世爵在中田站稳脚跟、振兴日渐式微的家族一个积极条件。华南农业大学历史系教授衷海燕认为，陈世爵迁居中田，是因为中田的鲁氏妻族能对自己的家族壮大起到关键的作用。[①]

当然，陈世爵自身的优良品性也得到了鲁家的青睐。"外祖与先王父素友善，于馆舍见先君侍侧，状貌魁伟，即以宜人许配"。[②]

卜居中田以后，陈世爵主要经营木竹业。由于新城县位于山区，木竹业较为发达，加上龙安河从中田穿过，可直达抚河，再经鄱阳湖而入长江，水运发达。世爵励精图治，经过苦心经营，凭着他的诚信为人和干练才能，使得人人敬服。他所经营的生意，广及江苏、湖北、福建、浙江、河北、山东、河南、山西等地，贸易数额动辄千万金。不多年，他的资产便富甲乡里。他乐善好施，居中田时虽为孤姓，能以信义折服乡党。"转徙吴、楚、闽、越、燕、齐、赵、魏诸镇，业大起，凡远近知交籍以振。援邻里灾患待以补救者，日益众，而公不惧多。常谓其子道：吾不得已废先业，尔必勉之，毋眩财利而溺尔志也"。为了让陈道得到更好的教育，陈世爵让儿子跟随广昌名儒黄永年读书。"当是时，同郡黄公静山[③]学行为江右最严毅，清苦畏忌者众，公独深相契而令其子从之游"。[④]

---

① 衷海燕：《清代江西的家族、乡绅与义仓——新城县广仁庄研究》载《中国社会经济史研究》2002年第4期。

② 陈道：《显妣鲁太宜人行述》。

③ 黄永年，字静山。

④ 祝洤：《诰封奉直大夫例授州司马立轩陈公墓志铭》。

陈世爵独子陈道生康熙四十六年（1707）五月，卒乾隆二十五年（1760）八月，娶樟溪望族杨氏家族举人杨大炳之女为妻。陈道于乾隆十三年（1748）中进士，因为家中独子，没有出外任官，而是乡居于中田，从事家乡建设。

陈用光写有长诗《典屋百二韵》，讲述了这段陈世爵创业的艰辛以及陈道读书的辛苦，诗中说：

> 曾祖来中田，始有屋一楹。邻家处其北，屋瓦鳞层层。单门厕旧姓，地气有废兴。后乃归吾祖，建四堂一厅。廊序及庖湢，旁舍列纵横。四堂初未有，其厅乃为堂。始制我未观，前事我犹详。我祖昔未达，读书兼治生。居于此厅中，万卷围短檠。夜诵斗侧柄，朝披先鸡鸣。祖母佐之读，刻苦为经营。女红兼中馈，斗室洁以清。安知数十载，栋宇今连甍。厅做今门舍，气势恢而宏。
>
> ……

诗中可以看出，从陈世爵迁居中田的一间屋子到后来的四堂一厅，再到栋宇成片，也不过数十载而已。陈道白天帮助父亲治理家业晚上围着油灯读

中田风光

书，夫人则在一边做女红陪伴。他生有五个儿子，守诚、守诒、守中、守训、守誉。五个儿子皆与鲁家联姻，三个女儿分别嫁给杨家、涂家和鲁家，彻底扭转了家族势单力孤的局面。

以信义服人，以勤俭持家，以德善立世。后来陈道及其子在地方上立庙、做慈善事业（修桥铺路等），并先后在府城捐建盱江书院、新城县捐建黎川书院、南昌捐修豫章沟、京城修建新城会馆等。陈氏家族的势力也随之扩大至新城县、府城南城县及南昌府。

虽然在历史上陈鲁家族因为在乡村事业管理的权力之争上也有过隔阂与龃龉，但是因为两个家族世代姻亲，彼此骨头连着筋，因此从大局上不影响家族之间的互相支撑和共同繁荣。

后来的故事，大家都知道了：（陈氏）"乾嘉道年间，一门七进士、九乡榜，为邑之冠，称望族"。族中多人曾官居高位，显赫一时。而鲁氏也并不逊色，终清一代，中田鲁氏一门共出十七名进士，举人三十四位。在陈道之前，已经有鲁瑗、鲁立、鲁淑、鲁游、鲁鼎梅、鲁庆相继考中进士，鲁成龙则与陈道同榜。鲁九皋、陈用光既为甥舅，也为两个家族在文学上的代表人物。

新城县中田镇于是盛极一时，被称为"小苏州"。

兄弟一条心，其利可断金

　　乾隆五年（1740）农历十二月二十八，除夕前夕，中田陈家一派忙碌而喜庆的景象。正妻杨氏、侧室雷氏均在这一天为家主陈道诞下一个男娃娃。按照出生先后顺序，分别为老三守中，杨氏所生；老四守训，雷氏所生。此时陈道岁已过三十三，科举上还未取得功名。他的大儿子守诚十三岁，二儿子守诒九岁。应了那句古话"积善人家福气多"，添丁进口的陈家喜事连连。四年后乾隆九年甲子科（1744），陈道乡举中举。又过了四年后的乾隆十三年（1748），陈道中得进士誉满回乡。这一年，由雷氏所生的第五个儿子陈守誉出生，陈家再次双喜临门。

　　从中进士到去世的十二年间，陈道一如既往延续了他往常在中田的乡村教育和其他公益事业。侍奉高堂、教育子女、治理乡村、深研学问就成了他最好的选择。陈道在世时，对儿孙及家人的管教极严，督促甚紧。要求他们勤奋攻书，严谨治学，诚信为人，宽容处世。一言一行，都必须以仁、义、礼、智、信为衡量标准；事事处处，都讲究谨循家风，有益乡里，惠及百姓，福泽久远。

老大陈守诚：精干练达，英年早逝

　　陈道中进士后，长子陈守诚（1727—1766）已经成为家族中父亲的得力助手。或许是家族事务繁杂和乡村公益事业过于琐碎，为了协助父亲的事业，陈守诚和弟弟陈守诒均没有在科举上得到进一步的功名。但是在协助父亲的过程中，也打磨了他们的治世才干和处世经验，这对他们以后的官场生涯起到了非常大的作用。

后来，陈守诚以贡生身份捐资得员外郎，选授浙江金衢严道。父亲陈道曾专门给他写了一封两千来字的家信《官诫示长儿》，全面详细地阐述了自己对如何当一名让百姓满意的官吏的想法，给儿子以谆谆告诫，这对陈守诚为官和为人处世，其影响是不言而喻的。陈守诚刚到任，就处理所属县份水灾赈济事宜，修建万安桥，扩充书院学员的伙食津贴及教师薪俸诸费用。各项事业都先后处理得卓有成效。有一年，浙江中部灾情严重，巡抚庄有恭领到朝廷下拨的三十六万两白银赴湖北采购救灾物资，而湖北巡抚冯钤奏以湖北的漕米转运到浙江，报请朝廷派陈守诚督理。守诚接差后，督办诸项物资过洞庭湖，迎汛渡长江而下，未损失一粒米，全数安全运抵目的地。

即便是在外做官，陈守诚依旧心系家乡。他曾为家乡创建书院，书院建成后，立即捐献二千两白银，为生员伙食津贴。乾隆二十七年（1762）乡试，他又增捐了白银数百两，那一年，本县籍生员考中举人的有九人，其中多半是书院的学生。

中田村背后的栖灵峰，素来林木茂密，一年四季郁郁葱葱，但因当地人口越来越多，用柴砍伐越来越多，山上的树木差不多砍光了。陈守诚邀集乡里的父老乡亲，发动大家封山育林，并招募人员专门在山上巡视。他还曾想将浙江中部种植桑树的习惯和技术引进中田，并请了一对谙熟养蚕缫丝的夫妇前来传授和训练有关蚕织技艺。为了解决中田河两岸民众往来的需要，他曾经捐资筹建钟贤石桥，遗憾的是工程尚未告竣，他便因病去世，还不到四十岁。他病重期间，乡里许多百姓特意步行上栖灵山幽栖寺为他祈祷，保佑他健康长寿。在省会南昌和京城居住时，还分别为几位生活贫困的友人及其子女置办田产或赠送银两以接济资助。他生前编有《黄文节公（黄庭坚）正集》及别集、外集共二十一卷。《江西诗征》收录有陈守诚的长诗《效阮公咏怀》及《送潘云五比部之武宁》等诗。

陈守诚去世时，长子陈元才二十来岁，作为长房长孙，在庞大的家族中担负着深重的责任。陈元生性孝友谦恭，顾大局，明事体，对几位叔叔十分遵从孝顺。或许是家族事业太过耗心费力，陈元不到三十就油尽灯枯重病去世。临终前，陈元将希祖、希曾两个儿子委托叔父陈守诒的妻弟进士鲁九皋督教。去世时，其妻有遗腹子尚未分娩，出生后鲁九皋起名为陈希孟。

老二陈守诒：继兄遗志，行善治学

陈道去世后，陈守诒① 援例授兵部武选司员外郎，在任两年多。在此期间，他在北京正阳门外椿树头胡同购买了一套住宅，将这处住宅捐助作为"京师江西新城会馆"，供家乡前来京城赴考的士子们居住用餐。

长兄病逝后，长侄陈元尚弱，母亲杨氏年迈，家族一时群龙无首。而且陈守诚在世时，经常捐资用于公益慈善事业，自己小家庭中几乎没有什么积蓄，一众子女陷于困顿。陈守诒于是告病假归家，一方面协助侄子治理兄长丧事，一方面又劝说动员兄弟们将自家名下产业重新析产分配，帮助侄子一家渡过难关。还根据兄长的遗愿，与众乡亲倾力把钟贤石桥修建起来。家居期间，为母亲杨太夫人庆寿，以母亲名义捐谷三千担，倡首在中田各村落建了十处储粮义仓，春借以谷，秋取其息，也以谷折算，使乡民春荒得食用，而秋天纳息之谷又可囤积于仓。

乾隆四十年（1775），陈守诒和鲁九皋倡议，陈、鲁二族联合创立中田规模最大的义庄——广仁庄。先是陈守诒与鲁九皋商议，决定建立一仓，"使里中无告之民有所依，里中公事亦有所取资"。九皋对此举极为赞同，并出面劝捐里中各姓输资，以作为建仓费。在他的倡导下，"乡人相率捐谷，易金千余两"，共建一仓，命名为"广仁庄"。陈氏家族将乾隆八年以来陈氏所藏的救荒谷三千石"推而公诸里中"，"陈守诚长子、光禄寺卿元偕其叔守诒、守中、守誉共捐租四百石，正岁收其谷以护仓"。

不光是做慈善事业，陈守诒还着力于治学和选编前人经典文章。因为清初名儒蔡世远所编选的《古文雅正》过于注重修身经国文章，多有遗珠之憾。陈守诒便与新余的名儒林有席着手联合重订古文雅正。

林有席（1713—1804），字儒珍，号平园，分宜双林白水村人。乾隆十七

---

① 陈守诒（1731—1809），字仲牧，号约堂。文学家陈用光之父。

年（1752）中进士，曾与宜春袁杳芳合选《袁阳文征》二集、《考墨卷》一集。评选《四书文》一百二十卷，著《四书文》上下二编及《高林诗抄》并刊行于世。著《古文雅正续选》及《清古文雅正》各十六卷。还有《离骚经参解》二卷，《古今体诗》十二卷及《题明诗综合二百首》，为乾隆年间有名的学者。

乾隆四十二年（1777），林有席来到中田住了整整五个月。五个月中，陈守诒、鲁九皋（1732—1784）、陈有光（陈守诒长子陈煦）、吴起濂都参与编选中，完成了《重订古文雅正》的编选。目前市面古籍中可见有"石竹山房藏板"的《重订古文雅正》，而石竹山房正是陈家书馆名称。此后，因为林有席被赣州郡守聘去做幕僚，陈守诒因为家族事务繁重，两年后又补官前往京城，《古文雅正》续选一事暂停下来。十多年后，林有席重拾当年的选编工作，乾隆五十五年（1790），《古文雅正续选》付梓刊行。当年在中田陈守诒给予的帮助让林有席念念不忘，自序及跋中都提到陈守诒之功。

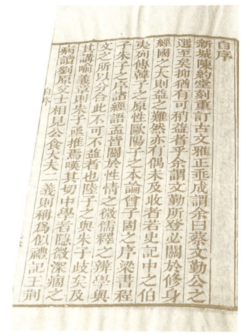

《古文雅正续选》书影

乾隆四十五年（1780），陈守诒补官京城，升兵部车驾司郎中，负责监督大通桥建造，圆满完成。后调任安徽太平任知府，五年间，经他整治，社会安定，官民安居乐业。深得上司称赞为"安静吏"。后来又奉调任河南陈州知府，任职五年，政绩斐然。以年老致仕归。回乡后，他还常常救助困难的同僚和朋友。乾隆五十二年（1787），甘肃几名官员因贪污赈灾款事发被处死，其家属因为困难无法回原籍，守诒知道后，又出资派人去甘肃为其赎罪，助盘缠让他们得以返回家乡。他曾将自己购得的北京私宅赠给友人、铅山籍编修蒋士铨居住。他析产分得的资产，差不多都因为公益慈善事业花费殆尽，并欠下了众多的债务。以至于后来为了偿债，不得不两次将中田田产典卖。这既是传承家风所致，也是他品德性格的表现。陈守诒逝世后，著名文学家姚鼐为他写了墓志铭。《江西通志》介绍了他的生平。

老四陈守训：才干优越，勤政为民

与异母兄陈守中同一天出生的陈守训（1740—1786，字良叔，号绎堂），是陈家的老四，他和长兄陈守诚一样，精干练达，从政有声，也一样英年早逝。陈守训也并未有中举，但是与兄长们一样有着治世的优越才干，而且他的岳父是鲁鼎梅。鲁鼎梅先后任德化知县和台湾知县，并在台湾鹿门同知任上致仕归乡。相信岳父的官场经验和人脉关系加上陈守训自身的能力，是他能进入官场的重要原因。陈守训在省会南昌寓居时，当时因地势低洼，积水排泄全靠豫章沟将全城之水汇入东湖，再由东湖流于城外贤士湖，才不致因水患造成人民生命财产损失。而该古沟淤塞已久，非巨资无法开通。乾隆三十二年（1767），巡抚吴绍诗计划修复豫章沟，陈守训慨然承担该项工程，捐奉巨资并亲自主持施工工程，终于使工程告竣。

陈守训历官州同知、员外郎、刑部奉天司郎中。乾隆四十九年（1784），出任山东济东泰道道台，正值该地连年旱灾，他带头捐出白银三千两，并动

《铁箫诗稿中田诗草》书影

员下属官捐资赈济。当知晓家中兄弟为了建广仁庄纷纷捐谷捐金的时候，陈守训慷慨解囊，也捐谷一千石同储仓内。

乾隆五十一年（1786）夏天，山东一带传染病流行，陈守训冒着烈日步行到泰山为民祈祷，来往劳累奔波。刚刚获升为江苏按察使，却不幸病故。

陈守训的二女儿嫁给了南丰才子谭光祜。谭光祜（1772—1831），字子受，一字铁箫，号栎山，亦号午桥，江西南丰人。清代书法家、文学家。父亲谭尚忠是乾隆年间高官，谭光祜的父亲早年与陈家兄弟结识，因此结下深厚的友情，并结下娃娃亲。谭光祜少娴文事，兼攻骑、射、篆、隶，又善度曲。官叙州马边同知，总司金川屯田。《清代诗文汇编》中收有谭光祜的《铁箫诗稿》，其中卷四名为《中田草》。

老三陈守中、老五陈守誉：弃选居乡，敬母睦族

之所以把这两兄弟放在一起，是因为他们虽然相差八岁，为异母兄弟，却都因为要侍奉高堂，一同放弃了可以选官出仕的官场生涯，在中田帮助宦游的兄弟打理田产，过着优哉游哉的乡居岁月。

乾隆三十五年（1770）庚寅科、三十六年（1771）辛卯恩科，三子陈守中（1740—1803）、五子陈守誉（1748—1818）先后中举，兄弟俩在京城候选内阁中书。因老大早已去世，老二守诒告假回乡后即将补官，老四守训在刑部任职，家中嫡母杨氏、生母雷氏无人照顾，兄弟俩于是放弃候选，回到家乡中田。回乡期间，经过南昌三江镇，陈守中被镇上的风光吸引，大笔一挥，题下"秀挹三江"四个大字，为异地他乡的三江留下了一段佳话。

陈守中性情疏朗，在中田的宅子因位于中田河西岸，名为"西水园"。园中春兰秋菊，一年四季寒云瘦日、风花雪月，红袖可添香，往来无白丁。谭光祜成为陈家女婿时，陈守训已经去世，但这不妨碍其他兄弟对这个多才侄女婿的喜爱。嘉庆五年（1800）夏，南丰遭受巨大的洪涝灾害，谭光祜在南丰的家被水毁。在中田陈家的邀请下，全家寓居中田。与在乡的三丈陈守中、五丈陈守誉结下了深厚的忘年交。由于欣赏谭光祜的学识，陈守中还把自己的一个妾收养的养女谢氏给了谭光祜做妾。

《避热西水园别业呈舍人陈三丈（守中）余妇伯也》之二

长歌①一首见情真，风雅原推老断轮。

阅世已深闲有味，作书能瘦妙通神。

红牙顾曲娱春日，绛帐谈经列美人。

特为维摩开丈室，荷筥茗椀话清辰。

《西水别业杂诗寿舍人陈三丈②》之十一

山居二十年，不问长安事。

偶逢远方人，与话唐虞事。

屈指少年者，某某致高位。

亦复感旧游，自堕怀人泪。

年来川楚间，将才须指臂。

拊髀一长叹，老我丈夫志。

在谭光祜的《铁箫诗稿》中，屡屡提到岳父、三丈（陈守中）、五丈（陈守誉）及陈家众多亲族，比如陈用光、陈德卿、陈希祖、陈希曾兄弟以及在乡的妻兄陈文冕等人。其中提到陈雪兰（即陈德卿，陈希祖妹妹）曾经想跟从谭光祜学诗，因谭光祜要返乡而作罢，随即跟着陈用光学作诗。而卷四更以在中田的寓居岁月为主题命名为《中田诗草》。

陈守诒致仕归乡后，与守中、守誉三兄弟在中田享受着"白首兄弟"之乐。乡居的守中、守誉子嗣是五兄弟中最多的一个。陈守中有十二个儿子，陈守誉有七个儿子。华南农业大学衷海燕教授《清代江西家族、乡绅与义仓——新城县广仁庄》一文考证，陈氏五兄弟后世仍居于中田的以陈守中、陈守誉的子嗣居多。

父亲去世时最小的弟弟陈守誉才十二岁，且非嫡母所生。在家大业大的家族中，嫡出与非嫡出有着不同的待遇和地位。因为同母兄守训在外做官，生母雷氏膝下需要人尽孝。因此，尽管陈守誉聪慧异常，曾受业于县籍进士、

---

① 三丈二十年不作诗，因爱余诗乃以长歌见助。

② 今夏养疴西水别业与三丈游最久知最深，冬杪自白下归值丈六十初度命赋西水别业诗得二十首。

兵科给事中鲁兰枝门下，十六岁即补博士弟子员，二十三岁就中举，有着一片大好的前途，他还是选择了回乡尽孝。

作为陈守训唯一的同母弟，在父亲、兄长、母亲去世之后，陈守誉于家乡中田修建了资政公（陈道）专祠，也即现在中田人说的老"陈氏祖祠"。祠堂四壁请人画了四幅画，分别为《静好图》《篝灯课读图》《中馈佐劳图》《春晖馀慕图》。四图均由才子谭光祜赋诗以记。

《静好图》绘制陈道鸣琴的遗照，旁坐者杨太夫人，以为夫妻琴瑟和谐，一片静好之意。《陈道抚琴图》纸本原为陈用光父亲陈守诒所藏，诸位弟弟各自临摹后用檀木匣子珍藏。祠堂建好后，陈守誉又将《抚琴图》绘制墙上。陈用光的《恭题大父凝斋府君抚琴遗照》长诗中提到"五叔父亦善抚琴"。

《篝灯课读图》绘制祖母鲁太夫人中坐，陈守誉生母雷太恭人旁坐纺棉花，前侧桌边两个孩童一为陈守训，一为陈守誉拿着书本在背诵。

《中馈佐劳图》绘制嫡母杨太夫人坐在厨房，旁侧生母雷太恭人着布裙在做饭，旁有小车坐着一个幼女，即为后来嫁给涂家的二女儿。

《春晖馀慕图》则取唐代孟郊《游子吟》"谁言寸草心，报得三春晖"的意境。绘制陈守训在刑部任职、前往广东查案、归途乞假顺道返乡省亲、母亲雷太恭人督促儿子尽早回京送别的场景。建祠挂画时，雷太恭人与守训均已过世。陈守誉作这幅图，寄托着对母亲及兄长的哀思。

乾隆四十二年（1777），陈守誉还将父亲陈道的同年好友福建林明伦的《穆菴遗文》重新刊刻。

陈守誉居乡多年，善于经营。不仅将兄长们在家乡的田地宅院打理得井井有条，兄弟及乡邻中穷困者无论亲疏他都及时救助。陈守诒在太平、陈州知府任上，扶贫济困花费巨大且欠下外债。回到中田要出卖自己名下的田产用于清债。陈守誉及儿子文冕以数倍的溢价把兄长的田产承接下来，解了兄长燃眉之急。兄弟五人，在外做官宦游的家产基本都慢慢没有了，只有陈守誉经营有方，家道日丰。对于父亲生前的恩师广昌黄永年的家眷都照顾有加，他将黄永年的儿子黄光理延请为自家学馆老师，终身照顾。捐资三千两白银助修建昌盱江试院。晚年，他将父祖辈创立的祭田、学田、义田登记申报呈给县衙备案，以杜绝子孙后代盗卖及侵蚀。

　　乾隆五十五年（1790），陈守誉的长子陈吉冠乡试中举，四年后的乾隆五十九年（1794），陈吉冠赴京会考，陈守誉与之同行，经过吴城之后，陈吉冠染病返回，不治而亡。陈守誉悲痛万分。嘉庆二十三年（1818）冬腊月，寓居在南昌的陈守誉因病去世，享年七十一岁。他的第三个儿子陈椿冠于道光十五年（1835）中进士，延续了家族的荣光。

　　陈用光十几岁跟着舅父鲁九皋读书时候，偶尔贪玩不听舅父的话，总是陈守誉去谆谆教诲引导。"用光十四五时，不顺于舅氏，五叔父督过，用光卒能安"。[1] 在陈用光为陈守誉所写的墓志铭中，我们可以看到他对五叔父人品的折服以及对五叔父深切的怀念。"为所当为，不惜举助于家庭间，大者如此，其于乡党知好推解赒恤不可胜书，又其余也"。[2]

　　古语云："二人同心，其利断金；同心之言，其臭（嗅）如兰。"父亲的言传身教，自身的勤勉修身，五兄弟同心，将家族中的人紧紧团结在一起。兄友弟恭，亲善和睦，成为清代江西乡村家族的典范。从清中晚期一直到民国，陈氏家族后世子孙英才辈出，成为有名的文学之家、官宦之家、科举之家、书法之家和慈善之家，演绎出了一个家族近两百年的传奇。

---

① 陈用光《果堂五叔父六十寿序》。
② 陈用光《五叔父果堂府君墓志铭》。

人生谁无死，留得忠义名

讲到中田，不免有很多的标签，诸如科举之乡、官宦之乡、文学之乡、书法之乡、教育之乡、慈善之乡，六大名片已经广为人知。翻开厚厚的史册，还有一个不能或缺的标签，那就是忠义之乡。

光绪二十三年（1897）夏月，新城陈氏五修宗谱终于告竣刊行。此时距乾隆四十八年（1783）四修家谱已逾一百多年。这一百多年间，中田陈氏家族涌现出一大批翘楚，已然成了清代中晚期江右科举和文学的高地。

这一年，陈瀩一（1892—1953）方才五岁，他的弟弟麟书于夏六月刚刚出生。正是因为有了弟弟麟书的出生，在刚刚修好的家谱上，这个名字叫"兴儿"后来成为民国时期才俊的陈瀩一，被记在了自己大伯父陈松年（1827—1857）的名下。而陈松年已经于四十年前的咸丰七年（1857）因太平军攻城殉职死在了福建。他的妻子方氏寄居苏州妹妹家，三年后的咸丰十年（1860）同样因为太平军进攻苏州与妹妹一同投水自尽。

因此，事实上陈瀩一与谱上的继父完全没有任何关系。他一直在自己的父亲陈叔彝身边长大。因为是长子，父亲对他的要求很严格。陈叔彝（1863—？），工古文，善书法，曾经游学日本。很注意对子女的培养教育，对陈瀩一要求甚为严格。他在中田的书斋名叫"睇向斋"，存有大量的典籍图书。陈叔彝时常将儿子带至其间，或"命待立牵纸"，自己平心著述，使其受到熏陶。他不仅在学业方面对陈瀩一进行督促、鞭策，且时常在为人处世方面，也予以孜孜不倦的教诲，循循善诱："古之学者，求能书为人之道而已，穷达显晦非志所存；今之大抵谋功利之心为极，非予所冀于尔也。冀尔能如余，终日不废吟讽者，真吾儿也"。父亲不追随功名利禄的励志教诲令陈灏一终生感动不已。

因为父亲陈叔彝因病早逝,为表达对父亲的纪念,陈灏一无论身居何地,总将其书斋冠以"睍向斋"之名。

陈灏一的亲生父亲陈叔彝是陈道长子陈守诚这一支的后世。陈守诚第三子迪功公陈允恭的长房长孙陈镜之生有四个儿子,长子即陈松年,次子陈慧官,三子陈叔彝,四子陈季超。根据家谱记载,陈叔彝出生于大哥去世六年之后的一八六三年。

三十岁就殉职的陈松年只有一子一女,子也早殇。在古代,无子就无后。一般都会由家中长辈选定其兄弟或者堂兄弟的子嗣承祧,以为身后有人,四时祭拜,家族能够百世绵延。因此,为了让殉职的陈松年不至于在谱上断了子嗣,或许是由当时的家族长辈主张,也或许是陈叔彝出自对早逝大哥的兄弟之情,将时年五岁的兴儿记在了他的名下。这个兴儿,经陈氏族长公查证,就是民国时期创办了《青鹤》杂志的著名学者陈灏一。

中田庞大的陈氏、鲁氏家族中,在清政府各级府衙任职的大小官吏数不胜数。因此在咸丰同治年间兴起的太平天国运动中,为之殉难的家族成员也数不胜数。

咸丰十年(1860)九月,太平军进入黎川北部中田、八都等处。为了保障乡亲们的安全,因病归籍在老家中田休养的安徽和州刺史陈麒昌(1811—1860)与知县徐元燮募集乡勇抵抗,徐元燮临阵脱逃,陈麒昌战死,其妻邓氏饮药殉夫。陈麒昌,字升之,是陈守诚第二个儿子又倪公陈奉宽的孙子,之前叫陈复恩,后改名麒昌。按谱系世系看,陈麒昌与陈松年是叔侄辈的关系。

此次护村之战,中田人鲁之骥、鲁树槐、鲁官、鲁士桢与陈麒昌一同迎战,皆战死。因为陈、鲁两姓多有通婚,战死之人之间互有姻亲和血亲关系。其中,鲁士桢为鲁官的孙子。同乡人郑赛保在陈麒昌战死后继续带领乡勇抵抗,冲锋陷阵力尽战死。此战中田受创巨大,但大部分老弱妇孺得以逃脱,陈麒昌等乡绅功不可没。

文学家黄长森为咸丰年间守城战死的县令诸葛槐、乡绅杨堃以及陈麒昌分别写有哀诗,其中哀陈刺史诗云:

十里山前日欲落,青烟惨淡寒阳薄。

陈公拒贼贼氛恶，且战且詈且大嚎。

可惜庸奴束高阁，不然逆贼敢恣虐。

记宰皖江威声卓，鼓鼙声与寒潮错。

一病归来一梦觉，箕尾长横杀贼稍。

最恨守土失援约，一生一死问奚若。

大书公事记厓略，咸丰十年孟冬朔。

同样殉难身死的还有陈受多、陈鹭和陈驹，均是陈守诚支下后裔。陈受多是陈守诚长子陈元的长曾孙、陈希祖的长房长孙，即陈延恩之子。咸丰九年（1859），杭州初次失陷，时任浙江候补监经历的陈受多与妻李氏一同殉难。因无子，以叔祖父陈希曾的长曾孙陈国霖（字福孙）过在名下为子。同时殉难的还有陈鹭，陈鹭为陈守诚第四子陈观的曾孙，与陈受多同辈，为五服之内的堂兄弟。同治三年（1864）十月初一，陈鹭的弟弟陈驹时任福建巡检，因漳州城陷，与两个儿子同时殉难。

同治三年（1864）六月，沙俄乘新疆回民反清举事之机，派兵侵占了伊犁西北的博罗湖吉尔卡伦。伊犁将军常清带领军民进行抗击，陈孚恩奋勉效力，常清为其请功，未准。四年春，新任伊犁将军明绪，奏言陈孚恩筹饷筹兵不遗余力，恳请予以释放，获准。并命陈孚恩留在伊犁，协助办理兵饷事宜。五年五月，新疆一支回民部队首领金相印，借助浩罕汗国（今乌兹别克）军队支援，攻陷伊犁。明绪等战死，陈孚恩及其亲人一同殉难。

无论之前曾经极享恩荣，到后来站错了队得罪了皇上被贬，再到殉难，关于这位清代江西在朝最大官员的是是非非一直到现在还有各种褒贬不一的评价。然而，他在伊犁的殉难，却也诠释了一个家族的忠义之风。

早于陈孚恩殉职的还有杨炳。杨炳与陈孚恩互为姑表兄弟，为陈希祖、陈希曾妹妹的儿子。咸丰十一年（1861）年九月，太平军忠王李秀成率大军二十五万再次包围杭州，杨炳负责杭州城防守，苦守两个月之后，杭州城陷，杨炳之妾张氏服药自尽，杨炳出城迎战被杀。

在历史的洪流中，朝代更迭是必然的趋势，时代的巨轮总是滚滚向前。站在今天的立场来看，他们可能会被打上"愚忠""螳臂当车"这样的烙印。但是，放在当时的历史环境下，于家族和村落而言，护村保乡、保卫家族的安全就是他们命定的责任和义务。

天妒英才恨，三星陨落悲

古代的家族，讲究长幼有序。家族掌权人，尤以长房为尊。长子没了，还有长孙，代代传承。长房长孙长曾孙，就承载了更多的重担和压力。既要有公心，有能力谋划整个家族的种种事务，自己的小家族还得出类拔萃才能服众。于是心力交瘁者比比皆是。具体体现出来往往是"天妒英才""英年早逝"，令后人唏嘘不已。

中田陈氏家族清代第一位进士陈道的五个儿子在良好的家教下，也成为人中龙凤。长子陈守诚（1727—1765）年轻时即性格豪迈，显露出治事才干。可惜英年早逝，留下了四个儿子：陈元、陈奉宽、陈允恭、陈观。此时长子陈元刚刚二十岁，最小的弟弟陈观十三岁。

陈守诚去世后，陈元不得已中断了学业，承担起长房长孙的责任，主管家事，抚育弟弟，在叔叔们的帮助下打理家族事务。如此庞大的重任之下，还不到三十岁，陈元就走到了生命的终点，留下了两个儿子陈希祖、陈希曾和四个女儿，妻子黄氏的肚子里还怀着一个。两个月后，遗腹子陈希孟出生。

估计陈元万万也想不到，自祖父成为进士之后，自己父亲和叔父五人再无一位进士，到了他这一代的兄弟和子孙开始，却开启了科举的开挂历程。

最小的弟弟陈观于乾隆甲辰（1784）中进士为官之后，长子希祖（1765—1820）、次子希曾（1766—1816）不仅相续高中进士，希曾还是乡试解元、殿试探花。而陈希曾的二子陈孚恩成为五部尚书，被皇上特赏"头品顶戴，紫禁城骑马"，并御赐"清正廉臣"匾额。如此殊荣，陈元泉下有知，自当含笑宽慰不已。

陈元临终时，将两个儿子托付予鲁九皋培养。鲁九皋一七七一年中进士，在家中候选，他参与公益事业和乡村治理，为当时名儒，育人有方。过了三年，希祖兄弟先后补县学弟子员，与鲁九皋儿子鲁嗣光、叔父陈用光同读于石竹山房。鲁九皋对他们先授以"宋五子"书，以正品行。因此，希祖希曾从小就以端庄儒雅备受乡亲尊重。

陈希祖，字玉方，自幼勤奋好学，聪颖过人，且多才多艺，并善抚琴。从九皋学习科举课业，熟知宋明以来诸名儒风格体例。文章精于考据典章，其诗古文词皆精深意远，有如宋儒经典义理，见地精辟。他爱书如命，即便后来身游宦海，在任期间，仍手不离卷，孜孜以学。乾隆五十一年（1786）成举人，乾隆五十五年（1790）中进士，殿试第七名。科举后，陈希祖被委以刑部主事。这年十一月，高龄八十三岁的曾祖母杨太夫人去世，因祖父、父均已去世，作为嫡长曾孙，陈希祖回中田为曾祖母守孝，至乾隆六十年（1795）方任实职。

嘉庆元年（1796），他把母亲黄夫人接到京城，与时任编修的弟弟希曾一起奉养。陈希祖在刑部供职长达二十余年，依例当擢升至郎中。因希曾调任刑部侍郎，按回避制，希祖改任户部员外郎，再迁吏部郎中，后补任浙江道监察御史。

陈希祖性格恬淡，恪尽职守。曾经主持过河南的乡试，所录取的儒生大多是知名人士。刑部司职期间，一直埋头于清理积存旧案，即使后来升任为主官，也还是亲力亲为，常把好处理的事让给同僚。到下属部门理事办案，官吏不敢隐瞒欺骗。在审核百姓案件时，慎之又慎，以贫民活命为念，常秉烛黉夜理案，几易其稿，大有宋名吏欧阳崇公治案之风，所经狱讼多有冤情平反。

陈希祖一生最大成就不在政绩，而是书法。陈希祖爱好书法，自幼表现出奇异的书法天赋。十一二岁时，师从私塾老师鲁东生，临摹大字，写得非常漂亮。他学习历代名家技艺，但学古不泥古，得其意而忘其形，集诸家之大成，博采众长而自成一体。嘉庆十七年以后，书名大成，誉满京城，一时登门求书者络绎不绝，学习临摹者趋之若鹜。"玉方书名独盛，四方来者多方求得片纸只字为荣"。他偏爱宋代张即之和明代董其昌两书法大师，每当得知谁处藏有董氏手迹，他总要千方百计求来欣赏琢磨，久观不厌，以致废寝忘食。因此，他的笔法尤近乎董其昌晚期神韵，深得董书之精髓。在清代董派中，他与张照、刘墉齐名，三者领导清代嘉庆书坛，成鼎立之势。清代著名书法家包世臣所著《艺舟双楫》中将其行书列为能品，并评论说："玉方先生以书名宇内，称为华亭后身，酷似华亭而导源平原，故形神皆肖，异于世之学华亭者"。这里所说的"华亭"，就是以董其昌为代表的"华亭派"书法。而清代著名文学家方东树也评论希祖书法说："聚古今名家法帖，妙悟而师其意，其运笔于冲淡中取神采，人谓有得于黄庭之法。"（《陈希祖墓表》语）陈希祖一生创作了大量书法作品，至今还有墨宝传世，成为收藏者争购对象。

陈希祖书法

陈希曾，字集正，号雪香。比兄长希祖仅小一岁。清乾隆五十四年（1789）赴省城乡试，得中解元；乾隆五十八年（1793）赴京殿试，高中探花。查看他的为官履历，从中探花的一七九三年开始到去世的一八一六年的二十三年中，职位几乎每年都有变动，除了在京师各种眼花缭乱的职位变动外，还充任过云南、贵州、江南、顺天等省乡试正、副考官和殿试读卷官，并提督四川、山西、江苏等省学政，会试同考官。在朝如此，在家中更有一大摊的事务，不仅要和兄长一起供养母亲，还有几个妹妹家中的外甥都在京城依附舅氏，承担着长舅如父的抚育责任。

陈希曾多次督理学政，主持文柄，执掌文事铨选大权。对下属、对士子严格要求，严禁舞弊，奖励才干。因此，"士畏其严而仍乐其宽"。他在选拔人才时，以经取士，得到不少有用人才。在工部、户部任职时，他对人员的任用、选拔和钱财监督审查工作都十分谨慎。担任侍郎后，虽位居二品，却仍然虚怀若谷，使部属得以人尽其言。在担任刑部侍郎期间，曾奉嘉庆帝谕，前往浙江杭州复审浙江巡抚颜检上奏不实案，经过陈希曾严格审核，判明实情，将失职妄奏的巡抚交部议严加审讯，最后夺官革职。

陈希曾书法虽然没有兄长陈希祖出名，却也颇见功力。他才干突出，"工为文，娴掌故，有治事才"。嘉庆丙子年（1816），五十岁的陈希曾病卒于工部右侍郎任上。用现在的话说，就是活活累死的。清末陈康祺所撰的史料笔记《朗潜纪闻》中关于陈希曾，说他职业勤慎，内娴六部庶务，外娴十八行省兵刑钱谷之务。

在此期间，比他们早几年中进士的小叔父陈观以及堂叔父陈用光都先后在朝为官。一时之间，兄弟同朝、叔侄同朝的又多才多艺的陈氏叔侄成为京城的头号流量人物。可惜陈观早于陈希曾半个月亦去世于任上。陈用光为此叹息："家门方庆振兴，而有显望者先后相摧，钟溪之身虽显，而志亦未究，可悲也夫。"

陈希孟（1775—1814），字体慈、鞠存，号养吾、梦琴居士。于陈元去世后两个月出生。作为遗腹子，母亲黄夫人自然是照顾有加，几个兄姐更是百般呵护。陈希孟的名为鲁九皋所取。鲁九皋有一篇《陈生希孟字说》，"孟子幼孤赖母氏三迁之教卒成大贤。"十九岁时候，要行冠礼，兄长希祖又请鲁九皋给弟弟取字。鲁九皋为之取"体慈"，希望他能体念母亲养育之恩，向两位兄长学习并努力成全母亲的期望。或许是母亲过于宠溺，陈希孟在学

郎潜纪闻四笔

256 陈希曾职业勤慎

陈锺溪侍郎希曾，乃方伯御母弟也。贰工部，能考核工程，慎题曹司，择端谨者，奥马沛属。在户部、刑部，亦稜稜有风骨。本朝自设军机处，政柄多归枢府，内阁多归题本。其票籤收发，则侍读中书司之。内阁学士一官，不遇马卿寺升转，非其职者，特委蛇待遇掷耳。侍郎官阁学时，凡中外题本，必自首至尾朗诵默识，讫於三，然後畫诺。尝语同年潘文恭公曰："国家之设此官，欲使偏阅章疏，内娴六部庶政，外娴十八行省兵刑钱谷之务，吾辈可惮烦而不一审其所盡瘁之事乎？"其职业勤慎可想，其蕴抱宏远亦可知。

257 徐乾学横阅碑文

古人覽書，勤稱五行，十行俱下，棋尚以爲過實之詞。自問少時看書顥敏捷，不過他人閱一行，吾閱三五行，其尤鈍者閱一行，十行耳。圖必依行，總未有所謂並下者，並不升，"横閱之"又横閱其中間，復斜而横閱其下截，遂乃盡馳其群。姜大驚，以爲絶才無對"然世果有天緊異質，記性絶人，以目光分燭其零句，卽能以意匠貫串其全篇。

《郎潜纪闻》陈希曾记载书影

业上并不如两位兄长那般出色，但善于诗赋。陈希孟于嘉庆六年（1801）拔贡，嘉庆七年（1802）朝考二等，授即用知县，分发湖南，改近湖北，授广西梧州府同知。选授官后，因路远亲老，并未赴官。居家侍母，承欢膝下，佐治家事，两位胞兄得以安心在外做官，是家庭的强大后盾。

嘉庆十六年（1811）闰三月，因母亲有去杭州天竺寺进香的愿望，陈希孟于是陪同前往。一路吟咏，留下了一本薄薄的《游杭小草》手抄本。诗共六十首，撰于嘉庆十六年（1811）闰三月。卷首《自序》，引首钤"梦琴"朱文长方印，尾钤"陈希孟印"阴阳文长方印，及"养吾"朱文长方印。尾署"分溪梦琴居士"，"梦琴居士"为陈希孟别号。全书圈点改篡处颇多，钤作者名、号印章多枚。今仅藏南京图书馆。

自　序

辛未闰三月，母氏有天竺进香之愿，命予侍奉。予又同人别坐一船，每过山青水绿之处，诗情油然以生，聊以自遣自咏，几忘汗颜。比至湖上，每挐舟之朝，游山之日，偶有所得，即投之囊中。俟归寓时，短檠镫下，费尽推敲，辙至永夕，竟不知安枕而卧也。嗟乎！迁客骚人，往往留题于此，如诗不成，未免江山笑人耳。于是随咏随写，并集得六十首，以志一时之游兴云尔。分溪梦琴居士。

可惜三年之后，三十九岁的陈希孟即因病去世，走在了母亲和兄长的前头。

他们的母亲黄夫人出自名门，是黎川县城黄家曾任陕西汉阴知县黄道嘉的女儿。陈希孟去世后两年，陈希曾又积劳成疾去世。黄夫人痛念丈夫去世后的三十年间恍如一梦，叶落归根的愿望越来越迫切，于是携带一家大小从京城回江西老家。

自此郁郁寡欢，身体每况愈下。嘉庆二十五年（1820）六月终至不治，于七十六高龄寿终。而长子陈希祖在这一年提任浙江道监察御史，因思念母亲，便上奏回家养病。彼时，同在朝为官的陈用光劝他不要急着回家，等病好了再回也不迟。陈希祖说："吾思亲切，且出京师则身心暇豫，疾可就愈，无忧也。"到了浙江，儿子陈延恩陪他同行。途中应友人所请，作书数十幅而并无倦容，不料行至杭州时一病不起，死于苏公祠。年仅五十五岁。

三生一夕休，钟溪空自流

作为清代中晚期重要的文学家，陈用光的成就至今依然有很多人在研究。而我们在深入研读他的文赋诗词的时候，为他的文采所折服的同时，也为他一生中历经的悲欢离合所感叹。

有道是"男儿有泪不轻弹，只因未到伤心时"。幼年丧母，壮年丧兄弟手足，晚年丧爱妾，又丧子丧女。数年间，至亲的人一个个离世。即便是享尽荣华，被人景仰，这后面的辛酸，却只有经历的人自己知道。

道光元年（1821）重阳后两天，陪伴了他二十载的妾静娟因病去世于京城。陈用光悲痛万分，写下《哭静娟十六首》《雨后过静娟殡室》。百日后，写有《席姬百日写经后赋此》。道光二年（1822）的七夕，陈用光情难自已，写下《七夕追忆静娟》，诗曰：

> 金风玉露可怜宵，除是他生赋鹊桥。
>
> 此去故乡应较近，芳魂能否认星轺。

七月二十七，陈用光将静娟的灵柩送归家乡钟贤。京城到中田，千里迢迢，关山路远。陈用光将静娟的灵柩用小船附在运粮的漕船后面通过运河至长江，再经鄱阳湖过抚河，然后逆着龙安河上溯，将席氏葬于陈氏祖坟山包家山。此中辛酸，由他所写的《送静娟柩附粮艘归》中可见一斑。

> 不信粮艘发，真成送汝归。
>
> 此生我嗟老，所愿痛卿违。
>
> 待漏言犹在，熏香事已非。

谁知官擢后，洒泪埋朝衣。

分手缘何促，凭棺泪竟枯。
归魂微昨梦，遗奠送长途。
宦久乡难返，情深影易孤。
可怜鸿案畔，衔痛为清娱。

九月初二，又写下《九月初二夜追悼（六首）》：不分三生一夕休，伤心重见月如钩。黄泉若信今宵冷，有梦还来替我愁。道光三年（1823）六月，又作《席姬墓志铭》。

陈用光一生享年六十八岁，在家族中算得上是长寿者。他九岁失去了亲生母亲，家族中的叔母、兄嫂都对他慈爱有加。庶母姚氏对他更是视如己出，精心养育。陈用光也视之如亲母，姚氏后也因陈用光而被封为宜人。

席姬去世后的道光二年（1822）暮春，因六女寿晖归嫁日期临近，陈用光遣长子陈兰瑞夫妇送六妹归嫁上饶广信府河口同知谭元之子谭兰祜。陈兰瑞是东乡吴嵩梁的女婿，因屡次应试未果，郁郁寡欢。陈用光借送嫁之际望儿子能调整一下心情。送嫁后，陈兰瑞即归乡协助父亲处理席姬墓葬之事。道光三年（1823）正月初七，庶母姚宜人去世。当年冬天，中田疫病流行。这边姚宜人还未下葬，陈兰瑞却染病不起，二月初五遽死中田，年方三十五，因长孙大焕年幼，灵柩暂厝殡室，以待他年安葬。陈用光痛心万分，于一百零八天之后写下《志亡儿兰瑞殡》，文中叹道：

呜呼，修短有定数，医之未尝与其运之将尽适相会与！今世人遘疾多如此，此无足为憾，独吾儿非不可成就之材，而吾不能因其性子恧有以扩其识，使不狭于心以无遘乎疾，是则余不慈之痛以自解者已。

大概是因为父亲陈用光和岳父吴嵩梁都是当时文坛的领军人物，作为长子的陈兰瑞因此对自己要求非常严格，迫切想要有一份成就。且偏偏天不遂人愿，屡次中试不得，因此而郁积成疾。陈用光自责说，虽然命有定数，但儿子并不是不可造之才，而是自己没有根据儿子性格上的缺点去加以引导，这是他做父亲的"不慈"。

在家谱中，陈用光除了正妻鲁氏，还有妾羿氏、席氏。羿氏没有子女记载且未有任何相关资料，陈用光文集中也不见只字。

鲁氏是忻州知州鲁潢的长女，长陈用光三岁，后被封为恭人。有意思的是，陈用光的母亲是鲁淮的女儿、鲁九皋的姐姐。鲁淮，是鲁氏家族仁房第十六世。也就是说，从家族辈分来讲，陈用光的妻子与自己的母亲同辈分。当然，中田鲁氏家族从明代天启年间，鲁汝亨首次创修家谱时候，就已经分为了仁义礼智四房，因此陈用光与自己的夫人是出了五服的亲戚关系。

陈用光也有多首诗作写给自己的夫人，比如《书怀记内十首》《记怀内子四首》《内子四十初度》《寿内子五十生日》。在寿夫人五十生日的诗中，陈用光回忆了他初见鲁氏的情景。彼时两个人都是年少小孩，地点在舅父鲁九皋的家中。对于这个大自己三岁的夫人，陈用光非常敬重。不仅因为鲁夫人出自名门世家知书达理，还因为鲁夫人给他生了四个儿子、四个女儿，可谓劳苦功劳。在关键时候，还能帮陈用光解决一些情面上的棘手事情。鲁氏于陈用光去世九年后辞世，享年八十岁。

席氏为中田席家湾人，本为陈用光侄女陈德卿的侍女。其母以席氏生辰八字不利于家为由，将她卖给了陈用光从嫂黄夫人，黄夫人将之陪伴女儿陈德卿。陈德卿待她情同姐妹，新寡后随母寓居京邸投靠兄长陈希祖、陈希曾时，一并带去。嘉庆五年（1800），中举后的陈用光赴京备考。此时，陈用光已经三十二岁，四个儿子都年幼，最小的兰豫才三岁，鲁夫人在中田家中养育儿女侍奉公婆操持大小事务。而陈希祖、陈希曾兄弟在京城已是朝堂炙手可热的人物。一八〇一年辛酉科，陈用光中进士，被授予翰林院编修。孤身在京城的陈用光身边确实也需要一个照顾他的人。这时候，跟随陈用光学诗的陈德卿便将席氏给了叔叔做妾。此时席氏已经二十岁，算起来也是大龄女青年了。

陈用光对小自己十多岁的席氏非常怜爱，给她取名"静娟"。席氏善女红，性情温和娴雅，之前京城就有多家富户请托陈德卿想求之为妾，席氏皆不愿意。静娟归后，陈用光立马携带她回乡拜见夫人，以夫人认可而有了名分。鲁氏对静娟颇为满意，阖家旋即赴京居住，鲁氏将家中事务分给她处理。陈守诒去世时候，陈用光与夫人归中田处理后事，京城一家大小即由静娟打理。静娟对鲁氏所生子女照顾周到，而自己二十年辛劳持家，不争不计较。

几个儿媳妇生孩子，静娟都悉心照料产妇和婴儿。鲁夫人为此感叹，自己或许都做不到这样。

席姬生有女儿三人（排行五、六、七），后被诰封为"宜人"。虽未有子。她却非常乐观，说"子如不贤，不如女也"。五女嫁给了户部郎中祁韵士之子祁寯藻，生有儿子祁世长。祁寯藻后来成为三代帝师、四朝文臣，为著名的文学家和书法家，主持清代道咸诗坛、书坛长达几十年，为士林所瞻望。祁世长为咸丰十年进士，官至工部尚书，兼顺天府尹。六女寿晖嫁谭兰祐，七女寿芸嫁福建盐场大使曹袯。

五女将要生孩子的时候，陈用光叫席氏前往婿家探望，席氏不愿去，陈用光强叫她去。满月后，席氏因病而回。此后，四五个月多方寻医问药不见好转，有说可能是久咳而病，也有说暑热之症，然后听人说针灸或许有用，求医针之而殁。

席氏去世后，鲁夫人为了宽慰陈用光，派了一个姓傅的婢女专门照顾陈用光起居，然而越是照顾周到，陈用光就越加伤心。出门的时候听到人说生病了要寻得一个好医生真难呀，心里就怦怦而动，悲叹席姬被庸医所误。为此，陈用光长叹："余非溺于情者。姬何以使余悲之不已！余悲不已则姬可以死而无憾矣乎？"

道光四年（1824），出嫁谭家仅仅两年的六女寿晖去世，时年二十。寿晖出生时曾被谭家抱养。因陈用光与谭元交好，两家来往密切。席氏怀寿晖时，恰逢谭元的妾王氏来访。王氏说："吾主人未有子女，而君家多男，若生男也则已，若生女也，以女我，我有女希冀可有子也。"寿晖出生后数月，即被王氏抱去养育。过了一年，王氏及其他妾竟然都有了身孕。根据当初约定，若是谭家女人有了身孕，抱去的寿晖就要还给陈家。陈用光碍于情面不好开口，这时夫人鲁氏就出面去把孩子抱了回来。谭元虽然不舍得，却又无可奈何。后来王氏生了儿子，谭元恰好调往抚州为官。前往中田拜访陈用光之父陈守诒。说："是不能为吾家女也，其可以为吾家妇。"陈守诒说，"可。"谭元又写信给陈用光，陈用光欣然答应。道光二年，寿晖出嫁，过一年，寿晖生一子，又过一年，寿晖因病卒于抚州谭家官邸。

数年之间，席氏、庶母姚氏、长子兰瑞、女儿寿晖先后离世。陈用光七个女儿，前面四个皆为鲁氏嫡出，后面三个皆为席氏庶出。长女嫁中田鲁嗣光之子鲁应祜，次女嫁县城涂青崖之子涂慕祁，四女嫁社苹王家进士王轼之子王汝城。第三个女儿嫁给中田鹤湖王氏，生一女两子之后亦早逝。七女寿芸出嫁后，也先于陈用光之前去世。殁年二十六岁，陈用光为之写有《十月十四日悼七女》。

道光九年（1829），陈守诒长房长孙陈兰祥（1775—1829）去世，此时陈兰祥初成进士，改翰林院庶吉士，惜未及赴任而卒。陈兰祥从小聪颖出众，居乡期间参与乡村社会管理，深有威望，著有《晚萃斋文集》。生前工于书法，为翰苑奇才。作为新城古文学派始祖陈道之忠实继承者，除了鲁九皋、陈用光，陈兰祥也堪称领军人物。对于这个侄子，陈用光寄予了深切的厚望，因此而痛心万分："吾深有望于汝，而乃有弱一个之痛，而谓吾能不为家世恸乎？""吾方倚汝为吾助，而汝乃舍我而去矣！呜呼，无能不为家世恸乎！"（陈用光《兄子兰祥墓志铭》）

"修短有定数"，人生不强求。无论是名人还是凡人，古人还是今人，一生都在不停地遇见与告别。

在陈用光的心里，母亲留下的是暮色中从台阶徐徐而上的优美身影和温暖的怀抱，父亲留下的是朴实做人的道理和善良的品性。栖灵山不语，钟溪水长流。那些众多魂归中田的亲人：名为叔侄实则情同手足的陈希祖、陈希曾兄弟，自幼一起长大文采斐然的表弟鲁嗣光（字习之）、亦师亦父的舅父鲁九皋、好友鲁宾之等等，他们的一生或长或短，最后都定格在陈用光所写下的文字里。翻开来，就像一幕幕无声的话剧跃然于纸上，向今天的我们讲述着一座村庄久远的故事。

一卷遗文集，倾盖如故情

　　一部广东才子的遗文集，经过福建才子牵线，由黎川中田陈家才子出资刊印，并由中田鲁家才子为之作序。一百二十多年后，又钤有黎川的藏书家汪石琴藏书印，最后成为黎川图书馆的馆藏。这里面，有着多少沧桑故事呢。

　　这部文集叫《穆菴先生遗文》，作者是广东始兴人林明伦。

　　乾隆十三年（1748），戊辰科共取进士二百六十四名，其中第一甲三名，第二甲七十二名，第三甲一百八十九名。后世有"戊辰多君子"的说法，是说该科进士中涌现的佼佼者众多。状元梁国治自是不用说，比如顺天府的朱珪①中进士时仅有十八岁，后来成为一代名臣，并做了嘉庆皇帝的老师。福建的朱仕琇②、河北的李中简③都是一时之才俊，也是清代著名的文学家和诗人。此一科，广东始兴的林明伦、黎川中田的陈道也都榜上有名。

　　林明伦（1723—1757），字敬熙，号穆菴，始兴县顿岗镇斗塘村人。林明伦中进士时也仅二十五岁，与朱仕琇同为庶吉士，后授翰林编修。因朱仕琇古文为当时的翘楚，林明伦就从朱仕琇学古文，朱仕琇每每与之交谈，都喜欢引用韩愈的文章。两人之间亦师亦友，情谊深厚。林明伦素怀忠义，刚正不阿。他在朝廷任职时，有人劝他向上级官员行贿，以便谋求更大的发展空间。林明伦正色言道：如果这样做，我今后还怎样在官场上立足？他写过

---

　　① 朱珪（1731—1807），字石君，号南崖，晚号盘陀老人。

　　② 朱仕琇（1715—1780），建宁人，字斐瞻，号梅崖。

　　③ 李中简（1721—1781），直隶任丘人，字廉衣，一字子敬，号文园。

一首《吊五人墓》，文如其人，闪耀着一股凛然正气：

> 捐生片语易，仁义五人同。
>
> 道直心宁悔，名存死不空。
>
> 招魂堤水上，葬国虎丘东。
>
> 墓草侵阶绿，山鹃带血红。
>
> 要离三尺土，千古共英风。

乾隆十八年（1753）秋，林明伦奉旨任山东乡试正考官。乾隆十九年（1754）四月，林明伦出任浙江衢州知府。在任上他勤政爱民，两袖清风，深受百姓的爱戴和敬重。后来因病没有去拜见新上任的抚台大人，大人怪罪下来，找了借口免了他的官职。林明伦离任时，当地老百姓感念他的恩德，痛哭流泪相送，场面十分感人。

乾隆二十二年（1757）秋，林明伦积劳成疾，不幸病逝于京城，年仅三十四岁。当时朱仕琇也正要进京城，却不料人还未至林明伦就已去世。林明伦病逝时，连一件像样的衣服都没有。他的同僚无限感慨地说：呜呼，若君者可谓廉矣！换成我们今天的话就是：唉，像您那样的官员才是真正的人民公仆！朱仕琇痛失好友，万分痛心。林明伦去世后，几个门生汇集了他的一些文章编成《穆菴遗文》，同年进士无锡人秦朝釪作《故衢州知府穆菴林君传》，经朱仕琇点评后于乾隆二十三年（1758）刊行。

朱仕琇的《梅崖居士文集》中有大量写给林明伦的文章和诗句，除了互相探讨古文写作之外，其中不乏对林明伦人品的称道和赏识。比如有一篇《与林穆菴书》写道："更念大兄磊磊自将，年齿尚缩，而识量德守何裕也，志气精魄何长也。"虽然朱仕琇比林明伦年长八岁，仍然敬称对方为"大兄"，称赞他襟怀坦白，严格律己，胆识气量与操守都为一时之首。

建宁与黎川山水相连，建宁人北上中原往往要经过黎川，又因同为戊辰科同年，朱仕琇与陈道也结下了深厚的友情。

陈道与前面诸君同为乾隆十三年进士。陈道从广昌黄永年读书，饱读诗书，奉亲至孝，学识品行都为时人称颂。中进士回乡后他一边开馆教育家族及村中子弟，著书立说，一边处理乡村公益事业。中田鲁家的鲁仕骥在陈道门下读书，不但继承了恩师的理学、文学渊源，而且接受了其经世济用、造福乡里的经济思想。后来，陈道又介绍他前往朱仕琇门下求学。在朱仕琇的教导下，鲁仕骥古文造诣越发深厚，为他后来成为桐城古文派中坚人物和新城学派的领头人打下了坚实的基础。

也就是这一年，陈道的第五个儿子陈守誉出生。陈守誉开蒙读书后，父亲陈道时常教诲他说，同年中文章可为师法者建宁朱梅崖、始兴林明伦。陈道去世时，陈守誉方才十三岁。鲁仕骥将陈道文稿收集整理，编成《凝斋遗集》八卷存世传承。乾隆三十六年（1771），鲁仕骥赴考中进士，此后在乡候任长达二十年，这期间他与陈家共同创立的广仁庄成为清代乡村治理的典范。

乾隆三十六年（1771），二十三岁的陈守誉比其兄陈守中晚一年也乡试中举，援例候选内阁中书，将要任官时，因为其他兄长均在朝为官，家中老母无人奉养，于是两兄弟放弃选任一同回乡，终身未再出仕。

归乡后陈守誉才得以拜访到朱仕琇，得到朱仕琇点评的林明伦《穆菴遗文》，非常喜欢。便请求朱仕琇先生想重刊此书。朱仕琇于是将《穆菴遗

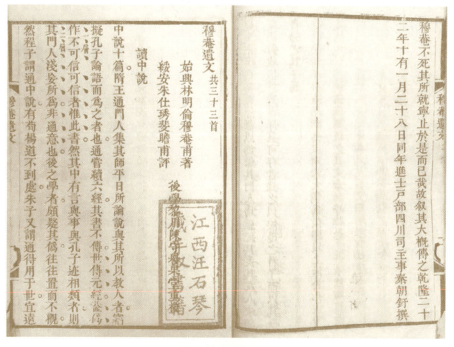

《穆菴遗文集》书影

文》中没有选入的文章悉数交给陈守誉刊刻。此时朱仕琇也已六十二岁。乾隆四十二年冬十月，此书刊成。前一部分为重刻的朱仕琇作序的《穆菴遗文》，后一部分为续刻的新增加的文章，鲁仕骥作序。鲁仕骥写道，他昔日从朱仕琇学古文，朱先生将林明伦的文章给他看说，此文章正体也，可惜作者去世得太早了。当陈守誉有心重刻林明伦文集时候，朱仕琇对陈守誉说："穆庵文皆可传其，悉登之。果堂（即陈守誉）续刻之，别为一编。"

二〇二〇年夏，在县图书馆欣赏到这部钤有"江西汪石琴藏手收书籍"长方形藏书印的《穆菴文集》。全书保存完整，用纸讲究，印刷精美，字体清晰，页面整洁。可见陈守誉重刻此书下了非常大的功夫。

这本历经二百四十多年完好如初的古籍，不仅仅是一位英年早逝文学家的作品集，也寄托着年高的学者对年轻一代的信任和期望，凝聚着后辈对前人的无限追思和仰慕，更展现了一位藏书家的胆识和气魄。也让我们见识到了一段由广东、江西、福建三省之间一群志同道合的文人性情相投、倾盖如故的知交传奇。

南津有古屋，世家许氏留

黎川古城新丰桥码头西侧数十米，紧靠彭家巷口有一座许氏家庙，为清代中晚期建筑。家庙距河也不过十几米，内部现已入驻了文创公司。庙前空阔地带成为节假日古城演出的地方。到了晚上，大家就坐在石凳上，优哉游哉地打发着惬意时光。

黎滩河在古城这段河床呈东南—西北流向，因此整个南津临河的绝大部分古宅大门都朝着河面而开。但许氏家庙的大门却稍侧转呈正向朝南开，因此使得整个外观别有特色。从新丰桥码头沿河岸西行，过了张恨水故居，扑入眼帘的便是这栋建筑。在黎川古城里，目前保存下来的明清祠庙绝大部分都在古街的北面，诸如奕世科第李氏家庙、小竹公祠、邓砥庵公祠。始建于明代、规制最大、由文学家邓澄书写题额的邓氏家庙也在北面。临河一带，多为行商之首选。在寸土寸金的黎河南津码头，能够修建起这样一座家庙，可见家族的强大与卓然。

在古城东头还有条巷子叫许家巷，位于磨市街老中医院西侧。"东起中医院，西达针织厂，长二百五十米，宽约三米，条石路面"。[①] 老中医院这个地方是老街和南山巷（今船山巷南段）交会处。巷子名为许家巷，即为许氏世居此地而得名，此巷至南津的许氏家庙也不过二三百米之遥。

在许氏后人提供的《许氏民籍宗谱》（民国二十七年九修）中，对这座

---

① 《黎川县地名志》1985。

家庙有着详细的记载。家庙名为"三景公家庙"，宋端平年间，许氏远祖仲玉公由抚州到新城以教授为生，定居于新城，至元代已历经五世。五世祖俊可公生有三个儿子，分别为景书公、景达公、景胜公三兄弟。三景公家庙首建于明代，原址位于南山亭右侧朱家山下，左侧至梧源巷，大致位置为原人民新路东头种子公司处（古城改造后，今已成安置小区）。至清代中期，因兵燹等原因，家庙坍塌仅留地基，此时许氏家族已经成为县城望族，族人便在南津购得新地，修建了新的家庙，也就是我们如今能看到的这座家庙。与常见的家庙略有不同的是，中庭与两侧都有天井，阔朗大气。

《新城县志》人物卷之《宦业》收录有许氏家族两个人物，分别为许琬和许桌，均为明代时期的县令。邓元锡的《潜学稿》卷四中有一首很有意思的诗《雪中许沅陵过饮》：

雪中许沅陵过饮

与君共南郭，门巷曲相亲。

楼背梅含雪，窗头菊酿春。

玉山遥入座，琼树恍迷津。

不是辞彭泽，能逢五柳身。

许沅陵，即许琬，字文建，号少南，明代嘉靖年间岁贡，由训导升湖南沅陵县令。因为县邑位于山区，兵荒马乱，县衙收入入不敷出，许琬到任后，裁撤一切不必要的开支，勤勉治政，清正廉洁，受到上级褒扬。后致仕归乡，与一众好友种梅采菊，吟诗作对。诗中看出，邓元锡与许琬同居住在县城南边，门巷相连。下雪的冬天，梅含雪，菊酿春，远山如玉，万树琼枝。末了，邓元锡感叹，许琬若不是辞官回乡了，又哪里能如五柳先生陶渊明一般闲适恬淡呢。

黎川古城邓元锡家世居的石莲巷与许家巷确实近在咫尺，可为此诗的验证。邓元锡还有一篇写给许琬的《沅山赋》，极尽文采，赞美了在好友的治理下，沅陵县恍若一个世外桃源一般。以至于归乡时候，沅陵百姓"望日延君"，希望他能留下来。

沅山高兮，造天，沅水深兮，焕渝。

涟沅父老兮，望日延君。胡为兮？

鸿骞亶知足兮，不辱岂周容兮，能全睇武陵兮，桃源彼灵修兮，远村既桑麻兮，成社亦鸡犬兮，子孙何遥遥兮，千载划片石兮，无门同卜筑兮，幽屋秋兰生兮，承应美赤岸兮，崇桃烂千树兮，津浦采石上兮，元芝刷云间兮，菟丝引和液兮，驻颜春融融兮，朝曦乐千岁兮，未艾恙十年兮，拂衣。

比许琬要稍晚一些的许臬，字廷臣，号素宇，万历四十六年（1618）贡生，监察御史邓渼的发小。两个人从小一起读书长大，是为"笔砚之交"，与邓澄也是至交。邓渼的传世文集《潀水集》有一组写给许臬的诗。当年邓渼犯言直谏得罪高官之后被贬贵州镇远，许臬从弋阳训导任上提拔到铜仁做县令。两个人隔着一百多里，却山路崎岖，遥不得见，邓渼便写下诗歌抒发兄弟之情。诗的题目很长：《许廷臣明府，予小时笔砚之交。谪戍舞阳，廷臣适宰铜仁。相隔五六舍许，不得面，赋此寄赠情见乎词四首》，把他们俩的前世今生讲得清清楚楚。现在镇远到铜仁也就一百六十几公里，绿皮火车慢车要两三个小时。在明代那会儿是确实隔山隔水难得相见。

许臬在铜仁治理有方，上司对他有"六曹威凛，秋霜四境，恩沾春澍"之赞誉。邓澄的《邓东垣集》卷八收有一篇《许先生传》，即许臬去世后邓澄所写。文中写到，许臬少年时候，即仪态稳重端方，里中人都为之惊叹。为县学诸生时候，就像老师一样。在未出仕之前，因为文章写得好，在邑中即有"先生"之美名。众多家族诸如涂府、江府等等竞相延请过府教导自家子弟。由他教育的学生科举中第并成为大官的，比如南明大冢宰涂国鼎即为其一。后来选成弋阳训导，弋阳令也好，郡守也好，都为他的学问折服，每每引荐给客人，县令都要尊称说，这是许先生。以邓澄的身份，不以许臬的官职称之，而冠以"先生"之谓，可见对许臬人品学识的高度评价。

梳理县志人物卷记载的人物，除两位县令外，许氏家族以孝友、善士出名，其中许枚家族祖孙四人，三人名列"孝友"，一人名列"善士"。

许枚，字廷卜，清中期人。他少年有志，年方二十就立功过格自省曰："省欲其醒也，为功为过不省，如何能省？不醒如何弗醒？"因此自号省庵。曾经在金蝉峰读书，病数月，梦见神仙说：此孝子也，端士也，啖以生菜。醒来病就好了。许枚在科举上未有所得，为诸生五十余年，雍正十三年（1735）

方得恩贡，享年八十三寿终。许枚父母均享高寿，县志记载"枚斑白侍养，依依孺慕如孩童"。

许枚高寿也体现在他儿子许有琼的小传中。许有琼，字二瑶，邑庠生。许有琼以优等援例贡太学就试，后任苏州昭文县（今常熟）主簿。乾隆七年（1742）因父年逾八十乞终养归。父亲去世后，未再复出，六十三而卒。许有琼对父亲非常孝敬。当年赴太学就读，长跪不忍离去，父亲多次督促方才起行。他为人修谨自持，爱好高雅，读书习文之外喜欢弹琴和游览山水，家中四壁萧然，怡然自乐。有《揽胜诗草》《莲诸诗草》诗文成集，惜不存。

许登，许有琼长子，勤学好书，每见好书不惜重金购入，家中藏书不下十万卷。他边看边点评，旦夕不停。少年时候随父亲在昭文县，与昭文县文人一起写文作诗，常名列头魁。他行事侍居孝敬，父亲去世时十分伤心。在县学读书考评优等，选送国子监，许登因母老不忍远离。有人劝他去国子监读书，毕业后更容易选官，许登一笑而过。母亲去世后，许登素食十二年。后选于都训导，未任而卒。

许培，字树滋，号养吾。许登之子。笃志好学。因为父亲藏书多，他从小就喜欢读书，尤其是研读邓元锡的《经绎》《函史》《潜学稿》，深为名儒冯行所器重。他曾经将徐笔峒的《诗经删补》校订付印，用于初学者。又刻李泰伯（李觏）先生、冯谦川（冯渠）先生的诗文以行世。许登为人坦率重交谊，有豪侠之风。友人去世，他周恤其寡妻幼子，尽管自己并不富有，典当借贷也不薄待。除了读书，许培唯独喜欢下棋。嘉庆十二年（1807）恩赐副榜，嘉庆十三年（1808）恩赐举人，年八十二卒。

其他还有许岱，以读书教子孙怡然自乐，年届耄耋读书不辍，足迹未尝一履公庭。许丰，睦邻乡里，喜欢作诗却因乐善好施而得名，置祭田、修坟墓、刻宗谱，不惜数千金。每于农历十五施米舍粥，周济穷人，坚持了四十余年。许丰还精通医术，常有福建那边的病人前来求医问药，对于穷困的病患他都免费看病送药，救活的人数不胜数。许丰去世时候，前来祭拜的人挤满了街巷，二十多年后，还有人前往他墓地祭扫。

卜筑津南，浒峰之麓；古人家政，门内穆穆；承欢父母，不在酒肉；

显亲扬名，报我鞠育；兄友弟恭，毋犯伯叔；谦以待人，卑以自牧；贻子燕孙，朴耕秀读；勿习奢靡，堕游碌碌；勿嗜狂乐，徒贪口腹；勿娄故产，戒营华屋；择婿唯贤，娶妇惟淑；贱贫亲串，毋厌来渎；缓急相通，古道敦笃；出入相友，邻宜和睦；结交仁贤，勿谐流俗；俗不可医，坏我心曲；明窗净几，身心收束；希贤希圣，毋让彼毒；文章适用，布帛菽粟；致君泽民，先事后禄；商贾农工，争自逐鹿；各精尔艺，以资餐粥；道路驰驱，风雨栉沐；有志竟成，教子家塾；眨眼忘年，人当刮目；玉树芝兰，碧桐翠竹；富贵无常，盈亏理速；如履薄冰，无或失足；千枝万叶，源于一木；各自勉旃，敬宗收族。

这是收于《许氏民籍宗谱》中的《许氏家训》，朗朗上口，通俗易懂。家庙是古代后人敬仰家族先贤的地方，而家风家训是先贤为后代立下的规矩。有形的家庙峨峨高耸，无形的家训谆谆育人。这些家训家规朴拙而充满了智慧，历经锤炼，"勤劳守信、俭朴持家、睦邻友善、耕读孝义、诗书礼法、有志竟成"等等至今仍然适用。

兰生卜祥瑞，世泽韵绵绵

　　道光九年己丑科（1829），年近五十五岁的陈兰祥终于考得二甲第三十九名，圆了科举路上的梦想。此前中田陈家除陈道之外，孙辈已经有陈观、陈希祖、陈希曾、陈用光四位进士，而陈观、陈希祖、陈希曾均为大房陈守诚之后，二房陈守诒这房仅陈用光独领风骚，不免显得相对弱势。

　　作为桐城古文派分支新城古文学派的代表人物，陈用光与鲁九皋广为人知。其实，在中田陈鲁家族众多的人物中，能与陈用光、鲁九皋并肩而立的还有一人，就是陈用光嫡亲的侄子陈兰祥。

　　陈兰祥（1775—1831），字伯芝，陈守诒支的长房长孙。陈兰祥出生之前，祖母鲁太夫人梦见家里的兰花开了，以为是得孙子的吉兆。古代家族注重长幼有序，嫡庶有别。稍微富裕的人家一家之主妻妾数个都是常事，但嫡妻的地位往往牢不可破，灭妻宠妾是大罪。因此，同母兄弟与异母兄弟就会成为各自的小圈子，嫡子与庶子在家中的待遇也会有不同。长房长嫡孙更被视同为家族的接班人和掌舵人。伯，即长兄的意思；芝与兰同为古人所欣赏的香草，"伯芝"寄托着家族对陈兰祥无限的期望。后来，陈守诒这支的诸位孙子都以"兰"为字派命名。

　　桐城古文派新城学派的代表人物陈用光，为陈守诒第三子，与长兄陈煦均为嫡夫人鲁氏所生，同母兄弟情深自不用说。陈兰祥比叔叔陈用光小九岁，自幼聪颖好学。当陈用光在舅父鲁九皋门下读书时，陈兰祥因为年幼，另寻塾师教导。等到长大后，又与陈用光及诸位族兄弟一起在鲁九皋门下接受教导。在学业上，深得陈用光的提点。

虽然才名在外，陈兰祥的科举之路却颇为不顺。嘉庆十八年（1813），陈兰祥被地方选为癸酉科拔贡北上朝考。十九年（1814）六月，因族兄陈希曾点为癸酉科各省选拔试卷阅卷官，为示公平，陈兰祥只得另行补考，由他人阅卷，列二等南归。二十四年（1819）乡试，四十五岁的陈兰祥考中举人，道光九年（1829）成二甲三十九名进士，改翰林院庶吉士，尚未完成三年馆学，就去世了。"惜未及赴任而卒"，终年五十七岁，著有《晚萃斋文集》。他还工于书法，为翰苑奇才。《江西通志》载，作为新城古文学派始祖陈道之忠实继承者，鲁九皋及陈兰祥等都堪称领军人物。

陈兰祥虚心好学，不仅常常向陈用光请教山木先生的学问要领，后来陈用光在姚鼐门下后，又常向叔父求教姚先生之学。从乡试中举到中进士的十年间，他一边读书，一边照顾从知府任上归乡的祖父，经营家中的祭田、学田，以及广仁庄及各乡的义仓。主持维修中田石桥，赡奉鳏寡孤独，赈济灾荒，主持公道，调解纠纷，村人都感其言行德性与威望，听从信服。陈兰祥中进士后，陈用光非常高兴，写下《喜伯芝侄捷南宫》一诗，曰：

> 一第艰难十载余，题桥今果慰相如①。
> 好文倘得瀛洲选，苦志应酬院体书②。
> 永忆门风谁振拔，待看儒术兴爬梳。
> 酿成祠产矜持甚，亦见敦宗愿已摅③。

诗中可以看出，陈兰祥在这十年间，不仅要照顾祖父，督工修桥，募增祭田，还每日修习廷试的科目数千字，过得并不轻松。

在侄子陈兰祥去世后，陈用光为他写下《兄子兰祥墓志铭》。铭中说："汝工书，固翰苑才，而汝欲得县令以救贫，意甚切。虽然得县以救贫，世俗之说也，且得县者多矣，其不能救贫而转益滋累者多矣，汝后亦自知其用意之误，顾得庶吉士而不使之得授职以究其才也。"这段话意思是陈兰祥书法不错，也是翰林的人才，中进士后想谋求外放做县令，以期改善家中的经

---

① 伯芝劝修里中石桥督工甫竣而得第。
② 伯芝日课廷试卷数千字。
③ 时方募增祭田。

济状况。做县令可以改善家中困境，只是俗世的说法而已。做县令的人多了去了，不能改变家中经济状况反而受累的也是很多的。陈兰祥后来认识到了自己的看法是错误的，于是改为进庶常馆进一步学习以能充分发挥自己的才学。可惜还没学成就去世了，陈用光叹息道："岂非吾家世之可为叹息者乎。"

　　道光年间，居乡的陈兰祥对前朝万历年间县令赵日崇所撰的《江西新城县保甲全图》进行了整理和辑录，增加了乡都的绘图，共五十五图。后来于道光十七年刊刻行世，黎川档案馆有馆藏。图册文字工整，图片线条清晰，注文准确。反映了乾道年间黎川山川地理和村落布局，为今人研究黎川古代的乡都和分布提供了珍贵的资料。比如南坊一图并有总论：烟户两千七百九十三家，男性七千一百九十三人，女性五千一百一十人，南津一带人口繁盛，从商者两千四百多人，住宿的饭店有八家，说明那时南坊之南市商业已经很发达。日前收藏界出现一批陈兰祥亲笔书信手札，信中涉及当时黄爵滋等多位江右学者以及陈氏家族事件，为研究道光时期江右文人交游提供了宝贵的资料。

陈兰祥书信手稿

陈用光还有《题兰花竹石便面寄归示兰祥》赠予侄子：

　　兰性惟于竹石宜①，家园题牓梦归时。

　　朝衫未着终须着，望汝门风共主持。

诗中不仅称许"兰"的品性与"竹石"相宜，而陈家的宅子匾额上题"竹

---

① 余家园颜曰竹石山房。

石山房",也彰显着一门的家风。对于陈兰祥,陈用光始终相信,他早晚会出人头地,穿上朝服,与自己一同光大家族。

陈兰祥的妻子为铅山蒋士铨的第四个孙女,修隅州判蒋知廉的女儿。生有桐孙(凤昌)、竹孙(淇)、稻孙(溥)三个儿子。

长子凤昌道光五年(1825)恩科举人,时年二十八岁,倒是比父亲争气许多。但直到后来的道光二十四年(1844)才大挑一等,先后任贵州铜仁、玉屏、修文等处县令。凤昌无子,以三弟陈溥的幼子锡鬯为子。

第二个儿子陈淇以监生身份援例拣发,先后任职京城东城、西城、中城兵马司副指挥、正指挥,一八四四年二月,因从弟陈孚恩提升都察院左副都御史,回避归乡。

三子陈溥(1806—1858),字稻孙,号广敷,一号悇侯。陈溥天资超迈,才气宏放,性格豪爽。自少厌弃科举,仰慕豪杰勋业。幼时即随从名士俊杰离家出游,后乃潜心攻读宋五子书,辨析精微,进而折衷六经。他精于诗、古文词,游历京师五年,与宣城籍郎中、著名文学家梅曾亮往来交好,尽得桐城派古文义法。为清代晚期比较有名的文学家、理学家。他先后游历福建、湖北、江苏、贵州、四川等省达二十余年。同乡学者杨希闵在《诗榷》《客中随记》《乡诗摭谭》中,对其诗语言都有较高评价。生前著述甚丰,有《陈广敷遗书》三十九种四十八卷,其中较重要的有《陈广敷先生诗文钞》《霞绮集》《诗说》《旴江丛稿》等。

作为晚清时期有名的学者,陈溥也是桐城古文派新城学派的佼佼者之一。陈溥与从兄陈学受(字永之,号懿叔,也作艺叔)曾经以才学轰动湖湘。曾国藩在《欧阳生文集序》中,畅论桐城派在各省的流行,云:

> 不列(姚鼐)弟子籍,同时服膺,有新城鲁仕骥絜非,絜非之甥为陈用光硕士。硕士既师其舅,又亲受业姚先生之门,乡人化之,多好文章。硕士之群从,有陈学受艺叔、陈溥广敷,皆承絜非之风,私淑于姚先生,由是江西建昌有桐城之学。

陈学受,是清代经学家,与陈溥同为中田陈氏第十八世,陈守诚第四子陈观的孙子,与陈溥同岁。两个人在陈家学堂同读诗书,成年后,两个人也是结伴畅游,与各地名士谈古论今切磋学问。陈学受同郭嵩焘、刘蓉、罗泽南等一大帮湖南名士多有交往,这为族侄陈锡鬯后来成为湘军名将刘蓉的女婚奠定了情感基础。

陈溥有三个儿子，田官、穗官、锡鬯。锡鬯生于道光庚子年，即 1840 年，因伯父桐孙无子，过继给了伯父名下。作为中田"中田陈氏"之后，陈锡鬯并不因生父陈广敷和族叔陈学受名声在外而沾沾自喜，他谦逊恭谨，内敛自持。在四川任职县令，成为有名的廉吏。

时间来到二十一世纪的二〇一七年。这一年春天，同事细兰对我说，《光明日报》江西记者站站长胡晓军先生家曾外祖父是黎川陈氏，希望能找到祖辈的根源。并提供了这位陈氏先辈的名字，名思材，字樾卿，江西黎川人。曾于清末民初在善化、新化、石门、慈利、桂阳、酃县（今炎陵县）、衡山等地任知事（县长）。

因为当时我的资料库尚未有南京图书馆馆藏、光绪丁酉年（1897）修的《新城陈氏家谱》，只能根据信息先后查访了县域多个陈氏家族，最后还是在中田陈氏族长公善孙老人家的协助下，查到了陈思材的记载。原来为陈兰祥第二个儿子陈淇（竹孙）的后裔。

陈思材，中田陈氏第二十世，父方桥（名讳梁，竹孙长子），祖父竹孙，曾祖父陈兰祥。陈思材娶资福黄家黄文琴女士为妻，家谱记载"资溪黄氏"。此资溪为黎川荷源乡资福村的古称，不了解的人往往会以为是现在的资溪县。资溪县古称泸溪，一直到民国三年（1914）才改成的资溪。后来胡晓军先生也说到这个细节，说他们一度也以为曾外祖母是资溪的黄氏家族，但是他们外祖母生前常说是正宗的黎川人。

陈思材在湖南多处任职县令，任职地县志上均有记载。家谱记载陈思材有两个儿子，长子柱臣（出继给兄长思锃为子），二子丹臣；两个女儿小名凤姑、秀姑。胡晓军先生的外祖母陈石昂女士，为陈思材的小女儿，生于一九〇五年。据此细节，陈石昂女士当为家谱修撰后所生。

陈石昂女士后来嫁给了湖南的望族罗家罗正溥先生。罗正溥兄长罗正纬为民国时期知名学者，曾执教湖南省立一中，为少年毛泽东的老师，是北伐战争时期大革命和农民运动的同情者、支持者。在兄长的影响和推荐下，罗正溥先生曾在冯玉祥部所办的《革命军日报》任编辑。陈石昂女士一生从教几十年，于一九九二年去世。胡晓军先生为陈石昂女士的外孙，当年外祖母提及的种种家族旧事，在胡晓军先生心里留下了深深的情结。在黎川中田终

一门六进士，簪缨流芳族

　　历史上黎川曾经建有众多牌坊，尤其是当时的县城黎滩镇，兰魁坊、进士坊、登科坊、世荣坊、科第连登坊等等，从坊的名字就能看出和读书人登科中第有关。其中，有两座比较特殊的牌坊，一为明代成化年间知县吕缵（成化六一十年在任）为涂钦、涂敬、涂顺立"三进士坊"；一为乾隆年间为涂氏家族涂钦、涂敬、涂顺、涂国鼎、涂景祚、涂学烜六进士所立"世进士坊"。两座坊时间相隔约三百年，彰显的却是同一个家族的科举名人。由三进士到六进士，这中间也演绎着一个家族世代的传奇。

　　民国二十三年《江西黎川涂氏十七修宗谱》记载，南宋绍兴间，涂百一由进贤至杉关为团练使，关外即新城县，因喜其风土人情，遂偕家眷定居新城，是为新城涂氏家族始祖。此后子孙繁衍壮大，逐渐成为新城县的望族。至明代洪武十八年，第七世孙涂钦中进士后，涂氏家族在仕宦、科举及文学上跃然崛起，在县城与邓氏家族几可平起平坐，与各家望族世代联姻，结成了紧密的姻亲圈。

　　涂钦（1355—1385），字文将，东坊人，新城涂氏第七世，明洪武十八年(1385)乙丑科丁显榜进士。他勤修笃学，言行有矩，勤于读书，中进士后，改庶吉士，任广东乳源县丞。乘船南下赴广东就任时，于十月初八在鄱阳湖马当船翻而亡，时年仅三十一岁。满腹才华，尚未来得及施展，就殒命于波涛中，随身所带的大量文稿及编修的涂氏家谱资料也一并沉入浩渺的湖底（见《新城县志》之《人物卷·儒林》）。涂钦溺亡后，家中四子一女均年幼，还有高堂母亲，全靠妻子黄氏一人支撑。其时长子涂顺年方十二岁，黄氏派儿子及随从前往马当寻找涂钦遗体未果，只有将涂钦的衣冠收敛入葬。作为明代本地第一位进士，《新城县志》将涂钦列在了人物卷之《儒林》榜，以示尊崇和敬仰。

在母亲的严格教育和督促下，涂顺（1373—1429，字维贞），好学深思，自幼就研读许多经典书籍，并融会贯通。他品性温雅、谦恭、谨慎。涂顺于永乐二年（1404）中甲申科曾棨榜进士，授任崇德（今浙江嘉兴一带）县令。当时该县有些田地被洪水淹没，却每年都要当地百姓原额缴交赋税，农民叫苦不迭。涂顺将此情如实上奏，得以免除。他为官清廉勤谨，政绩卓著，得以升任礼部祠祭司主事。永乐四年（1406），涂顺重新着手编修涂氏家谱，并请得科举同年状元曾棨作序。曾棨在序中写：

> 维贞之父文将以进士为工科庶吉士，以其暇余追忆旧闻，间旁搜博考述为谱系，断始自百一公，而下凡若干世，缺其不可知者，未几竟蹈覆溺之患，而谱亦随之。由是，维贞念水木之本源，慨先德之无继，因其可考者述为此编，将以传示后来……涂氏自家新城几二百年而簪缨阀阅，先后相望，此非其积累之后，继述之美，而然与矧夫。维贞以经术科第克世其家，而施于有政，将见流芳济美，尚有以为斯谱之光，岂特一时之荣耀而已也。

其实，永乐二年这年科举，还有一个佳话，就是新城人涂顺与叔叔涂敬同中进士。涂敬（1371—1405），字文舆，父亲德英是涂钦的父亲德章的小弟，涂敬仅比侄子涂顺大两岁，因此，读书、科举几乎都是同步并行。二人同为永乐二年进士，同改翰林院庶吉士。涂敬十六岁那年，父亲就去世了，寡母的艰辛时时被涂敬看在眼里，记在心里。因此，中进士后，涂敬就想放弃前途回乡照顾母亲。他说：丈夫一日受国恩，当尽心尽力为天子分忧。可是我自己既然不能早早考上，早一些让父母承欢，现在既然考上了，而家乡尚有寡母，我还是回乡照顾母亲吧。于是涂敬回到家乡新城，日夜照顾母亲。第二年（1405）春，母亲多次催他回京赴朝，这年夏，涂敬病逝于京城。因此，在《新城县志》之人物卷中，涂敬名列《孝友》榜，而涂顺则在《宦业》榜。

成化年间，县令吕缵来新城为官，听闻涂氏家族三进士事迹，在县城东坊倡建了三进士坊，以彰显涂氏家族的家风、学风，鼓舞县邑士子，教化县民。这以后一直到万历十五年的二百年间，涂氏家族仕宦如云，仅县志人物卷《名宦》记载的就有涂澉（徽州府同知）、涂瀗（永嘉县令，涂钦曾孙）、涂宏（三山驿丞，涂国鼎祖父）、涂志（海陵县令）、涂骥（广东南海主簿，涂世延之父）、涂云雁（雷州知府，罗汝芳学生）、涂世延（随州知州）等人。人物卷《忠义》记载的有涂伯昌（南明隆武兵部主事）、涂世名（福建龙溪知县，涂伯昌侄）、涂光祚（涂世延长孙，清军占领县城与父亲同被害）。

万历三十五年（1607）丁未科黄士俊榜，新城人涂国鼎（1573—1646，字牧之，号谿如）榜上有名。在风雨飘摇的明末，涂国鼎累官至南明吏部尚书，家乡人历来习称其"涂冢宰"。

涂国鼎，新城涂氏第十三世，他为人耿直，清廉自持。崇祯三年，擢升刑部右侍郎，转左侍郎，掌印都御史。此期间，他执法宽严相济，平反了一些冤狱，保护了一批才干。此时，他以母亲年迈体衰，无人照料为由奏请回家奉养。获准后返乡闲居九年，为家族修宗谱，为家乡县城修筑城墙，创办公益事业倾注了大量心血。后因母亲年老多次请辞回乡，崇祯帝数度不允挽留，直至涂国鼎年过古稀，积劳成疾，其母年近百龄，才获准回籍。后逢国变，清军攻破抚州，将进取新城，涂国鼎主动筹措军需，以助抗清。城破后，被清军俘捕，重伤在身，拒不降服，拒医绝食而死，终年七十四岁。涂国鼎在政务之余，勤于写作，著有《性余堂集》，为清康熙蒨园刻本，这个蒨园，正是涂国鼎在县城北门修建的自家学堂。

朝代更迭，世事沧桑。清顺治十五年（1658）戊戌科孙承恩榜，涂氏家族第十六世涂景祚该科中榜，为清代黎川第二个进士（第一个是顺治十二年的樟村杨氏家族杨日升）。

涂景祚，字万年，号介菴。中进士后，曾任广东乡试主考，康熙二年（1663）授任广州府推官。他廉洁自重，执法坚劲，从不徇私舞弊。有一位富人之子，罪应处死，却暗地里抬来几千两白银以求饶命，他严拒未应。平藩王部下兵丁仗势杀人，督抚打算先照会藩王府，然后再行缉拿，景祚认为，那样做是只尊重藩王府，不尊重朝廷制定的律法。于是自己率部下前往捕捉，并按律处以偿命。一日，文武官员聚集朝贺，平藩王世子安靯公骑着一匹马在"复道"上奔跑,景祚对时任香山县令姚启圣道:"这不是我们正在向北阙朝贺而封锁戒严的路吗?怎么可以在此随随便便策马奔驰呢?"姚县令也当即将这位世子拽下马来,世子也大惊失色,当面谢罪。涂景祚性情耿直磊落,胆识超群。在广东任官六载,当地藩镇叛逆事端平息,兵民和安。康熙七年,他任期满辞官归家。康熙二年解元湛凤光(1609—1682,字用喈,广东增城人)是他初任乡试主考时所取录的门生,在赠别他的诗中写道:"秋水冷如持法日,归装轻似到官时。"他的同年、晋安林云铭称,景祚在仕途,绝不故作姿态,不阿谀奉承,有壁立万仞之概。此语见之于林云铭的《挹奎楼集》中。康熙十二年(1673),家乡新城编修县志,涂景祚应当时县令周天德之请,担任了编纂。数年之后寿终于家中。

雍正二年(1724),第十七世涂学烜(1698—1740)乡试夺得第一名,是为解元,时年仅二十六岁。少年才俊,一时风光无两。县志说:"邑乡试颁解自学烜始。"就是说涂学烜是新城县第一个乡试解元。宋元明清四朝,黎川考取举人四百九十七名,其中解元有八名,分别是刘时习(元延祐四年)、涂学烜(清雍正二年)、鲁游(雍正十年)、黄冈竹(雍正十三年)、黄元铎(乾隆四十五年)、陈希曾(乾隆五十四年)、李观立(嘉庆六年)、江廷杰(道光二十六年)。由此可见,涂学烜虽然不是四朝中的第一个解元,但可以说是明清两朝的第一个解元,此等殊荣,自当世代流芳。

涂学烜对于功名其实并不是很看重。学烜是老大,十一岁丧母,下面还有三个弟弟,父亲对他们管教异常严厉。他喜欢作诗撰文,肆意率性。以至于十多年后的乾隆元年(1736)丙辰科金德瑛榜才考取进士。对于一个解元来说,似乎有点不可思议。一七二八年,涂学烜父亲去世,学烜对继母竭诚孝顺。中进士之后没有做官,而是回乡侍母教弟。京城的达官贵人读到他的文章争相想要结识他,他都一一谢绝。可惜涂学烜三个弟弟都早逝,兄弟情深,因此忧郁成疾,四十三岁就去世了,世人都以其有德行有才华却不得一时之用而惋惜。

为涂氏家族六个进士立的世进士坊在乾隆十六年修的《新城县志》卷二《坊表》中已有记载,可知此牌坊当为涂学烜中进士之后至乾隆十六年县志撰修之间(1736—1752)所建。六个进士时间跨度将近三百五十年,整整十代人，功名利禄，家族恩荣，尽在一坊中。

续涂学烜之后，涂氏家族中进士的还有：涂应槐，乾隆二十二年（1757）丁丑科蔡以台榜进士，官广西贵县、天河县知县；涂梁，乾隆四十五年（1780）庚子恩科汪如洋榜进士；涂以锦，嘉庆四年（1799）己未恩科姚文田榜进士；涂晋，嘉庆十三年（1808）戊辰科吴信中榜进士；涂鸿仪，嘉庆十九年（1814）甲戌科龙汝言榜进士。

除了这些仕宦子弟，涂氏家族还是有名的文学世家。涂储、涂亿、涂白、涂大隽、涂瑞、涂登、涂学琪、涂志遴、涂志有、涂酉、涂茂荃等都是县志记录在卷的知名文学家，多人的作品收录在《黎川文载》中。涂酉、涂斯皇、涂学琪的诗作还被收录在《江西诗征》中。涂国鼎的《性余堂》收入《四库禁毁书补编》、涂伯昌的《涂子一杯水》收入《四库全书存目丛书》、涂瑞的《东里类稿》、涂登的《南池类稿》都尚有存世，为江西省图书馆馆藏。

南北父子祠，百载家族事

　　黎川古城老街中段有一条商会巷，呈南北走向。南端与古街人民路相连，北通人民新路，宽仅三尺有余，长度约莫三百米。这条巷子在清代称"高衢巷"，因其两侧建筑高大，巷子连通南北交通便利而来。虽仅三尺来宽，却是旧时老街往来最繁忙的巷子。由此巷，沿河码头的货可以运往北边的枫山、后山，由此转运县邑北境，而不用经城内绕弯。因此历来为邑人常来常往之通道，整日里来来往往，络绎不绝。

　　高衢巷后来为什么叫"商会巷"？古时的黎滩河是黎川与抚州、南昌、汉口相通的黄金水道。老街的南津一带，有石莲巷码头、璩家码头、新丰桥巷码头、彭家码头和南岸篁竹街码头。一年四季，排筏穿梭，人头攒动，运输繁忙。依南津而命名的南津街，就成为黎川最重要的商业街。为适应商业发展需要，黎川的商家也联合起来，于清光绪三十四年（1908）成立了商会，管理和规范商务活动。第一任会长曾留学欧洲，这位会长把欧洲经商理念及欧洲文化传播到黎川，在黎川南津街择地建商会会馆。他们选择了高衢巷南端西侧，这里隔街东南就是新丰桥。隔街西南是彭家码头。商会会址仿欧洲建筑风格，建成后，成为南津街的地标，引得路人驻足称叹。久而久之，高衢巷就叫作了"商会巷"。

　　商会巷巷中有巷，巷内有门，门外连巷。由南至北，东侧有邓氏小巷、阮家巷、简家巷，西侧有李家小巷（又称梁家巷）、烟丝小巷。然而，三百米长的商会巷，又不仅仅只有商会旧址这样一栋建筑。巷内保存完好的古宅古建众多，每一栋都有着不平凡的故事。

巷子入口不到二十米的东侧有一栋古宅，院门依巷子地势朝西开，石板曲径七八米后，有一个小庭院，院内修竹婆娑，正门门额上镌着"小竹公祠"。公祠坐北朝南，为三层进式。这栋公祠是邓氏小竹公支下后人为纪念先祖邓镗所建。一二层之间是大天井，二三层之间两侧小天井，一层高于一层，寓意着家族步步高升，同时也是对祖先的一种恭谨。公祠建于道光二十年（1840），位于明代所建的"邓氏家庙"（今仅存门额，原黎川三小所在地，一九三三年闽赣省委曾短暂迁驻）西侧，与祖庙共相辉映。修好后，支下子孙持续"垒膺天眷"，中乡举者有之，登甲第者有之，庠序者数人。邓镗支十一世孙鼎铭作记："祠虽为第所限，然前堂后寝，华匾斗标，巍然焕然与祖庙共相辉映，春秋享祀，子孙罗列，俨然如见也。"

邓镗，别号小竹。后世尊称小竹公，下南津邓氏家族八世祖，明代文学家、御史邓澄与邓溁的叔（伯）。黎川南津

古城商会巷

邓氏家族自宋以来，科第联袂，为县邑有名的望族。仅仅民国年间重修的家谱就有七十六卷之多，浩瀚繁轶，叹为观止。从唐至元末，远祖一共十三世，一世祖湘乡公讳君诏，唐代抚州青泥乡人，曾任湘乡令。第五世湖南公讳萱，宋代迁居灌湖（今黎川县城北门外），第六世即邓润甫、邓考甫、邓祐甫、

邓仲甫四兄弟。前三兄弟均中进士，老四乡举之后隐居不仕，四子登科成为一时佳话。第十四世茂可公，字正宗，号松亭，元末明初迁居县城南津，是为南津一世祖。

　　黎川南津一带沿河成市，历来是世家家族安居置业经营的上佳之选。邓家在南津很快开枝散叶，分房派衍，子孙繁盛。支下第七世竹所公邓约，生有锡、镗、鏣、铸四个儿子。老大邓锡，字时敷，号涧石，有三个儿子，幼子邓澄为明代进士、文学家。老二邓镗，字时峰，号小竹，有四个儿子。老三邓鏣，字时隽，号中鹄，有七个儿子，第六子邓渼为明代御史、文学家。老四邓铸，字时范，号对溪，有两个儿子。邓镗六十五岁去世时，邓澄才十六七岁。几十年过去后，邓澄为叔父作了传，尊称为"仲父"，并感叹在诸位叔父中，邓镗是最早去世的。

黎川古城奕世科第

顺着商会巷往北走一百多米，就能看到一座坐西朝东的宅子，院门呈八字型朝东开，门额镌着"奕世科第"四个大字，右侧是"中华民国五年丙辰孟秋吉旦"，左侧是"支下子孙鼎新建造十二世孙文棠敬书"。从大门进入，是一个小院子，院内一栋坐南朝北的小祠堂门额刻着："邓敬菴公享祠"。

敬菴公，名邓湛，是小竹公的长子。去世后，同祖弟邓澄为之作了传。邓湛，在一众族兄弟中排名第五，年岁不大就补了弟子员，因此被大家称为五秀才。本性淳朴厚道，深得叔伯们喜爱。邓湛的父亲邓镗自己不太喜欢科举学业，但严格要求子孙们好好读书。邓镗在祖业外面置了一座农庄，种花种果，闲时坐在园中督促子孙们读书。他对儿孙们家法严格，兄弟们之间互相遇见要拱揖以礼。一房子孙繁盛多至数十人，科举中式多人。大家都说是邓镗对子孙教育严格，让他们好好读书所致。邓镗不喜欢过问家事，都交予儿子。邓湛治家严守祖父定的家规，曾经有家中下人多收了佃户的租金，邓湛如数退还给人家。他对佃户非常宽厚，有时候还不上的也就免了。邓湛有三个儿子，植义、植名、植邦，均名列清代县志人物卷，一个女儿嫁给了太冢宰、南明吏部尚书涂国鼎。

长子邓植义与族叔邓澄年岁相当，两个人先后举童子试。邓植义后来放弃举子业，四处出游。有一次他游到京城，邓澄已经贵为御史。邓植义随身带有一块价值数千的白璧，准备找匠人雕琢，却被梁上君子偷窃，植义不以为意。邓澄听说后，派人前去寻找邓植义，看他有没有什么困难。此时邓植义正在与人下棋，对来人说：这是一点小损失，不足挂齿。邓澄追问原因，邓植义回答："叔方贵显，一入公门，恐多板累冤抑耳。"也就是说，怕邓澄为了自己这点财物损失，大动干戈，连累其他无辜的人。遇到别人有困难，邓植义总是慷慨解囊救济。年老居家以先世的德行善业谆谆教诲子孙。

崇祯九年（1636），邓植义长子邓珥举岁贡，同年长孙邓在中乡试中举。崇祯十二年（1639），邓植名儿子邓韶乡试中经魁（即前五名）。后世中，邓士楚为康熙五十六年（1717）乡试第七名、雍正元年（1723）进士，曾任安平县令，政声显著，有"廉爱"之称，诗作载于《江西诗征》；邓元资，清道光二十一年辛丑科（1841）进士，曾任台湾澎湖通判，台湾海东书院掌教；邓寅春，邓元资的堂兄，嘉庆十九年（1814）甲戌科进士，曾任崖州知州。

一房家族中，举人则多达十数人。

根据家谱资料记载，静菴公享祠早在道光年间与小竹公祠同时修建。后因兵燹损毁，只留墙基。民国二年，邓氏子孙倡议重修，因旁侧李氏家庙已先期修好，两家协商，同意邓氏祠堂共墙修建，并共排水沟。民国五年（1916）孟秋，祠堂修好后，由邓文棠书写门额"奕世科第"。邓文棠，字鄂庭，号轥阶，邓铠支第十二世孙，下南津邓氏家族第二十世孙，光绪庚子恩科（1900）并辛丑正科乡试副举。也就是说虽然没有考中举人，但也是落榜榜头的成绩优秀者。能为祠庙书额的都是有名望且书法好的家族中人或者外姓亲友中有名望之人，"奕世科第"四字书法浑厚苍劲，可见其功力不薄。

由于家族分支越来越大，子孙外出的也越来越多，公祠的维护运转筹资逐渐成为一个难题。光绪末年至民国时期，小竹公祠曾被租赁给一些商号做仓库，比如谦泰纸行等，收取租金以保证祠堂各项开支。小竹公祠春秋二祭（农历二月十七、八月十七）时候，要提前三天清扫干净，保证祭拜进行。静菴公享祠春秋二祭则在农历二月十八、八月十八，比小竹公祠晚一天。

两座祠堂，一父一子，为什么一个称"公祠"，另一个则称"享祠"，而东侧的祖祠名为"家庙"？经咨询有关专家，这是古代祠堂名称的一个规矩。"家庙"为一个家族所共同的祠堂，只是此家族必须出过大官（如邓氏北宋邓润甫），修建的祠堂才可称"家庙"。公祠是家族各房派子孙为自己一世祖所修祠堂，享祠则为该房派为列于一世祖之后的先祖所修（如小竹公之子静菴公）。享祠在规制上必定低于公祠，公祠要低于家庙。

今天，当我们走在依然幽深的商会巷，经过这些饱经沧桑的宅院，有的院脚有着明显修补的痕迹，有的墙基爬满了苔藓，有的青砖上工匠的名号已经逐渐风化。如果你认真地去探寻，你还能看到在一个拐角，有一块刻着"新城"二字的城砖，这是在战火之后修补时砌进去的。这些时代的痕迹，见证了一个家族的忠厚良善与世代名望，也见证了一座古城的百年风华与不凡的魅力。

易求无价宝，难得鲁氏郎

在近代学者刘声木先生的《桐城文学渊源考撰述考》中，卷十三归纳了师事及师淑鲁九皋的学者三十二人，其中新城本地学者二十八人。这二十八人中，鲁肇光、鲁嗣光为亲兄弟，鲁九皋的第二子、三子。鲁缤为厚畬先生鲁鸿之子，鲁九皋族弟。

鲁肇光（1763—1791），字纯之，号兰台，鲁九皋第二子。鲁嗣光（1768—1799），字习之，又字承之，一字韩门，鲁九皋第三子。鲁九皋幼弟鲁天骥二十岁即早逝，无子。天骥去世九年后，鲁肇光出生，为使幼弟身后有人，鲁九皋将肇光记在幼弟名下。五年后，第三子嗣光出生。又五年，鲁九皋的从兄鲁德绶去世无子，又将嗣光记在鲁德绶名下。因此鲁肇光、鲁嗣光虽记为鲁九皋兄弟之子，实则一直由鲁九皋教导栽培。兄弟两人自幼聪颖异常，双双于乾隆五十四年（1789，己酉年）拔贡。时任江西学政翁方纲在建昌府，得到兄弟俩的文章，大为惊叹，尤其对鲁嗣光格外钟爱，为之作《鲁贡双玉歌》[①]。歌中赞叹"易求照乘玉万镒，难致通经鲁两生"。此时鲁嗣光年方二十一岁。

鲁嗣光自幼聪明强记，与兄长肇光及族叔鲁缤，陈用光、陈希祖、陈希曾等一同师事于父亲鲁九皋。他读书一目数行，能博通诸经传说，为文章操笔立就，其父山木先生十分钟爱他。十四岁时，为县学弟子员，未几列高等，

---

① 翁方纲：《鲁贡双玉歌》，见《复初斋诗集》卷38。

翁方纲《鲁贡双玉歌》

成廪生。初承父训致力古文之学，拔贡后又肆意考据之学。

乾隆五十六年（1791）岁初，鲁九皋终于出选为山西夏县知县，从中田到山西，千里之遥，路上得半年之久。因鲁嗣光在京城求学，鲁肇光陪同父亲一同前往。十一月初，途经河北井陉时，肇光猝然病故，时年仅二十九岁。嗣光从京城赶赴山西迎二哥灵柩回家乡。乾隆五十七年（1792），鲁嗣光与族叔鲁缤等人乡试中举。该科乡试江西省共取九十八人，新城县榜上有名者共九人，轰动一时。其他七人为吴茂春（进士吴瀚之子），鲁以烜，潘兰生（中田陈元女婿，潘安智之子），邱岳，孔昭先，陈继蕃，杨腾达。次年鲁嗣光赴京参加会试，未取。自京师归来路过江宁（即今南京），拜谒桐城古文派集大成者姚鼐先生时，得闻"义理、文章、考据三者不可缺一"之说，十分信服。乾隆五十九年（1794）鲁九皋病逝于任上，嗣光迎父亲灵柩回乡。服孝期满再赴京会试时，于嘉庆四年（1799）五月十三，病逝于京师旅舍，时年方三十二岁。

鲁嗣光文稿存世并不多，他文风简练但精悍有力，篇幅较长但不拖沓，旁征博引，学识深厚。曾校正《礼记》《尔雅》《说文》等书。鲁嗣光肆意于考据，博通传说、诸经，喜写此类文章，如《释奠必有合辨》《生民之诗说》《丧三年不祭惟祭天地社稷越绋而行事辨》等，这与其他桐城派江右新城作家不同。其《生民之诗说》云：

> 姜嫄者，帝喾之妃，后稷之母也，史记言之矣。顾生民之诗追论周家王业基于后稷而溯其发祥，寔始姜嫄于帝喾则无及为说者遂疑稷非喾子，余谓不然。夫姜嫄为之妃，则后稷固帝喾之庶子矣。周人制礼，庶子不祭祖，祢明其宗也。庶子不祭，而庶子之子孙又安得祭乎？周家以后稷为始祖，所谓别子为祖也，而继别者则为宗，宗不可混，故祀不及喾姓有所由，故特祀姜嫄。然庙次太祖为最尊而太祖之母不可以合祭也，故特立一庙为焉。郑康成注周礼曰："周立庙自后稷为始祖，姜嫄无所妃，特立庙而祭之，谓之閟宫。"夫所谓无所妃者，明妾母之不可以妃祖也，若丧服记所谓妾母，不世祭，此为士庶之家言。至于天子之尊，神明之胄，又不可以此论矣。斯干之诗曰："姒续妣祖，先妣而后祖，先儒文以协韵。"余则断之曰：妣姜嫄祖，后稷先妣，后祖子不先祖之义，与周礼先言祀，先妣后言祀，先祖同。生民祀姜嫄之乐也，祀姜嫄故止及姜嫄而不泛及帝喾，然其词曰："履帝武敏则固以从高辛之行矣，且先王制禘礼追祭其祖所自出。"所谓人本乎？祖也，周人禘喾见于国语，祭法固以喾为周祖矣。世人不达稷为帝喾以寔之，皆泥于诗，而不同于礼之过也。[①]

文章逻辑性强，脉络清楚，深于取象，即物明理。从有学者"疑稷非喾子"出发，运用史实，远溯周朝、近举明代之婚姻子嗣风俗，反复引证，反复说明问题，证"稷乃喾子"。引证郑康成之论，结合《小雅》之载，结论使人信服，且结尾意蕴深厚，有较强的现实意义——研究学问不能拘泥于书本，应结合具体史实、历史背景。

乾隆五十七年（1792），同为江西才俊，后有清代"诗佛"之美称的东乡县新田人（今属东乡区红光垦殖场）吴嵩梁（1766—1834）画了《新田十忆图》，描绘的是家乡新田的风光。一时之间，文坛朋友圈兴起一股"题吴兰雪新田十忆图"之风。先后数十人为此填词作诗并题字，包括袁枚、翁方纲、乐钧、刘嗣绾、钱大昕，女诗人中杨芸、汪宜秋、陈德卿等当时的名家。

---

① 《鲁习之文钞》，见《清代诗文集汇编》487。

乾隆六十年（1795），吴嵩梁将之汇集成《新田十忆图咏》四卷，由鲁嗣光为之作记，成为清代文坛的佳话。

鲁嗣光去世后，由陈用光从子陈兰祥收集，陈用光刻录成《鲁习之文钞》一卷。《鲁习之文钞》收鲁嗣光之文仅十三篇，除了部分考据文，还有与姚鼐、陈用光的赠与答复文，回复翁方纲先生的信、为好友余竹坞作的墓表、姐夫邓兆豫的哀辞，以及《新田十忆图记》等。其校正的《礼记》《尔雅》《说文》诸书及与翁方纲等往返书信皆散佚。翁方纲的《复初斋文集》（卷十一）收有一篇《与鲁习之书》，为翁方纲写给鲁嗣光的信。信中说："今之少年英俊不乏实学者，故出笔辄思撰述，撰述辄希断定。吾疑其太早耳。欲拨旬月之暇于苏斋小屋，对设几研共综质之。倘得租有端绪，即将来读书之路可确定其大凡矣。"

对其人品、性格，陈用光曾云："呜呼，孰谓吾习之而止于如是也。君笃于兄弟之爱，恭于待人，而嗜于学。其于人世声色货利之好未尝一，以撄其心"。关于其文章，则认为"其为文守姚先生之矩获而杰然欲目自成其体"，陈用光甚至评价其"盖君之博核精当与宾之文笔之俊杰庞悍，皆非余所及。余后君死而姚鲁二氏之家法，余皆未有以衍其绪也"。（《太乙舟文集》卷八《鲁习之厝志》）

鲁缤（1768—1817），字宾之，号静生，厚畲先生鲁鸿之子。少年时秉承其父亲之学风，又师事堂兄、文学家鲁九皋，受古文法，雄杰于文辞。既而仰慕朱仕琇、姚鼐两先生之为古文学。壮年后，更专志遵循姚氏之说，"蹑虚无、测深杳，迎虚以就实"，虽较之过去所取资梁代萧统《文选》及唐代柳宗元者，气稍松弛，而其意欲压抑，以趋于成。鲁缤与鲁嗣光同年乡试中举后，屡次会试不中，于是不再赴考，在家侍母教子。嘉庆二十一年（1816）冬天，其母邓宜人坚意催促他再次进京应试，他才不得不起程北上，于次年春应礼部会试后，名登进士榜，可惜在参加殿试前，接母亲逝世噩耗，立即赶回家乡奔丧。随后与胞兄鲁绘同时办理将母亲附葬于父亲墓旁时，两兄弟突然病倒，其兄上午去世，他也于半夜时分寿终。

关于鲁缤的生平，陈用光曾作序，云：

> 宾之为厚畲先生季子，承先生家法，工制举业。及见山木先生

则学为古文，而专志于梅崖先生之体格，日手梅崖集一编不置。时年十八九与余及习之朝夕相策历也。宾之少羸弱多病，山木舅氏曾语厚畲先生曰："此子固多病者，今虽瘦然体颇充实矣。吾叔其毋以宾之为念也，然宾之既壮其瘦如故，目光炯炯，喜论文，性沉静，方行矩步无文士轻佻习。"乾隆壬子与习之同举江西乡试，一应礼部试，下第归，不与计偕者。逾十年，嘉庆丁丑始奉母命北行，既成进士。未廷试而丁母忧归，归谋母于山中遇疾卒。余为志其墓，悼君之文工而命啬，志大而学未逮其成也。君之于古文既亟称梅崖先生，后虽闻姬传先生论而不易其说。当丁丑应礼部试时，余先约之寓余家，既来而与余纵论及所业，盖交有所规勖亦交相叹，所学之未就，无以追古人之绝境也。呜呼，孰谓君归而遽卒。余今哀刻其遗文，乃仅得此数十篇也，予能无恸乎……（《太乙舟文集》卷六《鲁宾之文稿序》）

鲁缤家学渊源深厚。父亲鲁鸿是乾隆二十八年（1763）进士，曾先后担任河南沈丘、荥泽、孟县等地知县。为政有清声。退职归里后，他热心家乡文教事业，劝谕后进，家乡父老无不夸赞。所著有《周官塾训》《四礼通俗》，以促进当地民风社俗。又著《春秋意测》三卷、《厚畲初稿》《厚畲诗稿》等，其诗入选《晚晴簃诗汇》《江西诗征》，生平事载《江西通志》《续补碑传集作者纪略》。祖父鲁京，字叔伟，号承田，通政使鲁瑷第三子，康熙四十七年（1708）考中举人。鲁京年过半百后，应召谒选，被授任平南县令。他锄击豪强，体恤民生疾苦，执法宽严相济，都体现了古代清官贤吏之风度。在平南任知县只一年，不幸病故于任上。生前所著有《承田诗草》《味雪庵诗稿》《味雪庵文稿》等。其诗作被收入《江西诗征》。曾祖鲁瑷，字建玉，号留耕，清代知名文学家。康熙十七年（1678）乡试中举，二十四年成进士，选庶吉士，授翰林院检讨。历官国子监司业、翰林院侍讲、太常寺少卿、通政司通使等职。他慧眼识才，康熙三十二年奉派主持山西省乡试时，所选录的前五名举人，后来全都陆续考中了进士，当时人们称他为"得士"。他学识渊博，口才出众，诲人不倦。告老还乡后，他家居闭门谢客，督教子孙攻读诗书，几个孩儿后来都成名于世。鲁瑷曾主教于省城豫章书院，学者们称他为"西村先生"。逝世时年七十有八。生前著述甚丰，其主要著作有《砚贻堂诗钞》

《西村文集》等。其生平介绍载入《中国人名大辞典》及《江西通志》。

鲁缤身有古风，他虽早逝，身体羸弱，但却是一位崇尚实用、爱国忧民的经世文人。姚鼐称其"气凌万无前，虽甚能文之士，当避其锋也"。在《鲁宾之文钞》中，有《命说》《治生说》《吏盗》《取士论》《斥鬼》《哀贫民》等文。此类文题目虽简单，却贴合了姚鼐强调的诗文应表现出"忠义之气，高亮之节，道德之养，经济天下之才"。如《哀贫民》：

> 嘉庆十五年春，乡里大疫，民之买椟者倍其价不可得，流离道路者不忍睹。先是二年民病于饥，米石至千八百钱。今年谷稍贱矣，而谷之贱者忧不能食。往年人能食矣，而人之食者忧不得谷，是谷贵亦困，谷贱亦困，然皆贫民受其害，何也？富民值荒数之岁，告旱虐，告淫淹，农民犹忧不得减，减其所入矣。然牧丰岁，半分之谷，已得凶年，倍称之钱，是有减之名，无减之实也，而又有悯农怜穷之称。贫农终年耕作，输粟富民得赢，几何至凶年又取其转佣力作之钱，仍攫其所耕作之谷以归，而犹不足以活男女呢。呜呼，其可哀也！而一值寒暑不时，或饥不得食，终日行雾露中得食，则恣饱不节。寒则不及衣，或劳惫仰卧湿地上，烈风侵其骨，暴雨淋其肌，故疫疬之作贫民益甚。而富人居高堂邃宇中，酷日不至其前，严冬不及其体，衣服甚昊，食欲甚时，天不能虐。噫嘻，是何贫民之困乎？彼之号呼痛哭者，将怨天之不仁乎？吾何敢将尤人之不我恤乎？人何与于无已，将归罪于前生之不善，致使今世无一而可也。余问而哀之……（《鲁宾之文钞》，见《清代诗文集汇编》487）

这段文章鲁缤从乡里发生的疫病出发，而不局限于疫情，延展至贫民生病之原因、富民盘剥之激化、赋税之沉重，到贫民自身迷信而信轮回之说。通过富民与贫民生活之对比，更加凸显出贫民的不易与艰辛。文章论据完整，细节体现出宾之平时就深入农间，乃知贫民之疾苦。鲁氏为新城著姓，家族颇具声望且富足，能知民苦属其性纯。其作品中不缺少激情、想象，自有书生意气风发之情，同时也不缺少对社会的深刻审视和对弱小群体的关心。鲁缤在《哀贫民》结尾中感慨：

> 呜呼，疫疬汝何不仁乎！汝张汝威，汝肆汝虐，何贫民之仇而诊

清代詩文集彙編

儒儲中子孫百川筆所見非不出時文然卒不可廢也
日興于弟革講論時文稍恐不能明其法令使專以古
書授之必粹意裂觀矩肯綦題墨使後生于弟茫然不
得其津涯爲乎可也姚姬傅先生邃時文自陰萬以下
而不上及於正嘉非接人用拙之義乎人之嗜好不能
強也使果能志於古頹辨舜源而導之惟恐其爲之不
篤若循是才力之淺近者日使之循循於規矩然於古
亦不禁其讀也山木先生幸得吾兄及習之以爲古其
書亦投耳恐未能施之人人令從事以已得力者而
所講投人不其難哉劉君所推星命頗圓逆知其諺頻
出以語人不其難哉
歟竇之文鈔
墅作富家翁乎然使續有貢郭田三百畝吾兄雖欲致
之樂寵恐不可得矣母遠自負也相見當在何時天暑
惟慎護不一
答陳石士書
昨奉到乎書寄懷詩語親切有味百甚矣聞下相愛
之深也書中勉以致據之學宜狀懣頹之疎漏而篤
所未至耶但不知闇下所謂致據者如近世朱竹垞
百詩之沆耶柳如古之馬端臨鄭夾漈諸公之學耶問
百詩朱竹垞其學之博識頹爲萬不遠然古之爲學者
不務爲耳目之觀期於心得而已不務爲無益之剿求

《鲁宾之文钞》书影

气之乘乎？嗟汝贫民兮，汝何辜。饥不得食兮，寒不得衣。值丰穰兮觊一饱，疾缠体兮力不支。釜甑冷兮妇子泣，歠水浆兮声息微。终岁求饱兮饱不得，卒饿死兮将尤谁嗟。汝贫民兮汝何苦，罪无归兮将谁诉。前生邈兮不可知，贪淫庚虐从何数……我闻号诉兮气欲张，斩厉鬼兮碎汝肠。汝日睃唆兮神睢睢，汝匿汝迹兮形汝藏。汝毒兮凌苦弱，汝何凭借兮骋汝强。天晶晶兮日月照，雷唅吰兮电闪扬。摄儒魄兮为通逃，嗟民无恨兮罪有偿！

既贫民信鬼神、信命理，文章结尾便连问鬼神，以抒发作者"哀其不幸"之情。一唱三叹，揭发现实社会中的矛盾，显示出不凡的文学功底。

鲁缤的赠与、答复书也较精彩，如《与吕月沧书》《复陈石士书》《又与李海帆书》。行文简练，逼似柳宗元。逻辑也较强，情感亦丰沛。

鲁缤生前所撰文章有《鲁宾之文钞》一卷，由陈用光作序。上海古籍出版社《清代诗文集汇编》收入。《文钞》虽辑文仅三十八篇，却尽皆俊杰廉悍，义卓词美，曲折横厉，颇有逼似唐代著名文学家柳宗元之风格。《桐城文学渊源考》《山木居士集》《太乙舟诗文集》等书均有其相关事迹介绍。

陈用光与鲁氏兄弟一同长大，且与鲁嗣光、鲁缤为同年生，月份稍大。三人感情尤其深厚，书信往来频繁，如《柬习之》《示鲁宾之缤》《致鲁宾之书》《答鲁宾之书》《复宾之书》。二人的早逝，令陈用光痛心不已。陈用光甚至觉得，鲁嗣光去世后，于姚鼐、鲁九皋二人古文之学，自己不能如鲁嗣光那样传承并光大下去，"余后君死而姚鲁二氏之家法，余皆未有以衍其绪也"。在《太乙舟文集》中，收有《鲁宾之文稿序》《鲁习之文稿序》，均为他们去世后，陈用光将他们文稿收集刻印成卷而写。陈用光后来还写下多首怀念鲁嗣光、鲁缤的诗文。如《鲁习之哀辞》《鲁习之厝志》《哭鲁三习之》《追悼习之不已复赋三诗志恸》《有怀鲁宾之舍人》《哭鲁宾之贡士》《鲁宾之墓志铭》等。文辞深切动人，体现了他们之间深厚的感情。其中《有怀鲁宾之舍人》曰：

君家从子才无敌，计吏三偕竟殉身。

千里关山吾欲痛，当时含歘尔曾亲。

人间剖玉难求价，海上骑鲸好纵鳞。

只是可怜同调少，黄公垆下况萧晨。

参考文献

志书类

不同时期的《江西通志》《建昌府志》《新城县志》《黎川县志》

《衡水县志》乾隆三十二年（1767）刊刻

《桂林府志》

《黎川县地名志》1987 年

论著类

傅璇琮主编：《全宋诗》，北京大学出版社 1991 年版

曾枣庄、刘琳主编：《全宋文》，上海辞书出版社 2006 年版

钱仲联主编：《清诗纪事》，江苏古籍出版社 1987 年版

《清代诗文汇编》，上海古籍出版社

王国轩点校：《李觏集》，中华书局 2009 年版

刘声木撰，徐天祥点校：《桐城文学渊源撰述考》，黄山出版社 1989 年版

王天晴撰：《临川文化名人研究指要》，江西高校出版社 2001 年版

夏汉宁撰：《宋代江西文学家考录》，中山大学出版社 2011 年版

夏汉宁撰：《北宋江西籍进士考录》，江西教育出版社 2017 年版

徐雁平著：《清代文学世家姻亲谱系》，凤凰出版社，2010 年版

傅璇琮主编：《宋登科记考》，江苏教育出版社 2009 年版

黄秩模编，付琼校补：《国朝闺秀诗柳絮集》，人民文学出版社 2011 年版

著作类

吕南公：《灌园集》

罗汝芳：《近溪子文集》

冯　行：《黎川文载二十四卷》

陈　道：《凝斋先生遗集》

鲁九皋：《山木居士文集》《山木居士外集》

鲁嗣光：《鲁习之文钞》

鲁　缤：《鲁宾之文钞》

邓元锡：《皇明书》《潜学编》

陈用光：《太乙舟文集》《太乙舟诗集》

曾　燠：《江西诗征》

黄端伯：《瑶光阁集》

涂伯昌：《涂子一杯水》

王　材：《念初堂》

邓　渼：《南中集》《红泉馆集》《澥水集》《留夷馆集》

涂国鼎：《性余堂》

杨　炳：《惜味轩诗》

汪　源：《石琴文集》

翁方纲：《复初斋诗集》

程钜夫撰：《雪楼集》

陈希孟手抄本：《游杭小草》，嘉庆十六年（1811）闰三月

谱牒类

《新城云路启贤陈氏家谱》，光绪丁酉年五修

《鲁佐文公家庙九修宗谱》，民国二十六年九修

《下南津邓氏家谱》，民国十八年九修

《新城上南津邓氏宗谱》，民国三年十修

《江西黎川涂氏宗谱》，民国九年十五修

《江西新城王氏宗谱》，1996 年十修

《江西黎川桃溪杨氏家谱》，宣统元年十三修

《黎川洄溪张氏第十修宗谱》，1931 年修

《黎川汪氏十修宗谱》，1999 年十修

《樵西金溪上俸危氏族谱》，光绪二十一年修

《冯氏十修族谱》，民国二十八年修

《新城石溪胡氏家谱》，光绪庚子年五修